"D'une mort injuste, préserve-nous, Seigneur."

- Livre de la prière commune anglicane

De

The Rev Dr Thomas D Wilson

Anglican Chaplain of Saint-Raphaël & the Var, France

Dédicace

À mon épouse Dawn Cornelio, qui m'a fait visiter la France pour la première fois en 2006 l, et qui m'a depuis accompagné lors de nombreuses visites en France, sur les champs de bataille et dans les cimetières militaires du nord et du pays. Elle a réussi à écouter d'innombrables conversations militaires avec bonne grâce et humour ! Elle est une excellente traductrice et je la remercie pour sa grande aide dans mes travaux littéraires !

Remerciements

À Paul Rowcliffe
Owen Sound Ontario
Canada
pour ses presque 50 ans d'amitié
et pour son soutien financier qui a permis
à faire de ce livre une réalité

A tous ceux qui ont soutenu
la publication de ce livre
en soutenant le
Campagne Kickstarter qui
l'a rendu possible.

Gregory Pique
pour m'avoir permis d'inclure des informations tirées de
mon premier livre,
Pretres du Debarqement

Ce livre n'aurait pas été possible sans l'influence, les
encouragements et l'expertise des meilleurs guides
touristiques de Normandie :

Paul Woodadge-www.ddayhistorian.com

Sean Claxton-www.normandyinsight.com

Nigel Stewart-www.Nigel-Stewart.com

Geert Van den Bogaert-www.normandyheroes.com

Magali Desquesne-www.dday4you.com

Remerciements spéciaux à :

David Blake - Conservateur du musée de l'Aumônerie militaire
Amport, Hampshire
https://www.chaplains-museum.co.uk

Pierre Lagace
Trois-Rivières, Québec Canada
qui a fourni des informations détaillées sur un aumônier

David Pearson, et Frank Vanpaemel
de Findagrave.com
qui a fourni des photos de pierres tombales dont j'avais besoin

Ian MacAulay
Ottawa, Canada
qui a fourni des informations sur la famille Macaulay

Albert Trostorf
Langerwehe, Allemagne
&
Heidi Reiss Smith, Zelienople, PA, USA
qui ont fourni des informations sur le pasteur Clarence G Stump

Robert et Susan Tribit
Glen Mills, PA, USA
qui fourni des informations sur le pasteur John R Kilbert

Patrick J. Hayes, PhD.
Archives des Rédemptoristes
Philadelphie, PA USA
qui a fournie des informations sur le Père Clarence Vincent

Emilie Wyel, Berchtesgaden Allemagne
pour son hospitalité et son intérêt pour les aumôniers de
la Seconde Guerre mondiale

Bibliothèque et archives nationales,
Gouvernement du Canada, Ottawa, Canada

The Ministry of Defence Army Personnel Centre
MS Support Unit,
P & D Branch Historical Disclosures,
Glasgow, Royaume-Uni

Nathalie Worthington
Directrice - Centre Juno Beach
Normandie France
pour son hospitalité et ses encouragements, ainsi que
ceux de son personnel

Mark Worthington
Conservateur - Mémorial Pegasus
Normandie France
pour son hospitalité et ses encouragements, ainsi que
ceux de son personnel.

Monsieur et Madame P Metz
pour leur aide avec la correction de la traduction en
français

"De la guerre, du meurtre et de la mort imprévue ;
Seigneur, délivre-nous."

- Livre de la prière commune anglicane

Introduction

La Seconde Guerre mondiale était une guerre qui s'est véritablement étendue au monde entier et qui a impliqué des millions de soldats, et depuis de nombreux livres ont été écrits sur les généraux qui ont choisi leur stratégie et fait entrer en bataille leurs différentes armées, corps et divisions. Il y a aussi des histoires plus personnelles qui ont été écrites sur les différents régiments et bataillons, avec leurs actions pendant la guerre, et enfin, depuis la fin de la guerre, des milliers de livres détaillant l'histoire de tel ou tel soldat, de tel ou tel pays ont aussi été écrit.

Une guerre n'est pas seulement gagnée par les soldats sur les lignes de front. Pour les Alliés, pour chaque soldat de la ligne de front, il y avait jusqu'à 10 personnes derrière les lignes qui déchargeaient des navires, apportaient des vivres, des munitions et tous les petits articles dont une armée en guerre a besoin sur le front. En outre, il y a les soldats du front intérieur, qui assurent l'entraînement des soldats de combat, l'administration de la guerre, et bien d'autres choses encore.
Dans toutes ces situations, qu'il s'agisse du soldat combattant sur les lignes de front ou de la nouvelle recrue qui passe du statut de civil à celui de soldat qui se bat sur le front intérieur, il y avait aussi une catégorie unique de soldat, l'aumônier : un ministre ordonné, un pasteur, un prêtre ou un rabbin qui était là pour offrir aux hommes de l'unité à laquelle il était affecté un soutien spirituel et une orientation morale.

Dans ce travail, je me concentre sur les aumôniers britanniques qui ont été tués dans le nord-ouest de l'Europe lors de la retraite britannique et française vers Dunkerque en 1940, les aumôniers américains et britanniques qui ont été tués en mer dans l'océan Atlantique, deux aumôniers qui sont morts en Angleterre mais qui sont comptés comme des victimes de la bataille, et les aumôniers tués entre le 6 juin 1944 jour J et le jour de le jour de la Victoire en Europe, le 8 mai 1945.

Ces hommes de Dieu en uniforme sont au centre de cet ouvrage. Certains pourraient être surpris d'apprendre que des membres du clergé, y compris des catholiques romains, des anglicans/épiscopaliens, des baptistes, des membres de l'église de l'Écosse, des méthodistes, des presbytériens libres et d'autres dénominations ainsi que d'autres confessions - notamment la confession juive - ont servi dans toutes les armées alliées occidentales pendant la Seconde Guerre mondiale. Ce qui est unique dans leur service, c'est que les aumôniers des armées alliées ne portaient pas d'armes.

La Convention de La Haye de 1907 et la Convention de Genève de 1929 sur les règles de la guerre ne stipulent pas réellement que les aumôniers ne peuvent pas porter d'arme. Toutefois, les membres du clergé en service militaire sont spécifiquement considérés comme des non-combattants et doivent donc, s'ils sont capturés, être renvoyés dans leurs pays respectifs, à moins que le pays qui les capture ne les retienne pour s'occuper des prisonniers de guerre. Ce statut de non-combattant a été interprété par les Alliés au cours des deux guerres mondiales comme signifiant que les aumôniers militaires ne sont pas autorisés à porter une arme, y compris un pistolet ou un revolver, pour se protéger. Alors que les Conventions de La Haye et de Genève sur les règles de la guerre n'autorisent pas le personnel médical militaire à porter une arme lorsqu'il porte le symbole de la croix rouge sur n'importe quel endroit de son corps, il est interdit aux aumôniers de porter toute sorte d'arme à feu, qu'ils portent ou non le symbole de la croix rouge.

L'accompagnement spirituel des soldats était également un élément important pour le maintien du moral. Chaque division d'infanterie du Commonwealth était autorisée à avoir quinze aumôniers : en moyenne, deux tiers étaient protestants et un tiers catholique ; les aumôniers juifs représentaient moins de 3 % du corps des aumôniers et exerçaient généralement leur ministère au niveau de la division (10 000 à 15 000 soldats), voire du corps d'armée (2 divisions ou plus). Dans l'armée américaine, l'effectif autorisé (bien qu'il n'ait jamais été atteint pendant la Deuxième Guerre mondiale) était fixé à un aumônier pour 1 000 personnes.

Les aumôniers assuraient toute une série de services pastoraux, s'occupant des blessés et dirigeant des offices. Derrière les lignes, en plus d'un accès aux offices religieux, jusqu'à 25 % des soldats recevaient des conseils personnels d'un aumônier. Parfois, les aumôniers pouvaient utiliser les églises et les chapelles situées près des lignes de front, mais comme les clochers d'églises constituaient d'excellents postes d'observation et des endroits d'où les tireurs d'élite pouvaient tirer, de nombreuses églises ont été endommagées par les tirs de chars ou d'artillerie alliés qui s'efforçaient de détruire ces points d'observation. Plus souvent, une pile de caisses de munitions vides, le capot de la jeep de l'aumônier ou le hayon d'un camion devenaient un autel. Des casques, des caisses de munitions, des rondins ou des pierres faisaient office de bancs. En plus d'offrir des offices religieux, les aumôniers écrivaient des lettres aux parents, aux fiancées et aux amis des soldats, et aidaient à répondre aux demandes de la Croix-Rouge pour informer un soldat de la naissance d'un enfant ou du décès d'un parent dans son pays d'origine. Les aumôniers aidaient aussi, ou étaient souvent responsables de l'organisation d'événements sportifs, de spectacles de théâtre et de musique amateurs, de bibliothèques d'unité, de salles de lecture (salles où les soldats pouvaient s'asseoir tranquillement pour écrire des lettres et se détendre, etc.) Parfois, l'aumônier était aussi l'officier désigné pour les sports ou les services spéciaux dont le rôle était de tenir les soldats occupés pendant qu'ils attendaient d'être envoyés outre-mer, ou qu'ils se préparaient à embarquer sur une péniche de débarquement, ou qu'ils attendaient les navires qui les ramèneraient chez et à la vie civile eux après la guerre.

Au combat, les brancardiers ou, plus souvent, de simples soldats, transportaient les blessés jusqu'au poste de secours du bataillon où le chirurgien du bataillon ou le médecin du régiment s'occupait d'eux. L'aumônier était généralement présent au poste de secours pour apporter un soutien spirituel, mais le plus souvent, il assistait le médecin et les infirmiers. Dans ces postes de secours, les soldats légèrement blessés étaient soignés rapidement avant de retourner au front, tandis que les blessés graves étaient stabilisés et évacués vers l'arrière, vers des hôpitaux de campagne plus importants, ou vers le Royaume-Uni et même vers les États-Unis, pour y recevoir des soins supplémentaires.

Bien que le clergé ait servi aux côtés des soldats depuis longtemps – la pratique remonte à l'Empire romain – ce n'est qu'au XXe siècle qu'il est devenu un élément officiel du tableau d'organisation des forces militaires. Avant cela, les membres du clergé étaient officieusement rattachés à des unités militaires. Au cours de la Première Guerre mondiale, l'envoi des ~~les~~ aumôniers du Commonwealth, aux premières lignes n'était pas prévu. Pourtant ils se sont révélés être parmi les hommes les plus courageux du front et beaucoup ont été décorés de la Croix militaire. Il s'agit de la troisième plus haute distinction pour bravoure au combat dans le Commonwealth britannique. Elle était décernée aux aumôniers, souvent pour leurs actions de sauvetage de blessés et de récupération de cadavres dans le no man's land. Toutefois, à la fin de la Première Guerre mondiale, l'aumônerie militaire du Commonwealth a effectivement été supprimée en tant que département des forces armées britanniques et du Commonwealth, et le clergé qui a survécu à la guerre est retourné à la vie civile et a généralement pris un poste dans une congrégation de leur dénomination. Pendant l'entre-deux-guerres, quelques aumôniers ayant participé à la Première Guerre mondiale ont conservé un lien avec l'armée en servant comme aumônier honoraire de bataillon, en particulier ceux de la réserve, de la territoriale ou de la milice (selon le pays allié dans lequel ils vivaient), mais ils étaient peu nombreux.

Dans les forces armées américaines, le corps des aumôniers a subsisté, mais sous une forme très réduite. Les quelques aumôniers qui ont poursuivi leur service militaire étaient affectés non pas à des unités du niveau bataillon, mais le plus souvent à des bases militaires permanentes dans la partie continentale des États-Unis et dans les quelques dépendances d'outre-mer, comme Hawaï, les Philippines ou l'Alaska.

En l'espace d'une génération, le vent de la guerre a recommencé à souffler sur l'Europe et, au début de 1939, les aumôneries militaires faisaient à nouveau partie de l'établissement militaire des forces armées du Commonwealth. Alors que les forces alliées commençaient à se mobiliser et que les jeunes hommes répondaient à l'appel de leur pays dans les forces armées, les membres du clergé servant dans les congrégations n'étaient pas à l'abri de cet appel. Ces hommes de Dieu savaient que les jeunes hommes qui s'enrôlaient avaient besoin d'un soutien et d'un encadrement spirituels et moraux, et qu'ils devaient comprendre que s'ils étaient tués au combat, ils recevraient un enterrement digne de ce nom, et au moins un service funèbre rapide au cours duquel leur sacrifice et leur vie seraient loués à leur Dieu.

Contrairement au début de la Première Guerre mondiale, au début de la Deuxième Guerre mondiale, les autorités militaires avaient la chance de pouvoir compter sur l'expérience du clergé qui avait servi sur les lignes de front pendant la Première Guerre mondiale et qui était encore assez jeune pour diriger et soutenir le jeune clergé qui serait recruté pour servir les troupes sur les lignes de front.

Au sein de l'armée britannique pendant la Seconde Guerre mondiale, 3 314 hommes ont servi comme aumôniers, sur tous les fronts. Parmi ceux qui ont servi, 102 sont morts, 144 ont été blessés et 142 ont été retenus comme prisonniers de guerre. Cela représente un taux de perte de près de 12 %, l'un des plus élevés par branche de service pendant toute la guerre. Le taux élevé de blessures ou de décès était particulièrement critique car le nombre de membres du clergé disponibles pour les remplacements était limité. Dans l'armée canadienne, au cours de la Deuxième Guerre mondiale, 1 253 hommes ont servi comme aumôniers, 9 sont morts et un nombre inconnu a été blessé au combat ou fait prisonnier. Il convient de noter que pendant la Seconde Guerre mondiale, les forces armées canadiennes comptaient plus d'un million de personnes en uniforme, sur une nation de seulement 11 millions d'habitants. Les aumôniers étaient donc rares ! Dans l'armée américaine pendant la Seconde Guerre mondiale, 8 896 hommes ont servi comme aumôniers et 100 sont morts. Le nombre de blessés ou faits prisonniers n'est pas connu.

Au début de la Seconde Guerre mondiale, les armées britannique et canadienne ont dû mettre en place un système de direction pour les aumôniers, et une hiérarchie a donc été établie. Il s'agissait de grades équivalents à ceux des militaires, car les aumôniers ne détenaient pas réellement de grade dans les forces du Commonwealth, mais se voyaient attribuer une classe allant de la quatrième, l'équivalent d'un capitaine, à la première, l'équivalent d'un colonel.

Toutefois, dans les forces armées américaines, les aumôniers faisaient partie intégrante de l'organigramme des divisions et avaient des grades réels allant de celui de premier lieutenant à celui de colonel pour les formations de terrain telles que les divisions ou les armées. Les aumôniers étaient payés au même taux de rémunération pour le grade que leur équivalent dans le service armé, et dans l'armée américaine, au même taux que les autres officiers du même rang.

En 1939, lorsque la guerre a commencé pour les Britanniques et les Canadiens, et en décembre 1941 après l'entrée en guerre des Américains, toutes les puissances occidentales ont dû s'atteler à la reconstruction des aumôneries de l'armée, notamment en déterminant quel groupe au sein d'une confession pouvait recommander un ministre, un prêtre ou un pasteur pour servir en tant qu'aumônier ; en trouvant de l'espace où organiser des services religieux sur les bases militaires en expansion rapide ; et en formant ces nouveaux aumôniers militaires aux tenants et aboutissants de la vie militaire, y compris les parades officielles des églises militaires et autres offices.

Dans la période du réarmement et de l'envoi de troupes au front, les aumôniers sont partis outre-mer avec leurs bataillons et régiments. Certains de ces membres du clergé n'étaient pas nécessairement adaptés à la vie militaire, même s'ils étaient désireux de servir. Cependant, en Europe, après l'invasion de la Pologne au début du mois de septembre 1939, la guerre s'est installée sur une ligne de front inconfortable mais stable et les aumôniers qui n'étaient pas adaptés au service en première ligne ont pu être transférés dans des zones de base, et des membres du clergé plus jeunes et plus adaptés ont pu prendre leur place au front. Les aumôniers au front étaient en mesure de répondre aux besoins moraux et spirituels des troupes dont ils avaient la charge, alors qu'ils se trouvaient dans des positions statiques.

Lorsque la guerre éclair des forces allemandes a envahi les Pays-Bas et la France au printemps 1940, les aumôniers ont accompagné les hommes de leurs unités pendant la retraite vers Dunkerque et la plupart des aumôniers ont été évacués vers l'Angleterre. Toutefois, un nombre important d'entre eux se sont retrouvés en captivité en Allemagne, où ils ont passé les cinq années suivantes à s'occuper de toutes les troupes britanniques faites prisonnières en cette période incertaine, alors qu'ils auraient pu demander la réparation au Royaume-Uni. En fait, certains d'entre eux se sont même portés volontaires pour rester sur place avec les soldats blessés, afin de permettre à davantage de personnel médical britannique, dont on avait tant besoin, de s'échapper vers le Royaume-Uni. Il convient de noter que les aumôniers étant des non-combattants, ils n'étaient pas réellement des prisonniers de guerre. Ils étaient en "liberté conditionnelle", donnant leur parole aux autorités allemandes qu'ils ne tenteraient pas de s'échapper vers des pays neutres. En contrepartie, ils étaient autorisés à se rendre dans les différents camps de prisonniers de guerre, souvent par les chemins de fer ou les véhicules militaires allemands. En fait, il existe des récits d'aumôniers britanniques auxquels on a assigné deux soldats allemands pour les accompagner dans les différents camps. Ces soldats n'étaient pas des gardes pour les aumôniers, mais étaient plutôt là pour les protéger du harcèlement ou de l'agression par des civils ou des soldats allemands, car les aumôniers voyageaient en uniforme de l'armée britannique.

Alors que les armées britanniques et du Commonwealth commençaient à se reconstruire, les aumôniers de ces forces ont également commencé à apprendre plus en profondeur leur ministère d'aumônier militaire. Comme dans la vie civile, les aumôniers étaient toujours responsables des offices religieux et plus particulièrement de ce que l'on appelait le "culte divin", un office qui proposait des prières et des hymnes et qui était acceptable pour toutes les confessions chrétiennes. Ils étaient également chargés de veiller à ce que les soldats de leurs unités aient accès, aussi souvent que possible, à un office spécifique à leur confession. Ils pouvaient notamment faire en sorte que les catholiques romains de leurs unités puissent se confesser et assister à la messe dans une église catholique locale, ou que les troupes de l'Église d'Angleterre (anglicane/épiscopale) puissent recevoir la communion d'un ministre civil local. Ils s'arrangeaient également pour que les troupes d'autres confessions aient le temps, selon les besoins militaires, de visiter les lieux de culte de leur propre confession ou foi.

Pendant qu'ils étaient au camp, les aumôniers, ou comme on les appelle plus communément dans les armées du Commonwealth, les *padres*, remplissaient aussi souvent ce qu'on appelle aujourd'hui des fonctions de travail social. Tout comme les médecins militaires, ils n'avaient pas à passer par la chaîne de commandement, mais avaient un accès direct aux commandants des unités, ce qui leur permettait de servir d'intermédiaires entre le soldat ordinaire et la bureaucratie militaire. Ils pouvaient donc servir d'intermédiaires entre le soldat ordinaire et la bureaucratie militaire. Ils pouvaient notamment appuyer les demandes de congé pour raisons familiales, en cas de maladie grave ou de décès d'un être cher, ou de congé d'urgence pour qu'un soldat puisse être présent auprès de sa femme lors de la naissance d'un bébé, etc. Le padre offrait même parfois un service de prêt sur salaire aux troupes de son unité, surtout lorsqu'elles avaient peut-être perdu toute leur solde dans les inévitables jeux de hasard auxquels les soldats s'adonnent pour passer les moments d'attente de leur vie. Bien que les aumôniers ne facturaient pas d'intérêts sur ces prêts, rares sont ceux qui ne les remboursaient pas, car ils sont très respectés.

Un autre rôle des aumôniers était de contribuer au bien-être moral de leurs hommes. Cela comprenait le développement de ce qu'on appelait "l'heure du padre ou de l'aumônier", qui était un temps alloué dans le régime d'entraînement pour que, idéalement, chaque peloton, rencontre le *padre*, de façon informelle et hebdomadaire le *padre* sur une base hebdomadaire. Pour ces rencontres, le *padre* préparait un bref discours sur un sujet d'actualité, parfois très controversé comme les relations sexuelles avant le mariage, et parfois plus spécifiquement religieux comme l'existence du ciel et de l'enfer. Ensuite, l'aumônier répondait aux questions des troupes de la manière la plus honnête possible ou, s'il ne pouvait pas fournir de réponse, il en cherchait une et revenait vers le questionneur plus tard dans la semaine.

Bien entendu, la plupart des aumôniers accompagnaient leurs unités lors des exercices d'entraînement et apprenaient également toutes les techniques de terrain enseignées aux troupes. La plupart des aumôniers attachés aux unités de combat étaient également très bien formés en premiers soins (généralement au niveau de ce que l'on appelait un brancardier dans les armées du Commonwealth, ou un « corpsman » dans l'armée américaine). Cette formation leur permettait d'offrir un soutien médical supplémentaire pour leur unité au combat.

Après l'entraînement, lorsque les unités étaient envoyées du Royaume-Uni vers les différents fronts de bataille, les aumôniers accompagnaient leurs hommes lors des voyages en mer, souvent longs et dangereux, à travers le monde. Lorsque les Américains ont commencé à renforcer leurs forces armées et aériennes en Grande-Bretagne à partir de 1942, les aumôniers ont également traversé l'océan avec les hommes de leurs divisions.

Après les batailles en Normandie, où 33 aumôniers alliés ont perdu la vie, d'autres batailles ont coûté la vie à plus d'aumôniers que d'autres. L'une d'entre elles fut l'opération Market Garden, le plan allié visant à s'emparer de trois ponts sur le nord du Rhin à la mi-septembre 1944. Un nombre important d'aumôniers ont été tués et blessés, tant au niveau des régiments de parachutistes et de planeurs qu'au niveau des aumôniers accompagnant le XXX Corps britannique dans son combat vers le nord pour relever les 82e et 101e Divisions de parachutistes américaines assiégées et la malheureuse 6e Division aéroportée britannique qui s'est battue à Arnhem.

L'autre grande bataille qui a entraîné des pertes substantielles d'aumôniers alliés, tous américains, fut l'offensive des Ardennes, comme l'appelaient les Allemands, ou la bataille des Ardennes, selon les Alliés. Cette attaque soudaine dans la forêt des Ardennes, au Luxembourg et en Belgique, à la mi-décembre 1944, a entraîné la perte de nombreux aumôniers blessés, capturés et tués. En outre, les batailles dans les denses forêts de l'Allemagne de l'Ouest, connues comme les batailles du Reichswald et du Hochwald, ainsi que celles de de la poche de la Ruhr, ont également entraîné la perte d'aumôniers alliés, qui ont été blessés ou tués.

À la fin de mars 1945, lorsque les Alliés ont traversé le Rhin, l'opération Varsity, qui comprenait des parachutages massifs par les Américains et les Britanniques (y compris le 1e Bataillon de parachutistes canadien), a fait que de nombreux aumôniers ont été blessés et tués au combat, surtout au sein des unités de parachutistes. Au cours du mois d'avril 1945, les Alliés ont commencé à pénétrer au cœur de l'Allemagne par l'est, au début du mois de mai, la plupart des combats étaient terminés. Cependant, même dans les derniers jours de la guerre, certains aumôniers ont été tués. En fait, il est fort possible que le dernier Canadien tué avant le jour de la Victoire en Europe ait été un aumônier qui se trouvait en Hollande le 4 mai 1945. Il est également possible que le dernier soldat américain à mourir avant la déclaration du jour de la Victoire en Europe ait été un aumônier.

Les aumôniers accompagnaient leurs troupes jusqu'aux lignes de front aussi souvent que possible. En fait, les commandants d'unité ont souvent dû commander à de nombreux aumôniers de rester derrière les lignes, dans les postes de secours régimentaires et les postes de premiers secours où les soldats blessés étaient amenés. La perte d'un aumônier avait tendance à avoir un effet sérieux sur le moral des unités alliées et, conscients de cela, les commandants faisaient tout ce qu'ils pouvaient pour éviter que leurs aumôniers soient blessés ou tués. Ils savaient également que, comme chaque bataillon ou régiment n'avait qu'un seul aumônier, il pouvait être difficile d'obtenir un remplaçant, d'autant plus que la guerre avançait et qu'il y avait de moins en moins de membres du clergé qualifiés pour prendre la place de ceux qui étaient capturés, blessés ou tués.

Dans le présent ouvrage, j'ai classé les informations sur les aumôniers (qu'ils soient du Commonwealth, américains et polonais) qui ont trouvé la mort au cours des périodes mentionnées ci-dessus, par ordre chronologique de leurs dates de décès. Si plusieurs d'entre eux sont morts le même jour, je me suis efforcé d'indiquer l'heure de leur décès.

Pour certains de ces hommes courageux, il y a pas mal d'informations disponibles sur leur vie l'aumônerie militaire et pendant la guerre, mais pour d'autres il n'y en a que très peu. J'ai obtenu certains dossiers auprès du Centre des archives du personnel du ministère de la Défense du Royaume-Uni à Glasgow, mais, malheureusement, il n'y avait pas beaucoup plus de détails sur la vie de certains aumôniers avant qu'ils ne se portent volontaires pour servir dans l'armée pendant la Deuxième Guerre mondiale. J'ai également obtenu les dossiers de certains des aumôniers canadiens qui sont décédés, à partir des dossiers détenus par la Bibliothèque nationale et les Archives publiques du Canada à Ottawa, qui étaient extrêmement complets - certains comprenaient même les dossiers dentaires et médicaux des aumôniers !

1. Le lecteur pourra noter que sur certaines des photos des pierres tombales des aumôniers, il y a pas mal d'érosions et de petits craters. Les tombes des aumôniers américains enterrés dans des cimetières militaires sont entretenues à perpétuité et toute érosion des informations inscrites sur la pierre tombale est réparée si nécessaire. Les aumôniers américains reposant dans des cimetières privés ne bénéficient pas de ces soins et leurs pierres tombales ont commencé à souffrir des effets du temps au cours des 70 à 80 dernières années, en particulier lorsque les membres de la famille immédiate sont décédés. Dans les cimetières de la Commonwealth War Graves Commission (CWGC), les pierres tombales ont également souffert des effets du temps et ont été endommagées par les pluies acides, qui rongent la pierre calcaire de Portland utilisée au début dans les années 1950 pour les pierres tombales. La CWGC a mis en place un programme de remplacement de ces pierres tombales usées. Ce programme concerne les cimetières de la Première Guerre mondiale et de la

Seconde Guerre mondiale. Dans les années 1990, ils ont commencé à utiliser la pierre Botticino, qui ressemble souvent à un comptoir de cuisine haut de gamme et présente un effet marbré. Toutefois, depuis peu, le CWGC utilise la pierre calcaire bulgare de Vratsa. Selon le directeur du CWGC, lorsqu'il a montré au ministre canadien des Anciens Combattants le siège du CWGC en été 2016, ils utilisaient presque toute la pierre calcaire de Vratsa extraite dans le monde ! Cette pierre de Vratsa est plus résistante aux pluies acides et à la pollution que la pierre calcaire originale de Portland, tout en conservant l'aspect beige clair plus original des pierres tombales originales, que le Botticino.[i]

Notes concernant les aumôniers

Le Matricule, ou numéro de série dans l'armée américaine, est un numéro d'identification unique attribué à tous les grades dans les armées. On employait ces numéros en référence aux soldats et aux officiers non-commissionnés, en revanche les officiers n'étaient jamais identifiés par leur numéro Matricule ou leur numéro de série, ils étaient toujours identifiés par leur grade et leur nom.

Les officiers de l'armée canadienne, y compris les grades honorifiques, comme les aumôniers, avaient un Matricule, mais celui-ci n'a jamais été utilisé pour les identifier, même sur les plaques en disques d'identité qui leur étaient remis. C'est la raison pour laquelle le numéro Matricule des officiers canadiens ne figure pas sur le site Web de la Commonwealth War Graves Commission.

Comparaison des grades d'aumônier

Britannique et Canadien		American
		2ᵉ Lieutenant
		1ʳ Lieutenant
Aumônier 4ᵉ classe	Capitaine honoraire	Capitaine
Aumônier 3ᵉ classe	Major honoraire	Major
Aumônier 2ᵉ classe	Lieutenant-colonel honoraire	Lieutenant Colonel
Aumônier 1ᵉʳᵉ classe	Colonel honoraire	Colonel

Parfois, dans l'usage britannique et canadien, un aumônier était identifié comme suit : H/Capitaine Rev John Smith. Cependant, sur les pierres tombales de la Commonwealth War Graves Commission, les aumôniers britanniques et canadiens sont identifiés comme The Rev John Smith, CF (Chaplain to the Forces), ce qui indique qu'ils étaient différents d'un officier de l'armée standard et qu'ils détenaient un rang honorifique. Sur les pierres tombales des cimetières de l'American Battlefield Monuments Commission, un aumônier est identifié comme le capitaine (révérend) Joe Smith, ce qui indique qu'il était un officier commissionné.

Au sein de son unité, dans les armées britannique et canadienne, un aumônier était appelé *padre*. Dans l'armée américaine, on l'appelait Chaplain ou Chappie. Dans l'armée polonaise, on s'adressait à lui en tant que Père, car il n'y avait pas d'aumôniers polonais protestants, étant donné que 90 % de la population polonaise s'identifiait comme catholique romaine.

Dans les trois armées, les aumôniers portaient le grade équivalent à celui de l'officier correspondant dans le tableau ci-dessus et devaient être traités comme des officiers, mais, surtout dans les armées du Commonwealth, ils bénéficiaient de dispenses spéciales, car le grade était purement honorifique et ne donnait aucun droit ou privilège de commandement. Par exemple, dans les armées britannique et canadienne, une dispense permettait à un aumônier d'entrer dans les mess (réfectoires) des sous-officiers et des autres grades sans invitation. Les autres officiers, y compris le commandant, devaient être invités, à moins qu'ils n'accomplissent une tâche spécifique liée à leur fonction (comme l'officier du jour).

Les gouvernements du Commonwealth et des États-Unis ont traité la disposition des restes des soldats décédés de manières différentes. Les troupes du Commonwealth ont traditionnellement été enterrées dans des cimetières proches du lieu de leur décès. La Commonwealth War Graves Commission a été créée pour entretenir ces tombes à perpétuité, avec un financement annuel fourni par les différentes nations du Commonwealth. Les militaires américains décédés à l'étranger, jusqu'à la fin de la guerre de Corée, étaient initialement enterrés dans le pays où ils étaient morts. Quelques années après la fin des hostilités, des cimetières militaires américains ont été créés, généralement là où un grand nombre de dépouilles de soldats américains avaient déjà été enterrées. Toutefois, les familles des militaires américains avaient le droit de demander au gouvernement de rapatrier la dépouille de leur proche aux États-Unis pour l'enterrer soit dans un cimetière militaire, soit dans un cimetière communautaire, et environ 60 % des dépouilles des victimes américaines de la Seconde Guerre mondiale en Europe ont été rapatriées aux États-Unis pour y être enterrées. Du début de l'année 1947 jusqu'en 1950, il y avait un flux constant de navires de transport américains aux cales remplies de cercueils qui rapatriaient les dépouilles des Américains tués à l'étranger.

Les quelques 3 500 membres, hommes et femmes, des forces terrestres du Commonwealth qui n'ont pas de sépulture connue, dont un certain nombre d'aumôniers, sont commémorés sur le Brookwood 1939-45 Memorial, situé à 30 miles de Londres, dans le cimetière militaire de Brookwood, près du village de Pirbright. Les personnes commémorées sur le mémorial de Brookwood sont mortes lors de la campagne de Norvège en 1940, ou lors des différents raids sur les territoires occupés par l'ennemi en Europe, comme Dieppe et St Nazaire. D'autres étaient des agents spéciaux qui sont morts en tant que prisonniers ou en travaillant avec les mouvements clandestins alliés. Certains sont morts en mer, à bord des navires-hôpitaux et des transports de troupes, dans des eaux qui n'étaient pas associées aux grandes campagnes, et quelques-uns ont été tués dans des accidents de vol ou dans des combats aériens.

Il convient de noter qu'à partir de la guerre du Vietnam pour les Américains, et des guerres en Irak et en Afghanistan pour les soldats du Commonwealth, toutes les dépouilles des soldats tués au combat sont renvoyées dans leur pays d'origine et il n'y a plus de nouvelles inhumations de soldats à l'étranger.

Abréviations académique

BA Bachelor of Arts Degree (4 ans d'études universitaires dans le domaine des lettres

BD Bachelor of Divinity Degree (4 ans d'études universitaires centrées sur la religion et préparation au ministère ordonné)

BTH Bachelor of Theology Degree (4 ans d'études universitaires dans le domaine de la théologie)

MA Master of Arts Degree (5 ou 6 ans d'études universitaires dans le domaine des lettres)

PhD/DPhil Doctorat

LTH Licentiate of Theology (existe particulièrement aux collèges de théologie canadiens. Ce diplôme est présenté aux candidats à l'ordination, lorsque le Séminaire n'est pas habilité à conférer des diplômes).

AKC Associate of King's College, London (équivalent à un BA)

Terminologie religieuse

Père Le terme d'adresse pour un prêtre catholique romain, et pour certains membres du clergé anglo-catholique de l'Église d'Angleterre et de la Communion anglicane mondiale.

Prêtre Dans les dénominations épiscopales (dirigées par un évêque) (anglicane et catholique romaine notamment), deuxième niveau d'ordination après l'ordination diaconale. Un prêtre peut officier lors d'un service de communion, prononcer des bénédictions au nom de Dieu, entendre les confessions et donner l'absolution des péchés.

Ministre Une personne du clergé. Cependant, le terme est généralement utilisé pour le responsable ordonné d'une congrégation de l'Église congrégationaliste (par opposition à une dénomination dirigée par l'épiscopat). Cependant, il peut être et est utilisé de manière interchangeable avec les prêtres dans les églises anglicanes/épiscopales. Il peut également être utilisé de manière interchangeable avec le terme "pasteur".

Pasteur Personne du clergé, le plus souvent le responsable ordonné d'une congrégation évangélique, dans les traditions baptiste et pentecôtiste. Il peut également être utilisé de manière interchangeable avec le terme "ministre".

Curé Un prêtre dans une congrégation ou une paroisse anglicane, qui a normalement quelques années d'expérience ordonnée.

Curé assistant Prêtre nouvellement ordonné agissant en tant que prêtre assistant dans une congrégation ou une paroisse de la Communion anglicane.

Vicaire/recteur Prêtre anglican ou catholique romain chargé de diriger une congrégation au nom d'un évêque. Pendant la Deuxième guerre mondiale, de nombreux vicaires et recteurs en Grande-Bretagne et au Canada étaient des hommes qui n'avaient pas l'âge du service militaire, mais pas exclusivement. Le clergé était exempté de la conscription dans les forces armées britanniques, canadiennes et américaines.

CssR La Congrégation des Fils du Très Saint Rédempteur (Filii Sanctissimi Redemptoris) est un ordre catholique romain de prêtres et de moines laïcs.

FFC Les Frères franciscains coventuels sont un ordre catholique romain de prêtres et de moines qui suivent l'ordre de St François d'Assise.

OFM L'Ordre des Frères Mineurs est une branche de l'Ordre de Saint François d'Assise et se compose de prêtres et de moines laïcs.

SSE La Société de Saint Edmund est un petit ordre catholique romain situé dans l'état du Vermont.

SJ La Compagnie de Jésus (Jésuites) est un ordre catholique romain de prêtres.

SSJE La Société de Saint Jean l'Évangéliste était un ordre de prêtres de l'Église d'Angleterre.

SSH Les Serviteurs du Sacré-Cœur sont une communauté religieuse franciscaine catholique romaine composée de prêtres.

OMI est un ordre catholique romain polonais de prêtres.

Terminologie Militaire

Médailles décernées aux aumôniers pendant la première et la deuxième guerre mondiale

AMERICAIN

Purple Heart La médaille Purple Heart est la plus ancienne médaille décernée aux troupes américaines. Toutes les branches des forces militaires américaines peuvent la recevoir. Elle est décernée pour des blessures subies lors d'une action ennemie. Chacun des aumôniers américains présentés dans ce livre a reçu automatiquement la Purple Heart Medal parce qu'il a été blessé ou tué par l'ennemi.

Bronze Star La médaille Bronze Star est une décoration des États-Unis décernée aux membres des forces armées américaines pour leur bravoure ou leur service exceptionnel dans une zone de combat. Lorsqu'elle est décernée pour bravoure dans une zone de combat, un emblème "V" est attaché au ruban de la médaille. Elle peut également être décernée à des ressortissants étrangers (dans ce cas, des aumôniers du Commonwealth) s'ils ont accompli un acte héroïque au nom des forces armées américaines.

Silver Star La médaille Silver Star est la troisième plus haute décoration des forces armées des États-Unis, décernée pour un héroïsme exceptionnel dans une action contre un ennemi des États-Unis.

Distinguished Service Cross Cette médaille est la deuxième plus haute distinction militaire de l'armée américaine pour bravoure extrême et risque de mort en combat réel avec une force ennemie armée.

Four Chaplains Medal Cette médaille a été spécifiquement autorisée (en 1960, par le Congrès des États-Unis) pour les quatre aumôniers de l'armée américaine qui ont fait preuve d'un héroïsme extraordinaire lors du naufrage du SS Dorchester en février 1943. Ils avaient été proposés pour la Medal of Honor, la plus haute distinction américaine pour la bravoure, mais ont été jugés inéligibles, car ils n'ont pas risqué leur vie en combat direct avec les forces armées ennemies.

BRITISH AND COMMONWEALTH

Mention in Dispatches (MiD) Il s'agit de la plus petite récompense pour héroïsme ou service remarquable décernée aux membres des armées du Commonwealth britannique pendant la Seconde Guerre mondiale. Les Dispatches sont les rapports quotidiens envoyés par les commandants militaires au monarque régnant du Royaume-Uni et du Commonwealth. C'était l'une des deux seules récompenses pour héroïsme dans le Commonwealth qui pouvaient être décernées après la mort pendant la Seconde Guerre mondiale. L'autre est la plus haute récompense pour un héroïsme exceptionnel, mettant la vie en danger face à l'ennemi, la Victoria Cross.

Military Medal (MM) Cette médaille militaire était une décoration militaire de la Seconde Guerre mondiale décernée au personnel de l'armée britannique et du Commonwealth, aux sous-officiers et aux militaires du rang, pour leur courage sur le champ de bataille. La médaille équivalente pour les officiers était la Croix militaire.

Croix militaire (MC) La Croix militaire est la troisième plus haute décoration militaire pour bravoure décernée aux officiers des forces du Commonwealth britannique pour un acte de bravoure exemplaire au cours d'opérations actives contre l'ennemi sur terre.

FRANÇAIS

Croix de guerre (CdG) La Croix de guerre est une médaille créée par le gouvernement français en 1939 pour honorer les personnes qui ont combattu les forces de l'Axe pendant la Seconde Guerre mondiale. Elle a également été décernée aux forces du Commonwealth et des États-Unis pour les services rendus aux unités militaires françaises ou aux citoyens français. Elle semble avoir été décernée à des aumôniers catholiques alliés qui ont célébré des messes auxquelles assistaient des citoyens français ou qui ont aidé des civils français dans les régions où ils étaient stationnés avec leurs unités en France.

Unités de traitement des blessés

RAP Un poste de secours régimentaire britannique est un poste de traitement immédiat, normalement situé à un ou deux kilomètres des lignes de front, où se trouvent l'officier médical (médecin) d'un régiment et des assistants de premiers secours. C'est là que les soldats blessés étaient stabilisés, qu'on évaluait leurs blessures et qu'on leur administrait des médicaments contre la douleur, avant de les transporter plus loin vers un poste d'évacuation des blessés. Ceux qui avaient des blessures mineures étaient transférés à un poste de pansement de campagne.

FDS Un poste de secours de campagne qui se trouve légèrement en retrait des lignes de front. Le RAP y évacuait les troupes blessées pour qu'elles soient évaluées et traitées pour ce qui était considéré comme des blessures mineures par le personnel du RAP.

BAS Le poste de secours d'un bataillon américain équivaut à un RAP ; ses blessés sont évacués vers un poste divisionnaire d'évacuation des blessés.

CCS Un poste d'évacuation sanitaire américain est une petite unité hospitalière normalement située à quelques kilomètres derrière la ligne de front et normalement hors de portée des tirs d'artillerie ennemis. Il est similaire au poste de secours des armées du Commonwealth. Les soldats légèrement blessés y étaient soignés jusqu'à ce qu'ils soient rétablis pour retourner au front ou, si leurs blessures étaient trop graves, ils étaient stabilisés avant d'être transférés plus loin dans les hôpitaux de campagne où ils étaient soignés et se rétablissaient (d'une blessure telle qu'un bras ou une jambe cassé). Les soldats gravement blessés étaient évacués des hôpitaux de campagne vers les hôpitaux généraux. Les hôpitaux généraux étaient situés au Royaume-Uni ou aux États-

Unis. Seuls les soldats les plus gravement blessés étaient évacués vers le Royaume-Uni ou les États-Unis. En général, ils étaient si gravement blessés qu'ils ne retournaient pas sur le champ de bataille et, souvent, après leur rétablissement, ils étaient renvoyés à la vie civile.

Désignation de la taille des unités

Peloton Un peloton est une petite unité militaire d'environ 25 à 40 soldats dans les unités d'infanterie. C'est généralement la plus petite unité de l'armée dirigée par un officier (un lieutenant ou un sous-lieutenant).

Troupe Une troupe est une petite unité militaire blindée d'environ 25 à 40 soldats dans les unités du Commonwealth britannique (et les unités de cavalerie américaines), semblable à une section d'infanterie et dirigée par un officier.

Compagnie Une compagnie est une unité militaire composée de 3 pelotons ou plus, et est généralement commandée par un capitaine.

Escadron Un escadron est une unité militaire blindée comprenant 3 troupes ou plus, généralement commandée par un major, car l'unité a de nombreux soldats de soutien attachés, tels que des mécaniciens, des techniciens radio, etc. qui aident à entretenir les véhicules blindés.

Brigade Une brigade est une unité formée d'un certain nombre de bataillons d'infanterie avec des unités rattachées à d'autres branches telles que les blindé, l'artillerie, ou d'autres unités spécialisées dans les armées du Commonwealth.

En raison de la confusion de la guerre en période de retraite ou de combat intense et soutenu, comme après un atterrissage en parachute, il arrive que la date exacte du décès d'un aumônier ne soit pas connue et qu'une fourchette soit indiquée. Certaines sources donnent une date exacte, mais il s'agit souvent de la meilleure estimation des autorités, longtemps après la fin de la guerre.

Toute erreur dans les informations fournies est de mon fait, et j'en assume la responsabilité. Si vous avez des informations que vous souhaitez partager sur les aumôniers dont je présente ici l'histoire, n'hésitez pas à me contacter à l'adresse tomdwilson@gmail.com.

Je ne livrerai aucune bataille sans ni mon artillerie ni mes aumôniers
- *Maréchal Bernard Montgomery (lors de l'inauguration du Chaplains War Memorial, Bagshot Park, 19 juillet 1951)*

La bataille pour la France et l'évacuation de Dunkerque

Le 23 mai 1940

Reginald Thompson Podmore, BA, BTh, SSJE, Matricule 111748. 38 ans. Aumônier de 4e classe, *Royal Army Chaplains' Department*. Attaché au *3rd Corps Ammunition Park*. Inhumé dans le cimetière de Divion, tombe 8, Divion, France.

Reginald Podmore est né à Broughton, Kettering, Northamptonshire, en 1902, du révérend Claude Podmore et à son épouse Ella V. Podmore (née Wainwright). Son père était le recteur de la paroisse de Broughton, située à quelques kilomètres au sud de Leicester. Reginald avait un frère cadet, John, et trois sœurs cadettes, Violet, Elfrida et Muriel. Dans sa jeunesse, Reginald a fréquenté l'internat de Haileybury dans le Hertfordshire. Il a d'abord étudié l'ingénierie à l'université de Leeds, mais il s'est senti appelé à la prêtrise et a commencé à fréquenter Keble College de l'université d'Oxford pour obtenir une licence en lettres, ce qu'il a obtenue en 1923. Il est ensuite entré au Ely Theological College, d'où il est sorti diplômé en 1926. Le révérend Podmore a été ordonné diacre dans le diocèse de Ripon en 1927, puis prêtre en 1928. Sa première affectation a été celle de vicaire de l'église anglicane All Saints à Leeds, de 1927 à 1931.

À la fin de sa cure, le Père Podmore a décidé de rejoindre la Société anglicane de Saint Jean l'Évangéliste. En 1866, la SSJE anglicane a été le premier ordre religieux monastique à être établi dans l'Église anglicane après la Réforme de l'Église d'Angleterre au 16e siècle. En raison de l'emplacement de sa maison mère à Cowley, les membres de la Société de Saint Jean l'Évangéliste sont souvent appelés "les Pères de Cowley". Le révérend Podmore a passé 6 ans avec la branche des Cowley Fathers de la ville d'Oxford à leur Mission House, dans Marston Street à Oxford. Pendant cette période, le père Podmore était responsable du travail avec les jeunes, notamment en tant que chef scout des 26e Scouts d'Oxford parrainés par la Mission House. Il a également créé le St. John's Club à la Mission d'Oxford et organisé un camp annuel pour les garçons. Il s'est ensuite installé à Londres, pour vivre et exercer son ministère au siège londonien de la Société de Saint-Jean l'Évangéliste, St Edward's House, dans Great College Street.

L'aumônier Podmore a rejoint le Royal Army Chaplains' Department le 8 janvier 1940. Il est intéressant de noter que rien ne mentionne que l'aumônier Podmore ait suivi une formation spécifique d'aumônier ou de militaire, bien que cela ait pu se produire entre le moment où il a rejoint le département des aumôniers et celui où il a été affecté au Southern Command en Angleterre le 30 janvier 1940, et rattaché à la zone arrière du *3rd Army Corps* à Aldershot. Un collègue a noté que les cheveux de l'aumônier Podmore étaient devenus prématurément blancs au moment où il a rejoint l'armée. En avril 1940, l'aumônier Podmore faisait partie du *British Expeditionary Force* en France et est attaché au parc de munitions du *3rd Army Corps* dans le village artois de Divion, aux abords du complexe du bassin houiller de Béthune, dans le nord de la France. L'aumônier Podmore a créé une petite chapelle dans l'une des pièces de la salle de fêtes du village, a ouvert une cantine pour un grand nombre de ses "paroissiens" et a également organisé des combats de boxe de temps en temps. Le parc à munitions auquel le *padre* Podmore était affecté était responsable de la distribution de toutes les munitions aux différentes unités qui composaient le *3rd Army Corps*.

L'aumônier Podmore s'est installé avec le personnel médical attaché au parc à munitions du *3rd Army Corps* et, pendant qu'il était à Divion, il a acquis le matériel nécessaire pour construire un autel portable qui tiendrait à l'arrière de sa voiture. Il a demandé à la dame de la maison chez laquelle il était logé de fabriquer une belle housse pour l'autel. Il a également persuadé la propriétaire d'un café local de le laisser célébrer des offices dans son établissement, après avoir surmonté ses réticences à l'égard du fait qu'il n'était pas catholique romain. La propriétaire du café ne parlait pas beaucoup l'anglais, mais comme l'aumônier Podmore était anglo-catholique, le déroulement de l'office qu'il menait était très similaire à celui du catholicisme romain.

L'unité de l'aumônier Podmore est entrée en Belgique le 17 mai 1940 pour aider à contrer l'attaque allemande qui avait commencé le 10 mai 1940. Le 21 mai, l'aumônier Podmore a reçu l'autorisation de retourner à Divion, en France, où le dépôt de munitions du *3rd Army Corps* était toujours utilisé par l'armée britannique, pour récupérer certains articles laissés sur place, parce qu'il désirait les distribuer aux hommes de son unité. L'aumônier Podmore et son chauffeur/assistant George Randell avaient parcouru 30 miles et atteint la limite de Divion, lorsqu'ils ont été pris en embuscade par des membres du du 3e régiment d'infanterie de la 3e division Panzer SS (la division Totenkopf). L'arrivée des troupes SS à Divion aurait été un choc pour l'aumônier Podmore et le soldat Randell, car les Allemands avaient avancé beaucoup plus rapidement et plus loin que ce qu'on avait dit à l'aumônier. La division Totenkopf était l'une des plus notoires des divisions SS. En 1940, la majorité de ses membres avaient auparavant été gardiens dans les premiers camps de concentration. En fait, le commandant de la division Totenkopf, Theodor Eicke, est reconnu comme le créateur de la brutalité utilisée dans la gestion des camps de concentration pour maintenir les prisonniers dans la soumission. La division SS Totenkopf était également désireuse de faire ses preuves en tant qu'unité de première ligne aux côtés de la Wehrmacht (armée allemande) et même de prouver qu'elle était supérieure à la Wehrmacht.

Un récit de la mort de l'aumônier Podmore indique que lui et son *batman* (assistant personnel), le soldat Randell, avaient pu sauter de leur voiture et se mettre à l'abri dans un fossé. Cependant, les troupes SS ont jeté dans le fossé une grenade qui a explosé près des jambes de l'aumônier Podmore, le blessant gravement. Cependant, le récit le plus précis a été fait dans une lettre du soldat Randall à la Société de Saint-Jean l'Évangéliste en février 1941, depuis le camp de prisonniers de guerre où il était retenu en captivité. Le soldat Randall écrit que le *padre* Podmore a été gravement blessé par 4 balles dans chaque jambe pendant l'embuscade. Les brancardiers allemands ont immédiatement envoyé une ambulance, mais elle a été retardée par la circulation allemande intense qui avançait vers le front par les routes. Dans les quatre heures qui ont suivi, le *padre* Podmore est décédé à cause du choc et de la perte de sang. Le soldat Randall, avec l'aide de deux civils français, a inhumé le *padre* Podmore. L'officier SS allemand a dit au soldat Randall que son unité pensait que la voiture du *padre* Podmore était le début d'une attaque anglaise et que s'ils avaient su que c'était un aumônier, ils n'auraient pas ouvert le feu.

Comme de nombreux récits concernant la mort des aumôniers sont de seconde main, il peut y avoir des incohérences. Un récit fourni par les archives de la Société Saint-Jean l'Évangéliste indique que la famille d'Édouard Mathon, l'ingénieur en chef de la mine de charbon de Divion, aurait insisté pour accueillir l'aumônier blessé dans sa maison. Avec l'aide du soldat Randall, ils auraient transporté l'aumônier Podmore dans leur salon et l'ont installé aussi confortablement que possible sur leur canapé. Il serait mort vers 17 heures le 23 mai.

Cependant, comme le soldat Randall l'a noté précédemment, son récit indique que le *padre* Podmore est mort là où il a été blessé et qu'il a été inhumé dans le jardin de M. Mathon. Comme le soldat Randall et Edouard Mathon donnent tous deux ce récit, il s'agit probablement du récit le plus exact de sa mort et de son enterrement. Celui fourni par les frères Crowley, donne peut-être à l'aumônier Podmore une mort plus héroïque et sacrificielle, comme cela arrivait souvent, lorsque l'histoire de la mort d'un soldat était transmise par plusieurs personnes à la suite.

Après avoir fait enterrer l'aumônier Podmore, les troupes SS ont saisi la voiture dans laquelle il se trouvait avec le soldat Randall et ont découvert qu'elle était encore en état de marche. Ils ont jeté tous les vêtements sacerdotaux, les articles religieux et les objets personnels de l'aumônier Podmore de la voiture et sont partis. L'aumônier Podmore a été répertorié comme disparu au combat jusqu'en septembre 1940. M. Mathon et sa famille ont rassemblé les vêtements de l'aumônier Podmore, qui étaient utilisés pour célébrer les services de communion, ainsi que ses objets personnels, y compris son chapeau d'uniforme, et les ont cachés dans leur maison.

En 1942, les autorités d'occupation allemandes ont appris par un informateur que M. Mathon et sa famille avaient caché dans leur maison une partie de l'équipement militaire de l'aumônier Podmore et du soldat Randall, que les troupes SS avaient jeté dans la rue après avoir saisi leur voiture. Les troupes d'occupation allemandes sont retournées à Divion et ont arrêté M. Mathon et sa famille, dans l'intention de les envoyer dans un camp de concentration. En fouillant la maison des Mathon, les troupes allemandes n'ont pas remarqué les vêtements du *padre* Podmore (plus colorés et de nature religieuse, et qui avaient été cachés séparément de son équipement militaire), probablement parce qu'elles ne savaient pas ce qu'ils étaient. Cependant, M. Mathon était apprécié et respecté par les travailleurs de la mine de charbon dont il était l'ingénieur en chef. Les travailleurs se sont donc mis en grève, refusant de travailler si M. Mathon et sa famille n'étaient pas libérés. Comme les Allemands avait besoin de la production de la mine pour la production des articles de guerre, ils ont libéré à contrecœur M. Mathon et sa famille et les ont permis de rentrer chez eux.

Après avoir été libéré à l'automne 1944, M. Mathon a informé les autorités britanniques que l'aumônier Podmore était inhumé dans le jardin de sa maison familiale. Finalement, la dépouille de l'aumônier Podmore a été enlevée et réinhumée dans une tombe de guerre du Commonwealth dans le cimetière de guerre communal de Divion. M. Mathon a également cherché l'adresse de l'ordre religieux de l'aumônier Podmore, car il avait trouvé une référence à la SSJE à la page de garde d'une bible de l'aumônier Podmore qu'il avait cachée. En 1946, M. Mathon a pu contacter la maison mère des Cowley Fathers et s'arranger pour leur rendre les vêtements et la bible de l'aumônier Podmore.

Le *padre* Podmore est la seule personne britannique enterrée dans le cimetière de guerre communal de Divion, bien qu'il y ait 6 tombes de la bataille de Loos, qui a eu lieu en 1915 pendant la Première Guerre mondiale.

Le 31 mai 1940

Geoffrey Gervase Hobson-Matthews, Mentioned in Dispatches, Matricule 96035. 36 ans. Aumônier de 4e classe, *Royal Army Chaplains' Department*. Attaché au *1st Battalion, The King's Shropshire Light Infantry*. Inhumé dans le cimetière de la ville, parcelle 2, rangée 19, tombe 2, Dunkerque, France.

Geoffrey Hobson-Matthews était le fils de John et Alice Hobson-Matthews (née Gwyn-Hughes) et est né à Monmouth, au Pays de Galles, en 1903. Le père de Geoffrey s'était converti au catholicisme romain dans sa jeunesse et, après avoir étudié à Cambridge, était devenu avocat à Cardiff, au Pays de Galles. Le père de Geoffrey est décédé lorsque son fils n'avait que 11 ans. Geoffrey avait également trois frères et deux sœurs.

Le révérend Hobson-Matthews était un moine ordonné de l'ordre catholique romain de Saint-Benoît à l'abbaye de Downside, dans le Somerset. Pendant qu'il vivait à l'abbaye de Downside, il enseignait à l'école que son ordre dirigeait là-bas, ainsi qu'à sa deuxième école à Ealing. Il s'est porté volontaire pour servir comme aumônier en septembre 1939, peu après le début de la Seconde Guerre mondiale. Après sa formation initiale, il a été envoyé en France en octobre 1939 avec *British Expeditionary Force* (BEF). En rejoignant le département des aumôniers de l'armée royale, on a dit qu'il devait être avec les garçons qui avaient été ses élèves à l'école, car ils allaient se battre pour leur vie.

L'aumônier Hobson-Matthews était initialement attaché au quartier général de la *British 1st Infantry Division* et aux *Royal Artillery Units* y associées. Cependant, le 5 avril 1940, l'aumônier Hobson-Matthews a été muté au premier bataillon du *King's Shropshire Light Infantry*. Il était en permission en Grande-Bretagne lorsque l'attaque éclair de l'Allemagne a commencé le 10 mai 1940. On lui a dit qu'il n'était pas obligé de retourner en France pour rejoindre son unité, mais il a réussi à trouver un moyen de traverser la Manche à la mi-mai, et a rejoint le *King's Shropshire Light Infantry*, alors que celui-ci commençait à se retirer vers Dunkerque. À la fin du mois de mai 1940, le BEF a été contraint de quitter la Belgique et de se replier vers Dunkerque, et s'y est retrouvé aculé à la Manche. Au total, 300 000 soldats britanniques, français et belges ont été pris au piège en attendant d'être évacués.

Le *padre* Hobson-Matthews a tenu un journal pendant son service en France. Voici quelques-unes de ses entrées :

"Mercredi 29 mai. Ai abandonné mes effets personnels et, avec un équipement réduit, ai mené la colonne de marche vers les dunes de sable ; de là, en convoi vers la côte (Coxyde) et vers La Panne, où les destroyers et autres bateaux commencent à emmener des troupes en Angleterre. Ai ouvert la Casualty Clearing Station (CCS) dans un grand abri anti-aérien sur (ou plutôt sous) le front de mer. Je suis logé dans une maison avec vue sur la mer et sur les hommes qui se font évacuer qui pataugent dans l'eau qui monte jusqu'à la taille pour rejoindre les bateaux qui les emmènent vers les destroyers et les navires de transport de troupes. Les navires britanniques bombardent les lignes allemandes du côté d'Ostende. Tirs anti-aériens intenses provenant d'innombrables canons sur le rivage, pendant que des avions allemands survolaient la ville. Un bruit incroyable. Les obus et les balles sifflaient dans toutes les directions ! Balles traçantes la nuit.

Jeudi 30 mai. J'ai pu célébrer la messe pour la première fois depuis la destruction de l'église de Steenvoorde dimanche. Lord Gort (le commandant du BEF) a visité le poste d'évacuation des blessés.

Vendredi 31 mai. J'étais avec les blessés de 3h à 6h30 du matin. Peter Hardy, 150th Field Ambulance Royal Army Medical Corps (RAMC) est mort et je l'ai inhumé plus tard dans le cimetière militaire improvisé. Nous avons dû nous jeter à terre pendant l'enterrement pour éviter le feu des avions ennemis et nos propres éclats d'obus venant des canons anti-aériens. Les Boches ont commencé à bombarder l'évacuation. Une bombe est tombée très près après le déjeuner et nos fenêtres ont été brisées. Nous avons vu un avion allemand plonger dans la mer pendant une bataille aérienne colossale. Les pères Ford, Gigan, Callaghan et moi, ainsi que quelques aumôniers non catholiques, avons tiré au sort pour voir qui devait rester dans la ville - toutes les troupes doivent être évacuées, si possible. Callaghan a été choisi pour rester. Deux aumôniers non catholiques ont refusé de participer au tirage au sort. Si l'un d'entre nous n'avait pas tiré la 'croix' pour rester, nous allions tirer au sort entre nous, car un prêtre doit certainement rester.

Le *padre* Hobson-Matthews ne s'est pas échappé avec le reste du corps expéditionnaire britannique et une partie de l'armée française à Dunkerque, même s'il n'avait pas "gagné" le tirage au sort pour rester avec les blessés au CCS, Quelques heures après avoir accepté de rester derrière, il a été tué par un obus allemand qui a touché le CCS où il s'occupait des blessés.

Le 1ᵉ juin 1940

Jonathan Maynard Knowles, BA, MA, Mentioned in Dispatches, Matricule 95803. 26 ans. Aumônier de 4ᵉ classe, *Royal Army Chaplains' Department*. Inhumé dans le nouveau cimetière d'Ostende, parcelle 9, rangée 4, tombe 2, Ostende, Belgique.

Jonathan Knowles était le fils du capitaine Jonathan et de Viva B. Knowles (née Bagot) de Bordon, dans le Hampshire et il est né à Billericay, en Essex en octobre 1913. Il avait deux sœurs aînées, Nina et Viva.

Son père, le capitaine Jonathan Edward Knowles, a eu une carrière illustre dans l'armée britannique, servant avec distinction pendant la guerre des Boers en Afrique du Sud. Au début de la Première Guerre mondiale, le père de Jonathan servait dans le 4ᵉ bataillon du *Duke of Cambridge's Own (Middlesex Regiment)* pour défendre Mons, en Belgique. Le 23 août 1914, juste après le début de la guerre, il a été tué au combat. Cela signifie que Jonathan n'a jamais connu son père, car il n'avait que 10 mois lorsque son père a été tué.

Jonathan a fréquenté le Radley College dans l'Oxfordshire dans sa jeunesse. Après avoir obtenu son diplôme, il a ensuite fréquenté le Corpus Christi College, à l'université de Cambridge, où il était un des huit premiers de l'équipe d'aviron. Après avoir obtenu son diplôme *Bachelor of Arts*, il a poursuivi ses études en entamant une maîtrise en théologie. Après avoir terminé ses études universitaires, le révérend Knowles a été ordonné en 1936 dans l'église prieurale de St Mary, église du Pays de Galles, à Usk, Monmouthshire, où il a été vicaire jusqu'à ce qu'il rejoigne le Royal Army Chaplains' Department le 19 mai 1939.

Le *padre* Knowles a été pris dans le mouvement de la retraite vers la côte française centrée sur Dunkerque. Il s'est retrouvé avec les troupes britanniques dans le port belge d'Ostende, qui subissait également une attaque intense des forces aériennes et terrestres allemandes. Bien que l'auteur n'ait trouvé aucune indication sur la façon dont *padre* Knowles a été tué, on peut présumer qu'il a été tué lors des bombardements et des tirs d'artillerie allemands sur les positions alliées à Ostende, alors que les armées étaient prises dans un périmètre de plus en plus réduit et ne pouvaient pas se retirer vers Dunkerque.

Leslie Philip Riches, BA, Matricule 101549. 30 ans. Aumônier de 4e classe, *Royal Army Chaplains' Department*. Sépulcre inconnue. Il figure dans la colonne 131 du Mémorial de Dunkerque.

Leslie Riches était le fils de Philip T. et Rosetta J. Riches (née Sturgess) et est né le 27 juin 1909 à Northumberland Heath, dans l'Erith. Il était l'aîné de trois enfants et ils ont subi la tragédie de la mort de leur mère en novembre 1918, alors que Leslie n'avait que neuf ans. Comme son père ne pouvait pas faire face à l'éducation de 3 enfants tout en travaillant à plein temps, les enfants ont été élevés par les parents de leur mère, James et Sarah Sturgess.

Le révérend Riches a été ordonné dans l'Église d'Angleterre en 1932. Le révérend Riches a épousé Dorothy Evelyn Frances Brown, le 7 août 1937, à Christ Church, Erith, dans le sud-est de Londres, l'église que Leslie avait fréquentée dans son enfance. Au moment de son mariage, Leslie vivait à Highfield Road, à Luton, et était vicaire à l'église anglicane St Mary, aussi à

Luton. À la fin du mandat du révérend Riches à Luton, le couple nouvellement marié déménage à Banstead, dans le Surrey, où Leslie est devenu vicaire à la grande église All Saints. Il est rapidement devenu un membre actif du comité de l'institut de l'église qui gérait un grand hall et une salle de réunion dans la High Street de Banstead.

Le révérend Riches a rejoint le *Royal Army Chaplains' Department* le 24 octobre 1939. On ignore la manière dont l'aumônier Riches est décédé, bien qu'il ait été tué par une bombe allemande ou par un tir de mitrailleuse lorsqu'un avion allemand mitraillait les soldats qui attendaient leur évacuation sur les plages de Dunkerque.

Le 6, 7 ou 8 juin 1940

Arthur Currie Gordon, MA, BD, Matricule 91866. 36 ans. Aumônier de 4e classe, *Royal Army Chaplains' Department*. Attaché au *1st Battalion, The Black Watch (Royal Highlanders), 51st Highland Division*. Inhumé dans le cimetière de la ville de Blangy-sur-Bresle, dans la tombe 3, Blangy-sur-Bresle, France.

Arthur Gordon est né en 1904 du révérend William Gordon et d'Alison Gordon (née Jollie) de Barhill, en Ayrshire, en Écosse. L'aumônier Gordon a fréquenté le George Watson's College, à Édimbourg, de 1915 à 1920, puis est allé à l'Université d'Édimbourg où il a obtenu un baccalauréat en théologie en 1924 et une maîtrise en arts en 1926.

Le révérend Gordon a été ordonné dans l'Église d'Écosse peu après avoir obtenu son diplôme de l'université d'Édimbourg en 1926 et a été nommé ministre adjoint du révérend Albert A. Diak à l'église Saint Bernard d'Édimbourg pendant deux ans. En 1928, il a été appelé à devenir le pasteur de l'église paroissiale de Kells, dans le Kirkcudbrightshire. Pendant sa présence là-bas, il a épousé Agnès Doreen Gordon (née Mathers) le 20 avril 1929. En 1932, il a été appelé à l'église paroissiale de Foveran à Newburgh, dans l'Aberdeenshire.

Le révérend Gordon a rejoint le *Royal Army Chaplains' Department* le 8 février 1939 (avant la déclaration de guerre). Après sa formation, il a été affecté au premier bataillon des *Black Watch (Royal Highlanders)*. Son unité faisait partie du périmètre défensif de la *51st Highland Division* autour du port du Havre sur la Manche. Son unité était vouée à la mort ou à l'emprisonnement, car elle formait l'arrière-garde de l'armée britannique en France et son sacrifice a empêché l'armée allemande d'envahir les ports de Dunkerque et du Havre. Le fait qu'ils aient retenu les Allemands a permis d'évacuer un maximum d'hommes des plages de Dunkerque, plus loin sur la côte de la Manche.

C'était une période chaotique au Havre, la Highland Division étant constamment sous le feu des obus et des bombardements aériens. Il n'est pas clair si l'aumônier Gordon a réellement été tué le 6 ou le 7 juin. L'homologation de son testament indique qu'il est mort à l'une ou l'autre date, mais le tableau d'honneur de l'armée britannique indique qu'il est mort le 6 juin. Selon un récit, l'aumônier Gordon s'occupait d'un soldat blessé lorsqu'un obus d'artillerie est tombé près d'eux et a tué deux hommes.

Après la fin de la Seconde Guerre mondiale, sa veuve Agnès et leurs deux enfants ont fait ériger une plaque murale en bronze à la mémoire du *padre* Gordon dans l'église du conseil paroissial de Foveran à Newburgh. Mme Gordon a également offert à la congrégation deux vases en laiton à la mémoire de son mari.

Le 12 juin 1940

Theodore Douglas Emslie, BA, BTh, Military Medal (Première Guerre mondiale), Mentioned in Dispatches, Matricule 111056. 41 ans. Aumônier de 4ᵉ classe, *Royal Army Chaplains' Department*. Attaché à la *51st Highland Division*. Inhumé dans le cimetière franco-britannique de St Valery-en-Caux, tombe 33, St Valery-en-Caux, France.

Theodore Douglas Emslie, connu sous le nom de Douglas dans sa famille, était le fils du révérend William et de Jessie Douglas Emslie. Douglas Emslie est né le 15 mars 1899 à Nweichow, en Chine, où ses parents étaient des missionnaires de l'Église d'Écosse (presbytérienne).

Pendant la Première Guerre mondiale, Douglas a quitté la Chine pour rejoindre l'armée britannique en tant que soldat des Highlands, s'engageant dès qu'il était en âge de le faire, le 16 avril 1917. Il a servi dans les Cameron Highlanders, les Gordon Highlanders et les Argyll and Sutherland Highlanders. Lors d'une opération particulièrement dangereuse, il a été gravement blessé à la poitrine et a été hospitalisé pendant six mois. Il a reçu la Military Medal pour sa bravoure sur le terrain.

Après la Première Guerre mondiale, Douglas a épousé Anna Emslie (née Nikolina), originaire de Crieff, dans le Perthshire, et est retourné avec elle en Chine pour poursuivre une carrière commerciale. Cependant, dans les années 1930, il a fait un bref passage dans la politique britannique. Douglas Emslie a un titre de gloire unique dans l'histoire de l'Écosse : il a été la première personne à se présenter à une élection écossaise en tant que membre du parti nationaliste écossais. L'élection a eu lieu pour le siège de Montrose Burghs et Douglas a établi son quartier général de campagne à la gare d'Arbroath, le chef de gare étant la première personne qu'il a rencontrée à sa descente du train en provenance d'Aberdeen. Le chef de gare était également un nationaliste écossais et a proposé à Douglas d'utiliser la salle d'attente de British Rail comme quartier général de sa campagne.

Après l'échec de son élection au parlement de Westminster, Douglas a entendu l'appel du ministère ordonné et a entrepris des études à l'université d'Aberdeen pour obtenir son BA, puis au Christ's College de la même université pour ses études de théologie. En 1937, Douglas a été appelé comme ministre de la West Church à Crieff, où il est resté jusqu'au début de la Seconde Guerre mondiale. Le 2 janvier 1940, le révérend Emslie s'est porté volontaire pour le Royal Army Chaplains' Department et, après sa formation, il a été rattaché à son ancienne unité de la Première Guerre mondiale, les *Gordon Highlanders*, qui servaient alors en France au sein de la *51st Highland Division*.

Le 11 juin 1940, le *padre* Emslie a reçu une balle dans la poitrine (comme dans la Première Guerre mondiale) et a été gravement blessé. Il avait aidé à soigner les blessés et à rallier les troupes sur les plages de Saint-Valery dans l'espoir qu'elles soient évacuées, comme l'avaient été les troupes plus haut sur la côte à Dunkerque. L'aumônier Emslie a succombé à ses blessures le lendemain, peu avant la reddition de la *51st Highland Division* à Saint-Valery, car il était à l'arrière-garde et n'a pas pu être évacuée des plages comme il l'avait espéré. Comme c'était une période chaotique en France, la nouvelle de la mort de l'aumônier Emslie n'est parvenue à sa femme qu'en septembre 1940, lorsqu'elle a reçu une lettre d'un des médecins qui avait été au poste de secours avancé avec l'aumônier Emslie et qui était maintenant prisonnier de guerre en Allemagne. Il a écrit : "Dites à Mme Emslie, West Manse, Crieff, que son mari est mort aussi noblement qu'il a vécu, le 12 juin, dans notre poste de secours avancé. C'était un bon gars."

Une plaque commémorative en l'honneur de l'aumônier Emslie se trouve dans l'église paroissiale de Crieff, mais elle se trouvait à l'origine dans l'église West Church, à Crieff, où il était pasteur avant de s'enrôler dans l'armée.

Les eaux froides et cruelles de l'Atlantique

Le 16 septembre, 1942

Aumônier de 4e classe **William Robert Copland, MA**, Matricule 94093. 31 ans. Aumônier de 4e classe, *Royal Army Chaplains' Department*. Décédé en mer. Commémoré au mémorial de Brookwood, au panneau 15, colonne 2.

William Copland était le fils de John et Mary Copland (née McKay) de Greenock en Ecosse où il est né le 7 mars 1911. Il a grandi et a fréquenté la Greenock High School. Son père étant ingénieur civil dans la ville. Après le lycée, William a fréquenté l'université de Glasgow et a été ordonné dans l'Église d'Écosse à la fin de ses études. Il s'est marié avec Agnès (connue sous le nom de Nancy) Copland (née Mitchell), de Gourock, en Écosse. Avant de s'engager dans l'armée britannique, le révérend Copland était pasteur à Logie Pert, près de la ville de Brechin, dans l'est de l'Écosse. Après la mort de son mari, Agnès Copland a décidé de consacrer sa vie à l'Église d'Écosse. Elle a obtenu un diplôme de diaconesse au St Colm's College d'Édimbourg et est devenue la première femme *elder* de l'Église d'Écosse. Elle a servi pendant de nombreuses années en tant qu'aumônier adjoint à la prison de Gateside. Elle a reçu une médaille de membre de l'Empire britannique en 1974 pour ses services à l'Église et à l'État.

Le révérend Copland est entré au service des aumôniers de l'armée royale le 10 août 1939. Il est mort dans le naufrage du Royal Mail Ship (RMS) Laconia, qui avait appartenu auparavant à la Cunard Steamship Line. Lorsque le navire revenait du Moyen-Orient via le canal de Suez vers Mombasa, Durban, Cape Town, la Sierra Leone et enfin le Canada. Il a été torpillé par le sous-marin allemand U-156 au nord-est de l'île de l'Ascension, dans l'Atlantique Sud. Le RMS Laconia voyageait sans escorte, car on estimait que sa vitesse était suffisante pour éviter les sous-marins allemands et aucun *U-boot* n'avait été signalé près de l'île de l'Ascension. Le RMS Laconia transportait 1 809 prisonniers de guerre italiens (de la campagne d'Afrique du Nord), ainsi que 268 soldats britanniques et 160 soldats polonais (qui gardaient les prisonniers de guerre) qui, avec l'équipage du Laconia, représentaient au total près de 2500 personnes.

Après avoir torpillé le RMS Laconia, le commandant du U-156, le *Kapitänleutnant* Werner Hartenstein, a mis en scène un effort spectaculaire pour sauver les passagers et l'équipage du Laconia. Cette action, à laquelle participent un autre *U-boot* allemand (U-506) et un sous-marin italien (*Regio Sottomarino Cappellini*), est connue sous le nom de "Laconia Incident". Avant que le RMS Laconia ne coule, le U-156 a fait surface. Lorsque le *Kapitänleutnant* Hartenstein s'est rendu compte que des civils et des prisonniers de guerre se trouvaient à bord du navire en train de couler, il a communiqué par radio avec le quartier général des *U-boot* en France et a demandé de l'aide. Les deux *U-boot* et le sous-marin italien arboraient des drapeaux de la Croix-Rouge, et le *Kapitänleutnant* Hartenstein a fait savoir aux Alliés de la côte d'Afrique centrale, en parlant par radio en un anglais assez simple, qu'une opération de sauvetage est en cours. Les trois sous-marins sont remontés à la surface, avec les survivants du RMS Laconia sur leurs ponts et remorqués dans des canots de sauvetage derrière, se sont dirigés lentement vers les ports français au Cameroun pour débarquer ceux qu'ils avaient sauvés.

Le lendemain matin, le 17 septembre, un avion américain B-24 Liberator a aperçu les efforts de sauvetage. Le *Kapitänleutnant* Hartenstein a demandé de l'aide au pilote, qui a ensuite informé ses supérieurs à la base américaine de l'île de l'Ascension de la situation. L'officier supérieur en poste, qui n'était pas au courant du message radio allemand indiquant qu'il s'agissait d'une mission de miséricorde, a commandé l'attaque des *U-boot*. Malgré les drapeaux de la Croix-Rouge, les survivants entassés sur les ponts des sous-marins en surface et les canots de sauvetage remorqués, le B-24 commence à attaquer le U-156.

Les capitaines des trois sous-marins ont ordonné de couper les câbles de remorquage attachés aux canots de sauvetage et de faire plonger leurs navires, abandonnant les survivants qu'ils avaient secourus à leur sort dans la mer.

Les rares documents relatifs à cet incident ne permettent pas de savoir si le *padre* Copland a été tué lors de l'attaque initiale du RMS Laconia, ou s'il a été secouru par les sous-marins et est ensuite mort après avoir été remis à l'eau lorsqu'ils ont plongé pour éviter l'attaque aérienne.

Après cet incident, le commandant des forces sous-marines allemandes, le grand-amiral Karl Dönitz, a émis ce qui est considéré comme un ordre infâme, connu en anglais sous le nom de "Lanconia Order". Cet ordre stipule que, dorénavant, les sous-marins allemands ne doivent plus tenter d'aider ou de secourir les survivants des navires qu'ils coulent, comme l'ont fait certains capitaines de sous-marins jusqu'en septembre 1942.

Entre le 17 et le 20 septembre 1942, le croiseur français Gloire, le dragueur de mines Annamite et le sloop Dumont d'Urville, tous stationnés dans le port de Vichy de Douala, au Cameroun, ont sauvé 837 personnes des canots de sauvetage et flottant dans l'océan sur les 2 500 personnes à bord du RMS Laconia, et les ont emmenées à Dakar. Cependant, environ 1 658 personnes sont mortes soit dans l'attaque initiale à la torpille, soit dans l'attaque aérienne américaine des *U-boot*, soit à cause des requins, attirés par le sang des blessés qui flottaient dans l'eau.

Le 14 octobre 1942

FRANCIS EDWARD HAND, Purple Heart, Matricule O-385280. 39 ans. Capitaine, *United States Army Chaplain Corps*. Perdu en mer. Commémoré sur la *Tablet of the Missing*, au cimetière américain de Cambridge, Royaume-Uni et sur le East Coast Memorial à Battery Park, Manhattan, New York, États-Unis.

Edward Francis Hand est né en 1905 à Atlantic City, dans le New Jersey, de John et Annie Hand (née Schneider). À un moment donné de sa vie d'adulte, Francis, dont le prénom de naissance était Edward, a inversé ses noms et a utilisé Francis comme prénom à partir de ce moment-là jusqu'à sa mort. Cette inversion des noms ne figure pas dans son dossier militaire, mais apparaît dans les rapports généalogiques. En 1920, la famille Hand vivait dans le Massachusetts où le père de Francis était avocat.

Francis a épousé Idella Hand (née Cramer) en 1923 à Atlantic City, New Jersey. Francis et Idella ont eu une fille née en 1930. Lorsque sa fille est née, Francis étudiait au Wheaton College de Chicago et tout en travaillant comme opérateur d'ascenseur pour subvenir aux besoins de sa famille. Francis a fini ses études en 1935 et a été ordonné dans l'église méthodiste la même année. L'année précédant son ordination, Francis a servi comme pasteur étudiant à la Central Methodist Church, à Point Pleasant Beach, dans le New Jersey. Plus tard, le pasteur Hand a exercé son ministère à la Neptune City Memorial Methodist Church, à Neptune City, New Jersey, en 1935-36. Edward et sa famille se sont ensuite installés dans les congrégations conjointes de l'église méthodiste de Clarksboro et de l'église méthodiste de Milton, à Jefferson, New Jersey, en 1938. Cependant, la famille Hand n'y est pas restée longtemps et, en 1939, elle a déménagé à l'église méthodiste de Bayville-Ocean Gate, dans le comté d'Ocean, au New Jersey. Francis s'est ensuite engagé dans l'armée américaine en tant qu'aumônier de réserve à la fin de 1938. En 1940, l'aumônier Hand a été appelé sous les drapeaux et a servi dans le 3rd Infantry Regiment à Fort Snelling, dans le Minnesota.

En septembre 1940, le Royaume-Uni et les États-Unis ont conclu un accord prévoyant le transfert de 50 destroyers américains à la marine britannique, contre des baux de 99 ans dans des bases britanniques situées le long de la côte ouest de l'Atlantique et dans les Caraïbes, notamment aux Bermudes, aux Antilles britanniques, aux Bahamas, à la Jamaïque, à Sainte-Lucie, en Guyane britannique, à Trinidad et, plus important encore pour l'aumônier Hand, à Terre-Neuve, au large de la côte est du Canada.

En janvier 1941, l'aumônier Hand a été temporairement affecté à New York en vue d'un déménagement avec sa famille vers les bases de l'armée et de la marine américaines à Terre-Neuve, qui était à l'époque un dominion séparé du Canada dans le Commonwealth britannique. L'aumônier Hand a été affecté aux bases de l'armée de l'air qui avaient été louées au gouvernement américain dans le cadre de l'accord de septembre 1940 mentionné ci-dessus. Toutefois, à l'automne 1941, l'aumônier Hand et sa division ont été transférés dans le Fort Pepperrell, nouvellement construit près de Saint John's, tandis que sa femme et sa fille sont retournées aux États-Unis, car la campagne de l'Atlantique Nord et le danger d'attaques à la torpille par les *U-boot* sur les ferrys en provenance de Terre-Neuve devenaient plus probables. Cette possibilité d'attaques contre les forces navales américaines ostensiblement neutres tenait au fait qu'elles jouaient un rôle actif dans l'escorte des convois vers le milieu de l'Atlantique et qu'elles attaquaient les *U-boot* qui s'en prenaient aux convois qu'elles gardaient. Mme Hand et sa fille sont retournés à Ocean City, dans le New Jersey, où le révérend Hand avait exercé son dernier pastorat civil.

Lorsque les États-Unis sont entrés officiellement en guerre le 7 décembre 1941, la Terre-Neuve est devenue un lieu très actif, car les convois se formaient souvent dans le port de St John's avant de traverser l'Atlantique du nord, sous la couverture des avions américains qui partaient des bases de la Terre-Neuve. Ces convois ont également été gardés par des navires de la marine américaine.
Comme la Terre-Neuve est une île, il existait des services de ferrys qui reliaient le Québec et la Nouvelle-Écosse à partir de l'île. L'une des liaisons par ferry les plus populaires était celle qui reliait Port aux Basques, à Terre-Neuve, et Sydney, à l'extrémité nord de la Nouvelle-Écosse, ce qui permettait ensuite aux voyageurs d'accéder au réseau ferroviaire de l'Amérique du Nord, tant au Canada qu'aux États-Unis.

Le service de ferry entre Port aux Basques et Sydney a continué pendant la Seconde Guerre mondiale, mais il est devenu une route de convoi connue comme la route Sydney Port aux Basques. En général, cela signifiait que le ferry SS Caribou était escorté par des navires de la Marine royale canadienne trois fois par semaine, et qu'il naviguait toujours dans l'obscurité pour plus de sécurité contre les attaques des sous-marins allemands. Le Caribou était un navire assez grand, car il pouvait transporter des wagons de chemin de fer, du bétail et d'autres marchandises, ainsi que des passagers. Dans la nuit du 13 octobre 1942, l'aumônier Hand revenait d'un congé avec sa famille dans le New Jersey et se trouvait à bord du SS Caribou qui avait quitté Sydney et approchait de sa destination, Port aux Basques, sous la seule escorte du NRCSM Grandmère, un dragueur de mines de classe Bangor, un très petit navire de guerre. Le Caribou se trouvait à moins de 20 milles nautiques (37 kilomètres) de sa destination à Terre-Neuve. Le U-69 était en surface dans le golfe du Saint-Laurent, à la recherche de navires à attaquer. Dans le ciel éclairé du petit matin, le U-69 a vu le signe révélateur de la fumée de la cheminée du SS Caribou et a commencé à préparer une attaque à la torpille contre le navire. À 3 h 51, heure d'été de Terre-Neuve, le U-69 a tiré une torpille sur le SS Caribou, le touchant en plein milieu. La dévastation causée par la torpille était si importante que le SS Caribou, avec l'aumônier Hand et 190 autres passagers civils et militaires, dont des femmes et des enfants et un équipage de 46 personnes, a coulé en moins de 5 minutes. Des 237 personnes à bord du Caribou, 137 ont été tuées lors du naufrage, mais 100 autres ont été secourues par le NRCSM Grandmère. L'aumônier Hand était l'une des personnes tuées et son corps n'a pas été retrouvé.

En décembre 1944, la femme de l'aumônier Hand a épousé Harvey Ford, un homme d'affaires d'Ocean City, dans le New Jersey.

Le 1e ou le 2 décembre 1942

REV. ROLLIN GOODFELLOW

ROLLIN GOODFELLOW, Purple Heart, Matricule O-411496. 43 ans. Capitaine, *United States Army Chaplain Corps*. Attaché au *US Army Transportation Corps*. Commémoré sur la *Tablet of the Missing*, au cimetière américain de Cambridge, Royaume-Uni.

Rollin Goodfellow, et son frère jumeau Simeon, sont nés le 12 novembre 1899 à McConnellstown, en Pennsylvanie, d'Addison et de Letitia "Lettie" Goodfellow (née Stouffer). Rollin avait une sœur aînée, Anna, et une sœur cadette, Irene.

En juillet 1918, Rollin, âgé de 17 ans, avait demandé un passeport lui permettant de se rendre à Cuba pour y être le précepteur des enfants d'une riche famille. Cependant, il ne s'est jamais rendu à Cuba, mais s'est enrôlé dans l'armée américaine en octobre 1918 dans le *Students' Army Training* Corps. La Première Guerre mondiale s'est terminée un mois plus tard et Rollin a retrouvé la vie civile à la mi-décembre 1918.

Rollin a épousé Esther Goodfellow (née Engelmann) en 1925. Ils ont eu deux filles, Eunice qui est née en 1927 et Maria qui est née en 1932.

Le ministère du pasteur Goodfellow consistait à aider les églises dans leur croissance et leur évolution. Son premier ministère en tant que pasteur était celui de la *Goss Memorial Reformed* Church (aujourd'hui *Evangelical and Reformed*) à Akron Ohio, où il a été pasteur entre 1927 et 1929, à une époque où la *Goss Memorial* construisait une nouvelle église, quand la précédente est devenue trop petite pour la congrégaton. En 1929, le pasteur Goodfellow et sa famille ont quitté Akron pour s'installer à Bedford, Ohio, où il est devenu pasteur de l'église réformée. En novembre 1935, le pasteur Goodfellow a déménagé à nouveau, se rendant cette fois à la *Pine St Congregational Church* de Lewiston, dans le Maine, où il a joué un rôle déterminant dans la fusion de la *Pine Street Church* et de la *First Universalist Church*. Après avoir mené à bien la fusion des deux congrégations, le pasteur Goodfellow, en 1936, a rejoint la *Second Congregational Church* à Biddeford, dans le Maine, où il a servi jusqu'à ce qu'il se porte volontaire pour le département des aumôniers en 1941.

Des sources indiquent que l'aumônier Goodfellow est mort en mer lorsque le navire sur lequel il était passager a été coulé. L'auteur pense que l'aumônier Goodfellow se trouvait sur le navire de passagers SS Coamo, qui avait été affrété par l'US Navy en tant que navire de troupes et qui a été torpillé le 2 décembre à environ 150 miles à l'ouest de l'Irlande. Le SS Coamo naviguait avec un convoi entre Gibraltar et le Royaume-Uni, mais il a reçu l'ordre de

quitter le convoi au milieu de l'Atlantique et de se rendre indépendamment à New York. On pensait que sa vitesse en tant que navire de passagers le protégerait des attaques des *U-boot*. Le navire transportait des fournitures et ramenait un petit nombre de soldats américains de l'Afrique du Nord vers les États-Unis. L'aumônier Goodfellow a dû participer à l'invasion américaine de l'Afrique du Nord, mais a été rappelé aux États-Unis pour une raison inconnue.

Dans la soirée du 2 décembre 1942, le U-604 a tiré une torpille sur le SS Coamo. La torpille a frappé sous la ligne de flottaison, sous le pont du navire, et selon le rapport du capitaine du *U-boot* sur le naufrage, le SS Coamo a coulé en cinq minutes environ. Le navire comptait onze officiers, 122 membres d'équipage, 37 hommes pour les canons défensifs et 16 passagers de l'armée américaine (dont, il nous semble, l'aumônier Goodfellow). Le capitaine du *U-boot* a déclaré avoir vu quelques hommes quitter le navire sur des radeaux de sauvetage, mais aucun survivant n'a jamais été retrouvé, car une très forte tempête a balayé la zone du naufrage du SS Coamo pendant trois jours à partir du début de la soirée du 2 décembre.

En plus de figurer sur le mémorial des disparus de Cambridge (Royaume-Uni), l'aumônier Goodfellow est évoqué dans un vitrail de la chapelle de Fort Eustis, en Virginie. Fort Eustis est le siège du Corps des transports de l'armée américaine, auquel servait l'aumônier Goodfellow lorsqu'il est mort.

Comme le montrent les entrées suivantes, la première semaine de février 1943 a été désastreuse pour le corps des aumôniers de l'armée américaine. Lors de deux naufrages distincts dans l'Atlantique Nord, ils ont perdu 9 aumôniers hautement qualifiés dans les eaux glacées de l'Atlantique Nord.

Le 4 février 1943

GEORGE LANSING FOX, BTh, Four Chaplains Medal, Distinguished Service Cross, Silver Star, Purple Heart (avec Oak Leaf Cluster), Croix de Guerre, Matricule O-485690. 42 ans. Capitaine, *United States Army Chaplain Corps*. Commémoré sur la *Tablet of the Missing*, au cimetière américain de Cambridge, Royaume-Uni et dans la chapelle des Quatre aumôniers, Philadelphie, PA.

George Lansing Fox (Cassatta) est né le 15 mars 1900 à Lewistown, Pennsylvanie, de Charles J. Cassatta et de son épouse Mary C. Cassatta (née Reichert). George avait une sœur, Gertrude, et 3 frères, Bert, Leo et John. Au début de sa vie d'adulte, George a changé son nom de famille de Cassatta à Fox, mais il n'y a aucune raison enregistrée pour ce changement. Les autres frères et sœurs de George conservent le nom de famille de Cassatta. On peut imaginer qu'il a changé son nom pour un nom à consonance plus anglaise, parce qu'il est devenu pasteur méthodiste.

Lorsque les États-Unis sont entrés dans la Première Guerre mondiale, George n'avait que 17 ans, mais il ressentait l'obligation de soutenir son pays dans la guerre, alors il a menti sur son âge, disant qu'il avait 18 ans, et a rejoint le corps médical de l'armée américaine où il a servi comme aide-soignant. Le 3 décembre 1917, George s'est embarqué de Camp Merritt, New Jersey à bord du navire de guerre USS Huron en route pour la France. George a servi comme médecin de première ligne et a reçu la Silver

Star pour avoir sauvé un soldat blessé sur le champ de bataille où se déroulait une attaque au gaz. Il a été blessé pendant la Première Guerre mondiale et a reçu la *Purple Heart*. Il a également reçu la Croix de guerre du gouvernement français pour son héroïsme sur les champs de bataille français.

Après la fin de la Première Guerre mondiale, George est retourné en Amérique et s'est installé dans la maison de ses parents à Altoona. Il a terminé ses études secondaires et a commencé à travailler pour la *Guarantee Trust Company*. Cependant, en 1923, il a répondu à l'appel de Dieu à devenir pasteur et s'est inscrit au *Moody Bible Institute* de Chicago, dans l'Illinois. La même année, il a épousé Isadore Gertrude Fox (Hurlbutt) à Winona Lake, dans l'Indiana. Isadore Fox était originaire de Hyde Park dans le Vermont et avait déjà été mariée à Charles J. Breer, à l'âge de 18 ans ; le couple a eu une fille qui est décédée moins d'un an après sa naissance en 1916. Il semble qu'Isadore ait ensuite divorcé de Charles Breer et se soit installée à Chicago.

Le fait d'avoir une famille a conduit George à abandonner ses études au Moody Bible Institute et à devenir un pasteur itinérant de l'église méthodiste. George et Isadore ont eu un fils, Wyatt, qui est né en novembre 1924. Cependant, George n'a pas abandonné sa détermination à terminer ses études et il a accepté un pastorat étudiant de l'église méthodiste de Downs, dans l'Illinois. En 1929, George s'est inscrit dans la *Illinois Wesleyan University* à Bloomington et il a été diplômé en lettres en 1931. George et sa famille se sont ensuite installé dans un autre pastorat étudiant, cette fois à Rye, dans le New Hampshire. En même temps George s'est inscrit à l'école de théologie de l'université de Boston. George a reçu un diplôme de théologie sacrée et a été ordonné pasteur méthodiste le 10 juin 1934. Pendant qu'il était au séminaire, George, qui ne mesurait que 1,70 m, était connu sous le surnom de "petit ministre". Suite à ses études et à et son ordination, George a été nommé pasteur de l'église méthodiste de Waits River, dans le Vermont. C'est là que George et Isadore ont eu leur deuxième enfant, Mary. En 1936, George et sa famille ont déménagé à Union Village, Vermont. Il a ensuite exercé son ministère à Gilman (une partie de la ville de Lunenburg), également dans le Vermont, en 1939. Pendant cette période, le révérend Fox a rejoint la Légion américaine et a été nommé aumônier pour l'ensemble de la Légion du Vermont.

Le 7 décembre 1941, en apprenant l'attaque japonaise sur Pearl Harbour, George a dit à sa femme : "Je dois y aller. Je sais par expérience ce que ces garçons sont sur le point d'affronter. Ils ont besoin de moi". Il s'est porté volontaire pour le corps des aumôniers et a été commissionné comme aumônier le 24 juillet 1942. L'aumônier Fox a été envoyé à l'école des aumôniers de Harvard et, après, il a été affecté au *411th Coast Artillery Battalion* à Camp Davis, où les soldats étaient formés à l'utilisation de l'artillerie antiaérienne. Cependant, lorsque l'armée américaine a commencé à se déplacer vers l'Afrique du Nord et l'Europe, des aumôniers ont dû accompagner les troupes et l'aumônier Fox a été chargé d'aller en Islande afin de remplacer les aumôniers américains plus expérimentés qui y étaient stationnés et qui devaient accompagner leurs unités en Grande-Bretagne. Les Américains avaient pris le relais des Britanniques pour occuper l'Islande en juin 1941, afin d'empêcher les Allemands d'occuper cette île d'importance stratégique. L'aumônier Fox a été affecté au Camp Myles Standish à Taunton, Massachusetts, où les troupes étaient rassemblées avant d'être affectées à des navires de transport et envoyées outre-mer. De là, l'aumônier Fox a été affecté au SS Dorchester, avec 3 autres aumôniers et 901 marins et soldats.

ALEXANDER DAVID GOODE, BA, BH, Four Chaplains Medal, Distinguished Service Cross, Purple Heart, Matricule O-485093. 31 ans. Capitaine, *United States Army Chaplain Corps*. Commémoré sur la *Tablet of the Missing*, au cimetière américain de Cambridge, Royaume-Uni et dans la chapelle des Quatre aumôniers, Philadelphie, PA.

Alexander Goode est né à Columbus Ohio le 10 mai 1911 du rabbin Hyman Sulman Goodkowitz et de sa femme Fannie "Fay" Goodkowitz (née Aronin). Alexander avait deux frères, Joseph et Moses, et une sœur, Agatha.

En tant que rabbin, comme le font de nombreux membres du clergé, le père d'Alexander a exercé dans diverses synagogues de l'est des États-Unis, notamment à Rocky Mount, en Caroline du Nord, puis à New York. Quand Alexander était adolescent, sa famille s'est installée à Washington DC où il a fréquenté la *Eastern High School*, et où il est devenu un excellent athlète qui a remporté des médailles en tennis, en natation et en athlétisme. En plus d'être un bon athlète, Alexander était un excellent élève, puisqu'il envisageait de devenir rabbin, suivant ainsi les traces de son père. Le quartier où Alexander a passé son adolescence était très diversifié et il avait des amis juifs, protestants et catholiques. Alexander raccourcit son nom de Goodkowitz à Goode, un nom plus générique, au début de sa vie d'adulte.

En 1929, Alexander commence à fréquenter l'université de Cincinnati et est diplômé en lettres en 1934. Le 7 octobre 1935, il a épousé son premier amour de la Eastern High School, Theresa Goode (née Flax) à Washington, DC. La même année, Alexander est entré au Hebrew Union College (HUC) de l'université de Cincinnati et a obtenu une licence en 1937. Au cours de sa dernière année d'études au Hebrew Union College, Alexander a été nommé rabbin étudiant de la synagogue de Marion, dans l'Indiana. Après avoir terminé ses études, il a été ordonné rabbin et affecté à la synagogue Beth Israel de York, en Pennsylvanie, où, en plus d'être rabbin, il était également candidat au doctorat à l'université Johns Hopkins de Baltimore. Le rabbin Goode a eu son doctorat en 1940. C'est à York qu'est né l'unique enfant d'Alexander et Theresa, leur fille Rosalie. Pendant qu'il était à York, le rabbin Goode a créé une troupe multiculturelle de scouts, qui a été la première troupe en Amérique à permettre aux garçons de gagner des récompenses religieuses dans le catholicisme, le judaïsme et le protestantisme.

En janvier 1941, après avoir lu des articles de presse sur la situation critique des Juifs dans l'Europe occupée, le rabbin Goode a posé sa candidature à l'US Navy en tant qu'aumônier, mais n'a pas été accepté. En décembre 1941, après l'attaque de Pearl Harbour, le rabbin Goode a posé sa candidature auprès de l'armée américaine en tant qu'aumônier et a été accepté. Il a été commissionné le 21 juillet 1942 et a été envoyé à la Harvard Chaplain School en août 1942. Après avoir reçu son diplôme, l'aumônier Goode a été affecté au *333rd Airbase Squadron* de Goldsboro, en Caroline du Nord. Alors que le renforcement des troupes américaines en Europe et en Afrique du Nord commençait, le rabbin Goode a été affecté au Camp Myles Standish à Taunton, Massachusetts, où les troupes étaient rassemblées avant d'être affectées aux navires de transport à des destinations d'outre-mer. De là, l'aumônier Goode a été affecté au SS Dorchester, avec 3 autres aumôniers et 901 marins et soldats.

**CLARK VANDERSALL POLING, BA, BD, Four Chaplains Medal, Distinguished Service Cross, Purple Heart**, Matricule O-477425. 42 ans. Lieutenant. *United States Army Chaplain Corps*. Commémoré sur la *Tablet of the Missing*, au cimetière américain de Cambridge, Royaume-Uni et dans la chapelle des Quatre aumôniers, Philadelphie, PA.

Clark Poling est né le 7 août 1910 à Columbus, Ohio. Il était le fils de Daniel A. Poling et Susie Jane Poling (née Vandersall). Clark avait un frère, Daniel, et deux sœurs, Mary et Elizabeth. Alors qu'il était un jeune garçon, la famille de Clark s'est installée à Auburndale, dans le Massachusetts, où il a été remarqué pour sa maturité et son attention aux autres. Malheureusement, en 1918, la mère de Clark est décédée, et en 1919, le père de Clark, un ministre évangélique (pentecôtiste), s'est remarié avec Lillian Diebold Poling (née Heingartner), qui est devenue la belle-mère de Clark, de son frère et de ses sœurs. En 1936, le père de Clark a quitté l'église pentecôtiste et rejoint la dénomination baptiste du Nord où il est devenu pasteur baptiste.

Quand Clark était adolescent, sa famille vivait à Poughkeepsie, dans l'état de New York, où il a fréquenté la Oakwood Friends School, un lycée quaker préparatoire privé de la même ville. Clark était réputé pour être un bon élève et un excellent demi-arrière de football américain. Pendant qu'il était à Oakwood, il est également devenu président du conseil des étudiants.

En 1929, Clark a terminé ses études à Oakwood et s'est inscrit au Hope College à Holland, dans le Michigan. Le *Hope College* est un collège privé affilié à l'Église réformée d'Amérique. Cependant, en 1931, il s'est inscrit à la *Rutgers University* à New Brunswick, dans le New Jersey, et a reçu son diplôme en 1933. Clark est entré à la *Yale University Divinity School* à New Haven, Connecticut, et a reçu sa licence en théologie en 1936. Il est évident que Clark a été très influencé par son séjour au Hope College, car il n'a pas suivi son père dans le ministère de l'Église baptiste ou même de l'Église pentecôtiste, mais a choisi d'être ordonné dans l'Église réformée d'Amérique. Clark a été ordonné en 1936 et sa première congrégation était la First Church of Christ, à New London, dans le Connecticut. Peu de temps après, il a accepté le poste de pasteur de la *First Reformed Church* de Schenectady, dans l'État de New York. En 1936 Clark a épousé Elizabeth "Betty" Poling (née Jung) de Philadelphie, Pennsylvanie et l'année suivante, Clark, Jr. (Corky) est né.

En décembre 1941, alors que l'Amérique était en guerre, le pasteur Polling a parlé à son père, qui ayant servi comme aumônier pendant la Première Guerre mondiale, a prévenu Clark que les aumôniers de cette guerre avaient subi un taux de pertes très élevé. Cependant, le pasteur Polling ressentait toujours l'appel à servir dans l'armée américaine et a été commissionné le 10 juin 1942 comme aumônier dans le *131st Quartermaster Truck Regiment* et s'est présenté à Camp Shelby, Hattiesburg, Mississippi. Cependant, deux mois plus tard, l'aumônier Poling a été réaffecté à l'école des aumôniers de l'université de Harvard pour y suivre une formation d'aumônier. On ne sait pas exactement pourquoi l'aumônier Polling ne s'est pas immédiatement inscrit à l'école des aumôniers après son entrée en service. Il est possible que l'inscription de l'aumônier Polling à l'école des aumôniers ait été retardée, car l'école quittait le Fort Benjamin Harrison, dans l'Indiana, pour s'installer à l'université Harvard, à Cambridge, dans le Massachusetts. Pendant les deux mois du déménagement et de l'emménagement, l'école n'a pas offert de cours.

Après avoir obtenu son diplôme de l'école des aumôniers, l'aumônier Poling a été affecté au Camp Miles Standish à Taunton, au Massachusetts, où les troupes étaient rassemblées avant d'être affectées aux navires de transport pour être envoyées outre-mer. De là, l'aumônier Goode a été affecté au SS Dorchester, avec 3 autres aumôniers et 901 marins et soldats.

JOHN P WASHINGTON, BA, Four Chaplains Medal, Distinguished Service Cross, Purple Heart, Matricule O-463529. 35 ans. Lieutenant, *United States Army Chaplain Corps*. Commémoré sur la *Tablet of the Missing*, au cimetière américain de Cambridge, Royaume-Uni et dans la chapelle des Quatre aumôniers, Philadelphie, PA.

John P. Washington est né à Newark, New Jersey, le 18 juillet 1908, de Frank et Mary Washington. John avait deux sœurs, Mary et Anna, et quatre frères, Thomas, Francis, Leo et Edmund.

En 1914, John est devenu élève à l'école primaire catholique St. Rose of Lima. Pendant ses études, il aimait jouer au baseball avec ses amis. Cependant, sa famille n'était pas bien lotie et John livrait des journaux pour aider les finances de la famille. Dès son jeune âge, John avait des talents musicaux et était inscrit à des cours de piano et il chantait dans la chorale de son église. John a commencé l'école secondaire et a ressenti un appel à devenir membre du clergé ordonné. C'est à cette époque qu'il a commencé à servir comme enfant de chœur dans sa paroisse locale.

John était un excellent élève et, pour ses dernières années de lycée, il était inscrit à la Seton Hall Preparatory School à South Orange, dans le New Jersey. Seton Hall était réputée pour être un lieu de préparation pour les jeunes hommes qui envisageait l'ordination à la prêtrise de l'Église catholique romaine. John a obtenu son diplôme de Seton Hall et est entré au séminaire Immaculate

Conception de l'université de Seton Hall, où il a obtenu une licence en arts en mai 1933. Il a été ordonné diacre le jour de Noël, le 25 décembre 1934. John a été ordonné prêtre le 15 juin 1935.

Après son ordination, le Père Washington a d'abord été affecté à l'église catholique romaine Sainte-Geneviève dans la ville d'Elizabeth, dans le New Jersey, où il a servi pendant un an, avant de se rendre à l'église catholique romaine Saint Venantius pendant une autre année. En 1938, il a été affecté à l'église catholique romaine St Stephen à Arlington, New Jersey, où il a servi jusqu'en avril 1941. Comme tant d'autres membres du clergé américain, le père Washington, avec la permission de son évêque, s'est engagé comme aumônier militaire peu après l'attaque de Pearl Harbour, le 7 décembre 1941,
L'aumônier Washington a été commissionné dans le corps des aumôniers le 9 mai 1942 et a été affecté à la première école de formation des aumôniers à Fort Benjamin Harrison, Indiana. En juin 1942, l'aumônier Washington a été affecté à la *76th Infantry Division* à Fort George Meade, Maryland. Fin novembre 1942, l'aumônier Washington a été affecté au Camp Miles Standish à Taunton, Massachusetts, où les troupes se rassemblaient avant d'être affectées aux navires de transport pour être envoyées outre-mer. De là, l'aumônier Washington a été affecté au SS Dorchester, avec 3 autres aumôniers et 901 marins et soldats.

Le 3 février 1943 – le Naufrage du SS Dorchester

Le SS Dorchester a été affrété par l'armée américaine en février 1942, et comme beaucoup des membres de son équipage du temps de paix sont restés à leur poste, il n'a jamais été officiellement mis en service en tant que transport de l'armée américaine. L'effectif de l'équipage a été renforcé par l'affectation d'un contingent de gardes armés de la marine responsable du canon de calibre 3"/50 sur le pont avant et du canon de calibre 4"/50 à l'arrière du navire, et responsable des quatre canons de 20 mm pour la défense aérienne. La garde armée navale était également chargée de faire fonctionner la radio du navire.

Le 23 janvier 1943, le SS Dorchester a quitté le port de New York à destination de la base militaire top secrète de Narsarsuaq, dans le sud du Groenland. Ce site devait devenir une base aérienne importante sur la route du Maine à la ville de Gander, en Terre-Neuve, à Blue Two (Narsarsuaq, en Groenland) à Keflavik, en Islande, puis aux bases aériennes de Stornoway ou Prestwick en Écosse, où tant d'avions passaient provenant de leur fabrication en

Amérique du Nord aux champs de bataille d'Europe. Le convoi (au nom de code SG-19) était composé de six navires : Le SS Dorchester, et deux navires marchands (SS Lutz et SS Biscaya) loués par les États-Unis au gouvernement norvégien en exil, et leurs escortes, les petits garde-côtes américains Comanche et Escanaba, et le plus grand garde-côte, le Tampa.

À 00 h 55, le 3 février 1943, alors que le convoi SG-19 se dirigeait lentement vers sa destination au Groenland, le SS Dorchester a été torpillé par le *U-boot* allemand U-223. Le SS Dorchester a été gravement endommagé sur son côté gauche (bâbord) et ses chaudières ont perdu toute la pression qu'elles avaient, ce qui signifie que le signal de 6 sifflets pour abandonner le navire n'a pas pu être émis. En 20 minutes environ, le SS Dorchester a coulé, la proue en premier. Alors que l'eau s'infiltrait par l'énorme trou de son côté bâbord, le navire a commencé à s'incliner de manière si extrême que de nombreux canots de sauvetage bâbord n'ont pas pu être mis à l'eau. Les autres canots de sauvetage se sont alors retrouvés surchargés et certains ont chaviré, projetant les hommes dans l'eau presque glaciale où leur température a chuté si rapidement qu'ils ont été incapables de se hisser dans les autres canots de sauvetage ou de grimper les filets des navires de secours et se sont noyés.

Les aumôniers Goode, Washington, Fox et Poling sont arrivés sur le pont du SS Dorchester peu après que la torpille a touché son côté. Comme il n'y avait pas eu d'avertissement de l'attaque des *U-boot*, beaucoup de soldats sur le SS Dorchester dormaient, et comme les lumières sous le pont s'étaient éteintes lorsque la torpille a frappé, les hommes sont arrivés sur le pont sans leurs gilets de sauvetage. Les quatre aumôniers ont aidé les soldats à monter dans les canots de sauvetage et ont également offert leurs propres gilets de sauvetage lorsqu'ils ont rencontré des soldats sans gilet. Le quartier-maître John J. Mahoney, membre de l'équipage du SS Dorchester, a essayé de rentrer dans le navire pour récupérer des gants, mais il a été arrêté par le rabbin Goode. "Ce n'est pas grave," a sourit Goode, "j'en ai deux paires" et il a donné au quartier-maître ses propres gants. Plus tard, Mahoney s'est rendu compte que le rabbin Goode ne portait pas deux paires de gants, et que celui savait qu'il ne survivrait pas au naufrage du SS Dorchester. Pendant les 20 minutes que le navire a mis à couler, le chaos régnait, mais les quatre aumôniers sont devenus un modèle de calme lorsqu'on les a vus joindre leurs bras et prier ensemble.

Les vedettes de la garde côtière des États-Unis qui escortaient le SS Dorchester ont pu sauver 230 des 904 soldats et membres d'équipage, à la fois dans l'eau et dans les quelques canots de sauvetage qui remplissaient leur mission. Cependant, les 674 autres hommes du SS Dorchester ont sombré avec le navire ou sont morts de froid dans l'eau moins d'une heure après le naufrage du navire. Le naufrage du SS Dorchester est la plus grande perte de vie d'Américains dans un convoi de la Seconde Guerre mondiale. Les actions héroïques des quatre aumôniers, relatées par tant de survivants, ont touché une corde sensible chez le public américain. Chacun des aumôniers a reçu à titre posthume la *Distinguished Service Cross* et la *Purple Heart*. Les aumôniers ont également été proposés pour la Médaille d'honneur, mais ont été jugés inéligibles car ils n'avaient pas été personnellement engagés dans un combat contre l'ennemi. En raison de cette restriction, 17 ans après la mort des aumôniers, le Congrès des États-Unis a créé une médaille spéciale pour eux, la *Chaplains Medal for Heroism*, qui avait le même poids et la même importance que la Medal of Honor.

Le 7 février 1942

HORACE E. GRAVELY, Purple Heart, Matricule O-238342. 42 ans. Lieutenant, *United States Army Chaplain Corps*. Commémoré sur la *Tablet of the Missing*, cimetière américain de Cambridge, Cambridge, Royaume-Uni.

Horace Gravely est le fils d'Alvin (Will) Willoughby et de Hannah Elizabeth (Betty) Gravely (née McKinney). Il est né le 10 octobre 1901 à Pickens, en Caroline du Sud. Moins de deux semaines après la naissance d'Horace, son frère aîné, George, meurt de diphtérie et de scarlatine. En novembre de la même année, un autre frère, Rufus, meurt également des mêmes maladies. Horace avait deux autres frères plus jeunes, Marven et Tom, et une sœur Eula.

Le père d'Horace, Will, était un ministre laïc pour l'église méthodiste Old Salem à Pickens. Will a été tué dans un accident de chariot en 1918, et sa mère s'est retrouvée à s'occuper de 4 enfants âgés de 4 à 17 ans. La mort de son père a obligé Will à abandonner ses études secondaires pour travailler et aider à subvenir aux besoins de sa famille. Cependant, Horace a pu terminer ses études secondaires et est entré à l'université en 1922 dans le but de devenir un ministre méthodiste ordonné.

En 1923, alors qu'il est en première année d'études au Wofford College, il reçoit sa licence de prédication. Pendant ses études à Wofford, il s'est également inscrit au *Reserve Officers Training Corps* pour s'aider à financer ses études universitaires.

En 1925, il a rencontré sa femme, Katherine (Kate) Carter, et les deux se sont fiancés trois semaines après leur première rencontre. En 1925, il commence son ministère à l'essai en tant que ministre méthodiste, ce qui signifie qu'il peut prêcher et diriger des services, mais qu'il ne peut pas célébrer de mariages ni le sacrement de la Sainte Communion. En novembre 1928, il a commencé son ministère officiel dans la Conférence méthodiste de Haute Caroline du Sud et deux ans plus tard, il a été ordonné diacre, puis en 1932, il est devenu un ancien.

Le révérend Gravely a servi dans six congrégations différentes au cours de ses 12 années de ministère. Dans sa première charge, lui et Kate ont eu deux enfants, Martha est née en mars, 1929 et Horace Jr. en octobre, 1931. Horace et sa famille ont déménagé en Caroline du Sud au cours de ses mandats de pasteur. Le couple eu un deuxième fils, John, né en 1936. Fin 1936, Horace devient le pasteur du circuit méthodiste de Walhalla centré sur Walhalla, en Caroline du Sud, comprenant initialement quatre églises (situées à Bethel, à Double Springs, à Monaghan et à Zion), et une cinquième église à Fairview a été ajoutée environ un an plus tard. Les relations qu'Horace et sa famille entretenaient à Walhalla étaient si bonnes que Kate et sa famille ont fini par s'y installer après la mort d'Horace. En novembre 1940, la dernière nomination d'Horace à une congrégation l'envoie à la *Latimer Memorial Church* à Belton en Caroline du Sud, et à deux congrégations rurales, Ebenezer et Oak Hill.

Tout en exerçant son ministère dans diverses congrégations, le révérend Gravely a conservé son statut de membre du corps de réserve des officiers de l'armée américaine et d'aumônier du *Civilian Conservation Corps* (CCC) pendant la dépression. Avec l'expansion rapide de l'armée américaine, le révérend Gravely est appelé au service actif le 7 mars 1942.

L'aumônier Gravely a d'abord été affecté au Camp Robinson, près de Little Rock Arkansas. Là-bas, l'aumônier Gravely a exercé son ministère auprès de plus de 2.000 hommes, ce qui l'obligeait à officier trois services chaque dimanche. Au Camp Robinson, l'aumônier a vécu des expériences inhabituelles et tristes. Par exemple, l'aumônier Gravely a marié un couple en utilisant un téléphone pour parler avec la mariée afin qu'ils puissent se marier avant que son nouveau mari ne soit envoyé à l'étranger. À une autre occasion, l'aumônier Gravely a dû procéder à l'enterrement d'un soldat qui s'était suicidé en buvant de l'iode dans la chapelle de la base.

En novembre 1942, l'aumônier Gravely, malgré son expérience d'officier de réserve en tant qu'aumônier, est transféré à l'école d'aumônerie de l'Université Harvard, dont il sort diplômé le 8 décembre 1942. Il a ensuite été affecté à l'armée américaine qui avait occupé l'Islande pour empêcher une prise de contrôle par les Allemands de ce territoire qui était alors danois. Lui et 7 autres aumôniers ont été affectés au SS Mallory pour le voyage vers l'Islande en janvier 1943. Seuls deux aumôniers ont survécu à ce voyage. L'un d'entre eux, l'aumônier Gerald Whelan, a écrit : "La dernière fois que j'ai vu Horace, c'était lorsqu'il se dirigeait vers un canot de sauvetage. La mer était si houleuse et il faisait si noir lors de la tempête que seulement deux canots ont pu s'échapper sans être renversés. L'aumônier Gravely n'était dans aucun de ces deux canots." Au sujet d'Horace, l'aumônier Whelan a ajouté : "C'était un homme bon et un gentleman chrétien et je le dis de tout mon cœur et de toute mon âme."

La femme de l'aumônier Gravely, Kate, a eu du mal à accepter la mort de son mari et a écrit au département de la guerre des États-Unis plusieurs lettres au printemps 1943 pour demander si son mari était encore en vie, car il était initialement porté disparu. Le 7 février 1943, six mois après le naufrage du Mallory, l'aumônier Gravely a été officiellement déclaré mort au combat.

Puisque l'argent que recevait une veuve de guerre, même avec des enfants, n'était pas suffisant, Kate Gravely a pris un emploi de standardiste au *Wesleyan College* de Macon, en Géorgie, pendant un an. Kate a ensuite ramené sa famille à Walhalla, en Caroline du Sud, là où Horace et elle avait passé de si bons moments lorsqu'il y était pasteur. Kate a accepté un poste de professeur de dactylographie, de sténographie et d'autres cours liés au commerce à la Walhalla High School, où elle a enseigné jusqu'en 1968.

Une note intéressante sur la famille Gravely indique que le jour où l'aumônier Gravely est mort, sa mère, Betty, a fait un rêve dans lequel "elle tendait la main vers lui avant qu'il ne passe sous l'eau." Elle la serait si fort qu'elle s'est cassé le deuxième doigt contre la tête de son lit.

En plus d'être commémoré à Battery Park à New York, l'aumônier Horace Gravely est commémoré par un vitrail offert par sa famille en 1948 à la *Grace United Methodist Church* de Pickens, en Caroline du Sud, où il est né. Une église méthodiste unie formée dans une banlieue de Spartanburg, en Caroline du Sud, a été créée en 1948 et nommée *Gravely Memorial* en 1950 en sa mémoire.

DAVID H YOUNGDAHL, LTH, BA, BD, Purple Heart, Matricule O-448376. 38 ans. Lieutenant, *United States Army Chaplain Corps*. Commémoré sur la *Tablet of the Missing*, cimetière américain de Cambridge, Cambridge, Royaume-Uni.

À Swanville, dans le Minnesota, le 16 février 1905, Joel et Huldah Youngdahl, deux immigrants suédois, ont eu un bébé qu'ils ont appelé David, qui a été suivi par une sœur nommée Judith et un frère Warren. David Youngdahl a grandi et en 1930 il a obtenu une licence en théologie du Bethel Theological Seminary à St. Paul dans le Minnesota. En avril 1930, David est devenu pasteur adjoint de la *First Baptist Church* (*Northern Baptist Conference*) à New Richmond, dans le Wisconsin.

Plus tard, en 1930, le pasteur Youngdahl s'est rendu dans l'État de Washington où il a poursuivi ses étudés et obtenu une licence de lettres au Seattle Pacific College. L'année suivante, il a déménagé à nouveau, cette fois à Berkeley, en Californie, où il a fréquenté la Berkeley Baptist Divinity School, où il a obtenu une licence en théologie. Le pasteur Youngdahl est ensuite devenu le ministre de la *Temple Baptist Church* à San Francisco, en Californie. En août 1935, pendant son séjour à la Temple Baptist Church, le pasteur Youngdahl a épousé Charlotte Youngdahl (née Bridge) à Seattle. En janvier 1937, les Youngdahl ont eu un fils qu'ils ont appelé Samuel.

**Après Pearl Harbour**, le pasteur Youngdahl s'est senti appelé à servir en tant qu'aumônier militaire et a été admis dans le corps des aumôniers en avril 1942. Sa femme et son jeune fils ont déménagé à Santa Barbara, en Californie, pendant que le pasteur Youngdahl était dans l'armée, probablement pour être auprès de la famille de Charlotte.

Au printemps 1942, l'aumônier Youngdahl a suivi une formation à l'école des aumôniers de Fort Benjamin Harrison, dans l'Indiana, puis a été affecté au *53rd Field Artillery Regiment* au Camp Myles Standish, à Taunton, dans le Massachusetts. Pendant son séjour au Camp Myles Standish, l'aumônier Youngdahl a été promu au rang de capitaine.

Le camp Myles Standish était également la principale base militaire où les différentes unités de l'armée américaine étaient rassemblées avant d'être envoyées outre-mer, et c'est là que l'aumônier Youngdahl a rencontré les 7 autres aumôniers avec qu'ils allaient faire le voyage outre-mer. Ils étaient tous affectés à l'armée américaine qui avait occupé l'Islande pour empêcher une prise de contrôle par les Allemands de ce qui était alors un territoire danois. Lui et les 7 autres aumôniers ont été affectés au SS Mallory pour le voyage vers l'Islande en janvier 1943.

Son mari ayant été perdu en mer, Mme Youngdahl ne fut informée que de sa disparition en mer que peu après le naufrage du SS Mallory. Ce n'est qu'en août 1943 que Charlotte a reçu la notification officielle selon laquelle son mari David avait été déclaré mort au combat en mer et que son corps n'avait pas été retrouvé.

VALMORE "BUD" G SAVIGNAC, BA, BTH, Purple Heart, Matricule O-477261. 32 ans. Lieutenant, *United States Army Chaplain Corps*. Commémoré sur la *Tablet of the Missing*, cimetière américain de Cambridge, Cambridge, Royaume-Uni.

Valmore (Bud) G. Savignac est né le 26 avril 1911 à Providence, dans le Rhode Island de John et Annie Savignac. Le père de Valmore était un Canadien français qui avait immigré à Rhode Island vers 1890. Le nom complet de son père était John Valmore Savignac et le jeune Valmore a pris son prénom du second prénom de son père. À Providence, le père de Valmore, John, est devenu policier au sein de la police de Providence. Valmore avait une sœur aînée nommée Mary, née en 1908. Une autre sœur, Anna, est née en 1909, suivie de Valmore (qui était connu sous le nom de Bud). Enfin, une autre sœur, Rita, est née en 1915. La mère de Bud, Annie, est décédée en janvier 1921. Quelque temps après la mort d'Annie, le père de Bud s'est remarié avec une femme qui s'appelait Mary. Cependant, leur mariage n'a pas duré longtemps, car John est décédé en novembre 1928. Après la mort de John, sa veuve Mary s'est retrouvée avec trois de ses quatre beaux-enfants sur les bras. La sœur aînée de Bud, Mary, avait quitté la maison familiale avant la mort de son père, mais sa belle-mère Mary subvenait aux besoins de ses trois autres beaux-enfants, Anna, Bud et Rita, en travaillant comme comptable dans un grand magasin. Anna, la deuxième des filles, vivait à la maison, mais avait trouvé un emploi d'infirmière dans un hôpital de Providence.

À l'âge de 17 ans, peu avant la mort de son père en 1928, Bud s'était inscrite à la *LaSalle Academy* de Providence. Il s'agissait d'une école préparatoire pour garçons qui desservait les paroisses de la *Providence Cathedral* et de Saint John. Outre la préparation des jeunes hommes à l'université, l'Académie LaSalle les préparait également à entrer au séminaire pour devenir des prêtres catholiques. Après avoir obtenu son diplôme de *LaSalle Academy*, Bud a fréquenté le *Providence College* pendant deux années d'études supplémentaires, avant d'obtenir sa licence en philosophie en 1932. Bud est ensuite allé au Grand Séminaire de Montréal, au Canada, où il a obtenu en 1936 un baccalauréat en théologie sacrée et une licence en théologie sacrée.

Après avoir obtenu son diplôme du Grand Séminaire, Bud est retourné à Rhode Island et a été ordonné dans l'Église catholique romaine dans son diocèse d'origine, Providence. Au printemps 1942, le père Savignac a demandé à son évêque la permission de quitter sa paroisse et de s'engager comme aumônier militaire. Sa demande a été acceptée et Bud a été commissionné le 9 juin 1942. Deux semaines plus tard, le Père Savignac a été affecté à Fort Eustis, en Virginie, car l'école des aumôniers était en train de déménager de l'Indiana à Cambridge, dans le Massachusetts. Plus tard au cours de l'été 1942, l'aumônier Savignac a été affecté à l'école des aumôniers de la *Harvard University*. Après avoir terminé son cours de cinq semaines, l'aumônier Savignac a été affecté au Camp Myles Standish dans le Massachusetts.

À la mi-janvier, l'aumônier Savignac a reçu l'ordre de monter à bord du SS Henry R. Mallory, avec 7 autres aumôniers de sa classe à Harvard. Leur navire devait se joindre à un convoi transportant des fournitures et des troupes pour servir sur l'île d'Islande.

JAMES M LISTON, Purple Heart, Matricule O-462733. 38 ans. Lieutenant, *United States Army Chaplain Corps.* Commémoré sur la *Tablet of the Missing*, cimetière américain de Cambridge, Cambridge, Royaume-Uni.

James M. Liston est originaire de la région de Chicago où il est né le 16 septembre 1905. James, un catholique irlandais de première génération, est le fils aîné de James et Margaret Liston (née Noonan) qui se sont mariés en Irlande en 1901, ont immigré aux Etats-Unis en 1902 et sont devenus citoyens américains en novembre 1907. Le père de James travaillait comme conducteur de tramway à Chicago. La famille Liston s'est agrandie rapidement, avec James comme aîné, un deuxième fils, John, né en 1908, un troisième fils, William, né en 1909, une fille Anna en 1911 et un autre fils, Thomas, en 1914.

La maison de la famille Liston était aussi celle des oncles de James, Dennis, 26 ans, et Patrick, 22 ans, qui avaient immigré en Amérique en 1909. De plus, la sœur de la mère de James, Ellen Noonan, résidait également dans cette grande maison.

Adolescent, James a fréquenté la *Quigley Preparatory Seminary* (un lycée) pour les jeunes hommes envisageant de devenir prêtres et il en est sorti diplômé en 1925. James a ensuite fréquenté le séminaire de *St. Mary of the Lake* et en sort diplômé en 1931. Aujourd'hui appelée *University of St. Mary of the Lake*, mais également connue sous le nom de *Mundelein Seminary* (d'après le cardinal Mundelein), cette institution est le principal séminaire de l'archidiocèse catholique romain de Chicago. Après avoir obtenu son diplôme, James a été ordonné prêtre catholique romain. Après son ordination, le père James M. Liston a commencé son ministère en servant dans diverses paroisses de l'archidiocèse de Chicago jusqu'à ce que son évêque lui accorde la permission de rejoindre le corps des aumôniers de l'armée. L'aumônier Liston a été commissionné au début de 1942. Après avoir obtenu son diplôme de l'école des aumôniers de Fort Benjamin Harrison, dans l'Indiana, il a été affecté à Camp Croft, une base d'entraînement de base de l'infanterie située près de Spartanburg, en Caroline du Sud.

Avec le déploiement accru des troupes américaines à l'étranger, l'aumônier Liston a été affecté en Islande à la fin de 1942 et s'est rendu au camp de transit de l'armée Myles Standish dans le Massachusetts. À la mi-janvier 1943, l'aumônier Liston a reçu l'ordre de monter à bord du SS Henry R. Mallory, avec 7 autres aumôniers. Leur navire se joignait à un convoi transportant des fournitures et des troupes pour servir sur l'île d'Islande.

L'aumônier Liston ne faisait pas partie des hommes sauvés du naufrage du Mallory, mais son corps a été identifié par un survivant qui connaissait l'aumônier Liston et qui a vu son corps flotter sur les vagues, déjà mort par les effets de l'eau glacée.

ERNEST "PAT" WARBURTON MACDONALD, Purple Heart, Matricule O-449888. 32 ans. Aumônier de 4ᵉ classe, *United States Army Chaplain Corps*. Commémoré sur la *Tablet of the Missing*, cimetière américain de Cambridge, Cambridge, Royaume-Uni.

Ernest (Pat) MacDonald est né le 25 décembre 1911 à Quincy, Massachusetts, fils de John Ernest et de Patience (née Stewart) MacDonald. Il avait également une sœur aînée, Catherine, qui est morte en 1917 de la tuberculose, et une sœur cadette, Mabel.

Ernest a fréquenté l'école primaire de Quincy, puis le lycée *Thayer Academy* à Braintree, dans le Massachusetts. Pendant ses études secondaires, il a été très actif dans l'Ordre de DeMolay (une branche de la franc-maçonnerie pour les adolescents). Après avoir obtenu son diplôme de la *Thayer Academy*, Pat s'est inscrit à la *Dalhousie University* à Halifax, en Nouvelle-Écosse, au Canada, où il a obtenu une licence en lettres en 1938. Pendant ses études à Dalhousie, il a rencontré sa femme, Kathryn MacDonald. Ils se sont mariés en 1938 et ont eu un fils, Gregory, et une fille, Heather. Pendant ses études à Dalhousie, Pat a ressenti l'appel du ministère ordonné et a suivi des cours de théologie à la *Pine Hill Divinity School*, dirigée par l'Église unie du Canada. Après avoir obtenu son diplôme, Pat est entré à l'école de théologie d'Andover Newton et a obtenu un baccalauréat en théologie en 1939. Pat a été appelé à la *Church of Christ* de Newington, dans le Connecticut, où il a été ordonné et a commencé son ministère en tant que pasteur adjoint du révérend Harold

Burdon. En 1940, Pat et sa famille ont accepté l'appel à devenir le nouveau pasteur de la *Community Congregationalist Church* de Garden City, au Kansas, pour remplacer le pasteur en place qui s'était ~~est~~ porté volontaire pour le *Chaplain Corps*. Pendant son service dans la congrégation, Pat était très populaire auprès du groupe de jeunes, qui a pris le nom de *"The MacDonald Club"* en l'honneur de Pat après sa mort.

En avril 1942, le révérend MacDonald a aussi ressenti l'appel de l'aumônerie militaire et s'est porté volontaire pour le service actif. Mme MacDonald et les deux enfants ont quitté Garden City et sont retournés à Wollaston, dans le Massachusetts. L'aumônier MacDonald a fait partie des quelques premières classes formées au Fort Benjamin Harrison, en Indiana, et après avoir obtenu son diplôme, il a été affecté au 9th *Service Command* pour s'occuper des troupes dans l'état de l'Oregon. Cependant, peu de temps après avoir commencé cette affectation, l'aumônier MacDonald a été transféré de la côte ouest de l'Amérique à la côte est en vue d'un service outre-mer. En attendant la désignation du navire qui l'amènerait outre-mer, l'aumônier MacDonald a été promu au rang de capitaine. À la mi-janvier, lui et sept autres aumôniers ont reçu l'ordre de monter à bord du SS Henry R. Mallory. Leur navire se joignait à un convoi transportant des fournitures et des troupes destinées à l'Islande.

L'aumônier MacDonald est mort dans le naufrage du Mallory. Plus tard, un des survivants du naufrage, plus précisément un des cuisiniers du navire, le dénommé George Dunningham, a rendu visite aux parents du capitaine MacDonald. Il leur a raconté qu'il avait rencontré l'aumônier dans une descente du navire en perdition, et l'avait supplié de l'accompagner dans un canot de sauvetage, mais l'aumônier a refusé de monter à bord. Au lieu de cela, il a descendu les escaliers en pente raide dans les entrailles du navire pour essayer d'aider les soldats blessés et désorientés à rejoindre le pont. L'un des deux aumôniers qui a survécu au naufrage, l'aumônier George Whelan, a également raconté à la mère de Pat la nuit où le navire a été torpillé : "Il y avait de la confusion dans la cale et des hommes courraient le long des descentes. La dernière fois que j'ai vu l'aumônier MacDonald, c'était lorsqu'il a quitté sa cabine, adjacente à la mienne et à celle des autres aumôniers." D'après les récits d'autres hommes qui ont été sauvés avec moi, j'ai appris que la mer démontée l'avait emporté hors du radeau où il a fini par monter. Il avait fait un travail héroïque en calmant les hommes, tout comme les autres aumôniers."

Puisque le corps de l'aumônier MacDonald n'a pas été retrouvé, ce n'est qu'à la fin du mois de juillet 1943 que sa femme a été informée qu'il avait été présumé mort dans le naufrage du SS Mallory. La mère de l'aumônier MacDonald a eu beaucoup de mal à accepter la mort au combat de son fils et a écrit au président de l'Islande pour obtenir plus d'informations et pour savoir si une erreur avait été commise dans la déclaration de son décès. L'aumônier Whelan, a eu la responsabilité de répondre à madame MacDonald Sr au sujet de la mort de son fils. Il a écrit : "En route vers l'Islande, j'ai appris à connaître assez bien l'aumônier MacDonald. Il s'est relayé avec les autres aumôniers protestants pour organiser des services pour les hommes de foi protestante. La veille du désastre fatal, comme le temps était clair, nous avons organisé des matches de boxe sur le pont arrière, auxquels l'aumônier MacDonald a pris une part active. C'était un gars sympathique."

L'aumônier MacDonald est commémoré dans la chapelle de l'école théologique d'Andover Newton où son nom est inscrit sur une plaque commémorative en bronze qui a été posée là en 1946, par les membres de sa classe. Une salle de lecture pour les étudiants de l'école porte également son nom.

Après la guerre, et la déclaration finale de la mort de l'aumônier MacDonald, sa veuve Katherine et leurs enfants ont emménagé en Angleterre où Katherine s'est remariée avec un ancien capitaine de corvette de la Royal Navy britannique, Robert J. Barcham. Elle a passé le reste de sa vie en Angleterre.

Le 7 février 1943 – Le naufrage du SS Henry J Mallory

Ce navire est commun aux histoires de ces aumôniers : le premier lieutenant Horace Gravely, le premier lieutenant James Liston, le premier lieutenant Valmore "Bud" Savignac, le capitaine Ernest "Pat" MacDonald et le capitaine David Youngdahl.

À la fin du mois de janvier 1943, sept aumôniers, tous commissionnés ou appelés au service actif au printemps 1942, se sont vu attribuer des couchettes à bord du SS Henry Mallory, qui devait participer au convoi SC-118 qui se dirigeait vers l'Islande pour y amener des troupes fraîches afin de soutenir celles qui y étaient déjà stationnées. Le Mallory a quitté la ville de New York le 24 janvier 1943. Il s'agissait d'un petit navire qui transportait cargaison et passagers avant d'être transformé en transport de troupes. Il avait un équipage de 76 personnes, et un équipage d'artillerie de 34 hommes de la garde navale armée, ainsi que 72 Marines, 173 autres membres de la marine, 2 civils et 136 soldats de l'armée américaine.

Le soir du 6 février, le soir de la catastrophe, les aumôniers à bord du Mallory ont organisé un office pour les hommes. À propos de cet office, l'un des survivants du Mallory raconte : "On a appris qu'il y aurait une séance de prière au carré des officiers à 19 h. Plusieurs d'entre nous avions décidé d'y assister.. L'animateur de la réunion était un aumônier, de dénomination inconnue. Son sermon portait sur la prière du seigneur. Il a pris la prière phrase par phrase et en a expliqué le sens. La phrase "Que ta volonté soit faite" m'a particulièrement marqué. Après la séance, nous sommes descendus dans nos quartiers. Il était bientôt l'heure de se coucher."[ii]

Le Mallory avait un capitaine inexpérimenté et a été affecté à un convoi lent, qui se déplaçait à une vitesse de 7 nœuds alors que le SS Mallory était capable d'une vitesse soutenue de plus de 14 nœuds. Le destin du SS Mallory a été scellé lorsqu'un survivant d'un convoi précédent, le HX-224, a été sauvé des eaux glaciales de l'Atlantique Nord, au sud du Groenland, par un sous-marin allemand, après le torpillage de son navire le 2 février. Ce survivant a par inadvertance donné au capitaine la nouvelle qu'un convoi plus lent se trouvait quelques jours derrière le sien. De plus, la localisation du convoi Mallory a été divulguée par deux incidents arrivés à bord des navires marchands : l'un dans la journée du 3 février et l'autre plus tard dans la nuit, lorsque des marins imprudents ont, par erreur, tiré des fusées éclairantes très brillantes dont les feux étaient visibles jusqu'à vingt milles de distance. Elles ont été repérées par un autre *U-boot*, le U-187, qui a signalé l'observation au commandement allemand des *U-boots*, qui l'a ensuite transmise à divers *U-boot*s stationnés dans l'Atlantique Nord. De plus, le capitaine du Mallory, soit en raison de son inexpérience, soit par pure incompétence, semble avoir continué à mettre son navire en danger. D'autres navires du convoi SC-118 ont remarqué que le Mallory traînait derrière le convoi, surtout lorsque le groupe a effectué des changements de cap en zigzag pour aider à détourner l'attention d'un *U-boot* qui pourrait le suivre, que le Mallory n'a pas exécuté.

Le 7 février 1943, à 02:13 (GMT), le U-402 allemand a trouvé le SC-118 sans aucun navire de guerre pour défendre son côté tribord (droit). Le capitaine de ce *U-boot* a tiré sur le convoi non défendu et a touché un petit cargo au nom du SS Toward, dont la tâche était de porter secours à d'autres navires qui pourraient être torpillés. De plus, une autre torpille a touché le pétrolier américain, le SS R.E. Hopkins. Peu après 3 heures du matin, le capitaine Forstner a torpillé un autre navire, le SS Daghild, un plus gros pétrolier. Deux heures plus tard, le U-402 a torpillé le cargo SS Afrika. Pendant que se déroulait toute cette action, le SS Mallory a continué à traîner derrière le convoi et il est devenu la prochaine victime du U-402.

Alors que l'équipage et les passagers du SS Mallory avaient été alertés à 3h30 du matin qu'il fallait s'habiller et mettre son gilet de sauvetage, ils n'ont jamais reçu d'avertissement spécifique de l'attaque imminente. Au petit matin de ce jour de février, les vigies du SS Mallory ont été remplacées à 6 h mais, comme elles venaient de prendre leur service depuis l'intérieur éclairé du navire, leurs yeux ne s'étaient pas encore adaptés à la pénombre et personne n'a vu la torpille que le U-401 a lancée sur le Mallory à 900 mètres de distance. Bien que le SS Mallory ait été touché de plein fouet par la torpille, cela ne semblait pas être un problème majeur au départ, car le navire est resté droit, bien que ses moteurs aient été arrêtés. Cependant, une ouverture qui "aurait pu laisser passer un camion", comme l'ont décrit les survivants, avait été faite dans le flanc du navire. Des canots de sauvetage ont été mis à l'eau, mais seuls quelques-uns sont partis avec des passagers à bord. Beaucoup ont chaviré en raison de la mer agitée de ce matin-là, de l'inexpérience de l'équipage du SS Mallory dans la manipulation des canots de sauvetage et de son incapacité à relâcher les radeaux de sauvetage installés sur les côtés du navire. L'équipage du SS Mallory était si peu préparé au naufrage du navire qu'il ne s'est même pas rendu compte qu'il devait couper les cordages attachant les canots de sauvetage au SS Mallory qui coulait lentement, et un certain nombre de canots de sauvetage ont coulé avec le navire. Seuls 227 des 498 personnes à bord ont pu s'échapper du navire en perdition dans des canots de sauvetage et quelques autres sur des radeaux. Mais être sur un radeau était presque la même chose que de flotter dans la mer et très peu d'hommes ont survécu aux presque 4 heures passées radeau avant d'être secourus.

Malheureusement, comme le SS Mallory avait traîné derrière le convoi et qu'il n'avait pas lancé de signal de détresse à la radio, le commandant du convoi n'a pas réalisé que le SS Mallory avait été touché et était en train de couler. L'un des destroyers d'escorte s'est approché à moins de 2 miles du SS Mallory et a demandé par radio au commandant du convoi la permission de récupérer les survivants. Cependant, le commandant du convoi s'attendait à ce que le SS Lobelia, chargé de suivre le convoi à une distance de 30 miles derrière lui, soit en mesure de récupérer les survivants. Ce que le commandant du convoi ne savait pas, c'est que le SS Lobelia était pleinement engagé dans le ramassage des survivants des naufrages précédents et qu'il n'était pas en mesure de venir en aide à ceux du Mallory qui étaient dans l'eau.

Un survivant du naufrage du SS Mallory était resté à bord du navire en perdition jusqu'à ce que la rambarde ait presque touché l'eau. Il a raconté qu'un des aumôniers, qui se trouvait encore sur le pont du navire au moment du naufrage, s'est approché de lui et lui a offert une barre de chocolat en lui disant "vous pourriez en avoir besoin". Ce survivant a finalement réussi à passer par-dessus la paroi du navire pour se jeter à l'eau, ce qui signifie qu'il est resté moins longtemps dans l'eau que beaucoup d'autres qui avaient sauté dès le torpillage navire. Il a nagé jusqu'à un radeau de sauvetage qui flottait dans l'eau et s'y est accroché jusqu'à ce qu'il soit secouru par l'USCGC Bibb, presque mort d'avoir été partiellement immergé dans les eaux glacées pendant près de 4 heures.[iii]

Près de quatre heures après le naufrage, le Cutter Bibb de la Garde côtière américaine, l'une des escortes SC-118, a aperçu certains survivants du SS Mallory dans l'eau et a pu signaler au commandant du convoi que le SS Mallory avait été coulé. L'USCGC Bibb a sauvé 205 hommes des quelques canots de sauvetage et radeaux encore à flot et à midi, l'USS Ingham, une autre escorte du convoi, a également sauvé 22 autres survivants des canots de sauvetage. Le lendemain, le convoi a tourné vers le nord en direction de l'Islande et y a jeté l'ancre le 15 février après avoir survécu à un terrible ouragan hivernal qui a englouti le convoi après l'attaque dévastatrice des *U-boot*s. Deux aumôniers ont été sauvés du Mallory avant qu'il ne coule et ils sont restés à bord des navires de sauvetage jusqu'en Islande où ils ont commencé leur ministère en tant qu'aumôniers des troupes américaines stationnées là-bas.

La mort subite sur le front intérieur britannique

Le 5 juin 1944

DERRICK LOVELL WILLIAMS, MA, Matricule 297476. 30 ans. Aumônier de 4ᵉ classe, *Royal Army Chaplains' Department*. Attaché au *45 Commando, Royal Marines*. Inhumé dans la section M, rangée 12, tombe 79 du cimetière de Southampton (Hollybrook), à Southampton, en Angleterre.

L'une des histoires les plus tristes d'un aumônier décédé pendant la Seconde Guerre mondiale est celle du révérend Derrick L. Williams.

Derrick Williams est né le 14 avril 1914, fils de Hal et de Cecil Margaret Williams, de Hampstead, Londres. Il était marié à ~~avec~~ Rosalind Anne Williams et ils ont eu deux fils.

Derrick Williams a étudié au Marlborough College, et au Jesus College, qui font tous deux partie de l'université de Cambridge, et à Wycliffe Hall, de l'université d'Oxford. Toutefois, avant de s'inscrire à Wycliffe Hall, Derrick Williams a visité la Nouvelle-Zélande où ses parents avaient immigré. Dans sa jeunesse, il avait également visité l'Allemagne, l'Europe de l'Est et les Balkans.

Après avoir obtenu son diplôme à Wycliffe Hall, le révérend Williams a été ordonné le 6 octobre 1939 par l'évêque de Londres. Il a d'abord été vicaire à Hayes, dans le

Middlesex, où il a servi comme curé à l'église de Saint Pierre et Saint Paul à Harlington, une banlieue aisée de Londres, très proche de l'emplacement de l'aéroport moderne de Heathrow. En 1940, le révérend Williams a été muté comme curé au Saint George-in-the-East sur Cannon Row à Stepney, à Londres, car il s'agissait d'une paroisse très fréquentée près des docks de l'est de Londres et qui avait besoin de plus de prêtres assistants.

Cette paroisse était un contraste frappant avec la paroisse de banlieue dans laquelle il avait commencé son ministère ! *St George's-the-East* est la même paroisse que celle où, en 1936, le leader fasciste britannique Oswald Mosley et sa *British Union of Fascists* ont défilé pour tenter d'intimider son importante communauté juive. Cela était le catalyseur de ce qui est connu sous le nom de "Bataille de Cable Street", au cours de laquelle une foule d'habitants locaux, de Juifs et de membres de l'Église d'Angleterre se sont tenus côte à côte pour empêcher les fascistes d'entrer dans la paroisse. Le recteur de la paroisse, le révérend Jack Boggis, se tenait au cœur de la foule et a eu le nez cassé en résistant aux fascistes de Mosley. C'est également une église qui se trouvait au centre du Blitz de Londres et le révérend Williams y aurait passé toutes les nuits du Blitz, de l'automne à l'hiver 1940-41, à éteindre des incendies, à secourir des gens et à réconforter les personnes endeuillées. Le révérend John B. Groser, le vicaire de l'église voisine *Christ Church* (qui était regroupée avec St Georges, en raison d'un manque de membres du clergé), qui aurait supervisé le révérend Williams, a noté à son sujet : "C'était le genre de jeune homme qui était toujours au cœur de l'action. Il y avait deux options pour lui : recevoir la Victoria Cross, ou être tué". On attribue au révérend Williams le mérite d'avoir sauvé la collection de livres de la Stepney Public Library, lorsque des bombes incendiaires allemandes avaient mis le feu à cette bibliothèque lors d'un raid de bombardement.

Fin 1942, le révérend Williams a quitté son travail paroissial et a été nommé aumônier de la Royal Navy, mais il est entré dans l'armée le 6 novembre 1943, car il a appris qu'il y avait un manque d'aumôniers militaires. Après avoir suivi une formation à l'école des aumôniers de Tidworth, il a été attaché au centre d'entraînement d'infanterie numéro 4. Le 6 janvier 1944, il est transféré au quartier général du *16th Army Group Royal Artillery, 557th Heavy Artillery Regiment*, dans le nord de l'Angleterre. Cependant, il semble que l'aumônier Williams voulait encore être au cœur d'action et s'est porté volontaire pour un entraînement de commando. Cette formation a commencé le 11 mars 1943 et a duré jusqu'au 24 mars 1944. Après avoir suivi la formation de commando, qui était intense et éprouvante, le *padre* Williams a reçu son béret vert et a été affecté à la Lord Lovat's *1st Special Service Brigade, 45 Royal Marine Commando*, où il a servi jusqu'au 5 juin 1944. Il convient de noter que la durée du cours de deux semaines du Commando était beaucoup plus courte que celui des Commandos réguliers de la *Royal Marine*. Il était conçu pour permettre aux personnes attachées aux commandos, telles que les aumôniers, les intendants et autres personnels auxiliaires, de comprendre ce qu'étaient l'entraînement et le combat des commandos, mais on ne s'attendait pas à ce qu'ils soient en première ligne des unités commando.

Le dimanche 4 juin, les derniers offices pour les confessions mixtes ont eu lieu avant que les commandos ne montent à bord des navires qui les emmèneraient en Normandie pour le débarquement. Ces offices ont été suivis d'une parade religieuse interconfessionnelle à laquelle tous les membres du *45th Commando* sont tenus de participer. Le commandant de la *1st Special Service Brigade*, Lord Lovat, a noté que l'hymne "Eternal Father Strong to Save" (qui est devenu l'hymne des *Royal Marines*) a été chanté chaleureusement par les hommes. Cependant, il a également noté que le *padre* Williams, qui ne faisait partie du *45th Commando* que depuis deux mois, a prononcé devant les troupes rassemblées qui se préparaient à partir au combat un horrible sermon rempli d'images de mort et de destruction.

Le brigadier Lord Lovat a donné plus tard ce récit : *"Le dimanche, René de Naurois, dont les décorations étaient une touche de couleur sur un surplis blanc, a célébré la messe pour 300 hommes agenouillés sur l'herbe. Au défilé de l'église interconfessionnelle, plus tard dans la soirée, un hymne favori, devenu depuis le nôtre, a été chanté avec émotion : "Père éternel, fort pour sauver, Entends-nous quand nous crions vers toi, Pour ceux qui sont en péril sur la mer." Il est parfait pour les voix masculines, mais le nouveau padre a prêché un sermon pitoyable sur la mort et la destruction, et cela a provoqué pas mal de surprise. On trouve peu d'athées avant une bataille, ou plus tard dans les trous d'obus. La tension montait, et la charité était peut-être un peu mince sur le terrain. Il y eut un certain nombre de plaintes ; le prêtre a été exclu de ses fonctions et on lui demanda de retourner d'où il venait. Pauvre homme ! Une étincelle peut provoquer un feu de prairie ! C'était une erreur de zèle de la part d'un homme qui n'avait pas l'expérience du combat, qui ne connaissait pas sa congrégation, et qui était doublement malheureux parce qu'il entrait en conflit avec ma propre attitude de "bon vent" avant le départ. L'incident a été oublié mais le renvoi a été mal pris. Le dernier jour au camp, le malheureux s'est donné la mort. C'était une triste affaire, avec à peine le temps d'exprimer des regrets, car les troupes se préparaient en soulevant de la poussière et des cris, alors que le transport d'embarquement arrivait en trombe à Southampton pour nous emmener. Max, un officier très humain et le plus solide des administrateurs, a arrangé la dépouille pitoyable. L'aumônier a été considéré comme une "victime de la bataille".* Ce récit de Lord Lovat clarifie les comptes rendus inexacts selon lesquels le *padre* Williams aurait été tué lors de l'attaque du *45th Commando* sur Ouistreham en Normandie.[iv]

À cette époque, l'Église d'Angleterre considérait encore que le suicide excluait d'un enterrement religieux normal, et certains cimetières religieux ne permettaient même pas d'enterrer les restes d'une personne suicidée. L'adjudant du *45th Commando* a écrit que le *padre* Williams a été "tué en service actif" et il a été inhumé dans une tombe de guerre dans le cimetière de Southampton. Le fait d'être inscrit sur la liste des victimes de la guerre signifiait également que la femme du *padre* Williams n'avait pas à subir la honte, à l'époque, du suicide de son mari. De plus, elle et leurs deux fils ont pu recevoir toutes les pensions et assurances dues à une personne tuée en service actif.

Puisque le *padre* Williams est inscrit dans la catégorie "victime de bataille," cela pourrait signifier qu'il était la première victime britannique du débarquement.

Le 18 JUIN, 1944

RALPH HENRY WHITROW, MA, Matricule 40452. 47 ans. Aumônier de 2ᵉ classe, *Royal Army Chaplains' Department*. Officiant dans la chapelle des Chaplain Guards, Wellington Barracks, Londres. Inhumé à Winchester (West Hill) Old Cemetery, Square 27, tombe 3963.

Ralph Whitrow était le fils de Benjamin et Mary Whitrow et il est né le 20 décembre 1896 à Tunbridge Hill, dans le Kent. Son père était chimiste et droguiste à Tunbridge Hill. Ralph avait un frère aîné nommé Philip, né en 1894.

Ralph a fait ses études à l'école de Tonbridge de 1910 à 1916 et a remporté le prix de l'école lors de la remise des diplômes en 1916. Ralph s'est ensuite engagé dans l'artillerie royale le 28 août 1916 et a été envoyé dans une unité de formation des officiers avant d'être nommé sous-lieutenant dans la *Royal Field Artillery* le 13 janvier 1917. Il a ensuite été envoyé en France pour servir au front. Pendant son séjour en France en 1918, il a pris part à l'avancée finale à travers Wulverghem, Messines, Houthem et Menin. Fin 1918, il a été nommé capitaine et adjudant par intérim de sa brigade, qui était basée à Aisne, en Belgique.

À son retour en Angleterre de France en 1919, il a été démobilisé et s'est inscrit au Worcester College, (l'Université d'Oxford) où il est devenu membre du club d'aviron. Il a obtenu un diplôme d'histoire moderne en 1922. À l'automne de la même année, Ralph s'est inscrit au

Cuddesdon Theological College de l'*Oxford University* et a été ordonné prêtre en 1923. Ralph a continué à servir dans une batterie de l'artillerie royale dans l'armée territoriale (la réserve) pendant ses études universitaires. Il a démissionné de sa commission dans l'armée territoriale lors de son ordination. En 1928, Ralph a réintégré l'armée, mais cette fois dans le département des aumôniers de l'armée royale où il est devenu un aumônier de 4e classe dans l'armée territoriale.

Après son ordination, le révérend Whitrow a été vicaire adjoint de l'église anglicane St Luke à Balham, à Battersea, à Londres. Il y est resté jusqu'en 1930. En 1930, il s'est vu attribuer sa propre paroisse et est devenu vicaire de l'église anglicane St Paul dans la paroisse de Putney, Streatham, à une petite distance de Balham, en remontant la Tamise.

Alors qu'il était vicaire adjoint de l'église St Luke, Ralph a rencontré une jeune femme qui s'appelait Brenda Muriel Bent et ils sont tombés amoureux. Ils se sont mariés à l'église anglicane de St Luke, à Battersea, le 7 juin 1932. Ils ont eu trois enfants, William né en 1933, et les jumeaux John et Lucy nés en 1936.

En 1937, le Révérend Whitrow et sa famille ont déménagé à l'église St Matthew, à Weeke, Winchester, où il est devenu le recteur de la paroisse. Il est resté recteur de cette paroisse, même en servant dans le département des aumôniers, jusqu'à sa mort. Pendant son séjour à St Matthew, il est devenu chanoine de la cathédrale de Winchester.

Le 5 septembre 1939, le *padre* Whitrow a été l'appelé de l'armée territoriale au service actif, et le jour suivant, il a marché avec les hommes de son unité de l'armée territoriale jusqu'à Southampton pour s'embarquer pour la

France. Cependant, plus tard en septembre 1939, le *padre* Whitrow a été promu au rang d'aumônier de troisième classe et a été affecté comme aumônier principal au quartier général de la *45th Division* en Angleterre. Il a pris ses fonctions à Exeter le 27 septembre, vingt-trois ans après le début de sa carrière militaire en 1916. L'aumônier Whitrow avait noté dans des lettres à sa femme qu'il n'aimait pas la vie de quartier général, car elle était trop axée sur l'administration. Comme la *45th Division* était dispersée sur une vaste zone du sud de l'Angleterre, l'aumônier Whitrow se déplaçait entre les différentes sous-unités de la Division situées près des bâtiments et structures importants qu'elles gardaient. En octobre 1941, le *padre* Whitrow a été affecté à une autre unité dans le nord de l'Angleterre, pour les mêmes fonctions que celles qu'il avait avec la *45th Division*. En 1943, le *padre* Whitrow a à nouveau été transféré dans le sud de l'Angleterre, cette fois en tant qu'aumônier de la chapelle régimentaire de la *Guards Division* à Londres.

À 11h20, le dimanche 18 juin 1944, une bombe volante V1 a touché la *Guards Chapel* qui donnait sur *Birdcage Walk*, à Londres, SW1, non loin du palais de Buckingham, alors que se déroulait un service commémorant la bataille de Waterloo en 1815, et aussi le succès du débarquement en Normandie.

Ce matin-là, l'assemblée, un groupe mixte de militaires et de civils, s'était réunie pour un office des Matines (prière du matin) au cours duquel l'évêque de Maidstone devait prononcer le sermon. Alors que la chorale commençait à chanter le Te Deum, le moteur d'une bombe volante V1 s'est arrêté et elle a plongé sur le toit de la chapelle des Gardes. L'impact direct a complètement détruit le toit, et l'explosion a fait exploser les murs de soutien et les piliers en béton, ainsi que le portique de la porte ouest de la chapelle.

Des tonnes de gravats sont tombées sur la congrégation. 121 soldats et civils ont été tués et 141 autres ont été gravement blessés. Parmi le nombre élevé des victimes figure l'aumônier de la chapelle, le *padre* Ralph Whitrow, plusieurs officiers supérieurs de l'armée britannique, deux officiers canadiens et un colonel de l'armée américaine, ainsi que de nombreux hommes et femmes de rang inférieur. Parmi les morts, on compte le major Windham, directeur de la musique des *Coldstream Guards*. Ce service devait être sa dernière fonction officielle avant sa retraite. De nombreux régiments et unités bien connus des forces armées du Royaume-Uni ont été victimes du bombardement de la chapelle des Gardes, notamment les *Coldstream Guards*, les *Grenadier Guards*, les *Scots Guards*, les *Irish Guards* et les *Welsh Guards,* ainsi que l'*Auxiliary Territorial Service* et le *Women's Royal Naval Service*, pour n'en citer que quelques-uns. L'évêque de Maidstone, qui devait prononcer le sermon ce jour-là, est l'un des rares à ne pas avoir été blessé par l'explosion.

Dix minutes après l'explosion de la bombe V1, alors que les nuages de poussière se dissipaient, les équipes de premiers secours et les équipes de sauvetage lourdes sont arrivées pour découvrir une scène de dévastation totale. Une première évaluation de l'organisation des précautions contre les raids aériens de la ville de Westminster a estimé le nombre de victimes à 400-500. Au début, les débris semblaient impénétrables ; les restes de murs défoncés et le toit effondré avaient piégé des dizaines de personnes. Les portes de la chapelle étaient bloquées ; le seul point d'accès pour les équipes de secours se trouvait être une seule porte derrière l'autel. Les médecins et les infirmières ont dû se faufiler entre les murs de béton écroulés pour administrer de la morphine et les premiers soins aux blessés. Plusieurs sauveteurs et survivants se sont rappelés plus tard que la croix d'autel en argent n'avait pas été touchée par l'explosion et que les bougies continuaient à brûler. Les services de secours et les gardes de la caserne Wellington, située à proximité, ont immédiatement commencé à libérer les survivants des décombres et à les transporter en lieu sûr pour qu'ils reçoivent des soins médicaux. L'opération visant à libérer les blessés et à récupérer les morts a duré 48 heures. La chapelle elle-même était presque entièrement détruite et parmi ses décombres se trouvaient les restes de plus de deux mille petites plaques commémoratives, dédiées au service de divers hommes de la division des gardes depuis 1660.

L'incident de la *Guards Chapel* est l'attaque par V1 la plus meurtrière de la guerre contre Londres. La bombe volante n'a laissé intacte que l'abside (la zone incurvée avec l'autel au centre) de la chapelle. Cette horrible attaque, dans le cadre de la campagne V1 contre Londres, avait choqué les Britanniques et le reste du monde, qui pensaient que les bombardements sur Londres avaient cessé. Le bombardement de la *Guards Chapel* a fait l'objet d'une grande publicité dans la presse internationale et a été souligné par les journalistes et dans les déclarations du gouvernement comme une atrocité particulière visant une chapelle de l'armée un dimanche matin. Cependant, il ne s'agissait que de propagande alliée, car les bombes volantes V1 n'étaient pas assez précises pour cibler des zones spécifiques d'une ville.

Malgré les dégâts très importants, une partie de la chapelle a été rouverte aux services avant Noël 1944. En 1962-1963, la chapelle a été reconstruite et, juste à l'intérieur de l'entrée ouest de la chapelle, un grand mémorial mural gravé et un livre du souvenir rappellent les soldats et les civils qui ont péri lors de l'attaque de 1944. La croix d'autel originale et six chandeliers en argent ornent toujours l'autel de la chapelle.

Un Requiem funèbre (service commémoratif) a été célébré pour le *padre* Whitrow dans la cathédrale de Winchester le 23 juin 1944, suivi d'un office funèbre dans son église paroissiale St Paul's Church, à Weeke. Le *padre* Whitrow est commémoré sur le mémorial de l'église St Luke, Battersea, l'église où il a commencé son ministère et où il s'est marié avec sa femme.

La mort dans les haies et pommeraies de Normandie

Le 6 juin 1944

GEORGE ALEXANDER HARRIS, BA, LTh. 34 ans. Aumônier de 4ᵉ classe, *Canadian Chaplain Service*. Attaché au *1st Canadian Parachute Battalion, Royal Canadian Infantry Corps, 6th British Airborne Division*. Inhumé au *Commonwealth War Graves Cemetery* de Ranville, tombe VA C 6, Ranville, France.

George Alexander Harris, fils d'Alfred et Blanche Clarinda Harris, est né en 1910 à Solihull, Warwickshire. Il a immigré dans la province du Manitoba au Canada où il a travaillé pendant quelques années pour économiser assez d'argent pour étudier à l'Université du Manitoba à Winnipeg. Il y a fait son BA et y a ensuite obtenu une licence en théologie au *St John's and St Chad's Theological College* (un séminaire anglican affilié à l'*University of Manitoba*). À la fin de ses études, il a été ordonné dans le diocèse de Rupert's Land et a été nommé vicaire à l'église anglicane *All Saints* de Winnipeg.

Lorsque la guerre a été déclarée, le révérend Harris s'était d'abord enrôlé a Marine royale du Canada en tant qu'aumônier. Cependant, apprenant qu'il y avait une pénurie d'aumôniers dans l'armée canadienne, il a demandé à être transféré au Service canadien des aumôniers, demande qui a été acceptée par l'aumônier général, l'évêque George Wells. Une fois enrôlé dans l'armée, l'aumônier Harris s'est également porté volontaire pour la *1st Canadian Parachute Battalion* qui était en formation au camp Shilo, situé à quelques heures de train, à l'ouest de Winnipeg. Au camp Shilo, l'aumônier Harris est devenu le premier ecclésiastique canadien à devenir un parachutiste qualifié.

Dans son ouvrage *Airborne : The Heroic Story of the 1st Canadian Parachute Battalion*, Brian Nolan décrit la dévotion altruiste dont l'aumônier témoignait envers les hommes avec qui il servait :

« L'avion qui transportait un groupe composé de nombreux membres du quartier-général du bataillon, dont le sergent-major du régiment W.J. Clark, l'aumônier George Harris et le soldat Tom O'Connell, a reçu un coup direct dans le moteur de son aile gauche. Alors que les flammes commençaient à entourer l'aile et que l'appareil piquait du nez, les parachutistes ont sauté. O'Connell et Harris ont sauté si près l'un de l'autre que leurs parachutes se sont entremêlés et les deux hommes ont plongé vers le sol sous des voiles mal déployées. Paniqué, O'Connell se débatait frénétiquement pour lâcher son matériel de terrain dans l'espoir qu'il ne l'écraserait pas à l'atterrissage. En même temps une voix lui disait calmement, 'Du calme, mon vieux. Quoi que tu fasses, il faut y aller doucement.' O'Connell s'est tout de suite calmé grâce aux conseils du *padre* et bien qu'ils soient passés entre les branches de plusieurs arbres, il a réussi à adopter la bonne position d'atterrissage. À cause de la force de l'impact O'Connelle a perdu connaissance. Il ne s'est réveillé que vers midi le 6 juin et a été atristé de constater que le *padre* Harris était mort à côté de lui. Leurs deux parachutes étaient entrelacés comme une corde et c'était un miracle qu'ils aient réussi à ralentir la descente des hommes. Sans les conseils apaisants de Harris, O'Connell disait qu'il serait sûrement mort. »

Au-delà du sacrifice personnel du *padre* Harris, M. David Blake, conservateur du musée du *Royal Army Chaplain's Department Museum*, a confirmé que deux des frères aînés de Harris ont été tués au combat pendant la Première Guerre mondiale, comme l'indique l'inscription sur sa pierre tombale. Le caporal Joseph Edgar Harris, qui faisait partie du *Royal Warwickshire Regiment* $1^{st}/5^{th}$ *Regiment* est décédé le 18 juillet 1916, et le caporal Charles Rudolph Harris, du *Coldstream Guards*, 2nd *Battalion* est mort le 27 août 1918.

GEORGE EDWARD MAULE PARRY, AKC, Matricule 173033. 29 ans. Aumônier de 4e classe, *Royal Army Chaplains' Department*. Attaché au *7th Battalion (Light Infantry) The Parachute Regiment, Army Air Corps*. Inhumé dans le cimetière de l'église de Bénouville, tombe 21, Bénouville, France.

L'aumônier George Parry est né à Hornchurch, en Essex. Il était l'un des quatre fils de Muriel Constance St. J. Parry et du Révérend Canon Allen James Parry de Leytonstone, en Essex. Les trois frères de Parry se sont aussi enrôlés au service militaire pendant la Seconde Guerre mondiale. Son frère Peter a été tué au combat en Afrique du Nord en 1942. Un de ses autres frères, Allan, a également servi avec la *6th Airborne Division du 9th* (Essex) *Parachute Division*. Après la guerre, un troisième frère du *padre* Parry a fini par commander la *16th Parachute Brigade* en 1953.

George Parry a étudié à la *Farnfields Preparatory School*, à Bickley, puis au *Weymouth College*. Il a obtenu son diplôme de premier cycle au King's College, à Londres. Il s'est préparé à recevoir les Ordres saints au *Bishop's College*, à Cheshunt. Après son ordination, le révérend Parry a commencé son ministère sous la supervision du chanoine Brown, le vicaire de St John's, Leytonstone dans le diocèse de Chelmsford en 1938. C'est dans cette même église qu'il avait été élevé dans son enfance. Le chanoine Brown est mort le 3 septembre 1939, le jour où la Seconde Guerre mondiale a éclaté, et le révérend Parry a assurré la gestion d'une paroisse importante alors qu'il était encore un prêtre inexpérimenté.

Cependant, le révérend Parry a bien relevé le défi et était très apprécié par la congrégation de St John's. Au début de l'année 1940, le révérend Parry a pris le poste de vicaire d'une paroisse de Forest Gate (un quartier de Londres), quand le vicaire précédent est devenu aumônier des forces.

En février 1941, le révérend Parry s'est porté lui-même volontaire comme aumônier. Après un service initial en Angleterre, l'aumônier Parry est envoyé à l'étranger, sur la Gold Coast (aujourd'hui le Ghana), en Afrique de l'Ouest. Il y a servi en tant qu'aumônier jusqu'en mars 1943, puis, après plus d'un mois de voyage pour son retour au Royaume-Uni, il a été affecté à Bicester. En septembre 1943, l'aumônier Parry s'est porté volontaire pour la formation de parachutiste et est allé au *Training Course 78* à la RAF Ringway (devenu depuis l'aéroport international de Manchester). Le rapport de formation du *padre* Parry indique qu'il est joyeux et enthousiaste, et qu'il est un atout pour son « *stick* » comme on dit en anglais. Après avoir terminé sa formation, il a été affecté au *7th Parachute Battalion, 5th Parachute Brigade, 6th Aiborne Division*.

L'aumônier Parry a été décrit par le commandant de son bataillon comme un membre passionné et enthousiaste qui acceptait avec bonne humeur les taquineries des autres officiers de l'unité, y compris son surnom « Pissy Parry le *padre* parachutiste. » Avant que les hommes ne partent en Normandie, le *padre* Parry a célébré un service du culte, dont le résumé existe encore dans les archives militaires. « Le jeudi 5 juin, alors que les ombres s'allongeaient, l'alerte au départ a été donnée. La dernière cérémonie de la journée était un service de tambour dans un pré près de l'aérodrome de Fairford, mené par notre *padre* bien aimé, le capitaine Parry, connu de tous sous le nom de "Pissy

Parry, le *padre* parachutiste ». Parry était un petit Gallois agile et sa nature – comme son cœur et son courage – étaient aussi ardents que le roux de ses cheveux. Disposés en demi-cercle, 610 hommes se tournaient vers l'aumônier qui s'était hissé sur une boîte à munitions. Il serait difficile d'imaginer une assemblée plus improbable ou plus pirate (*sic*), chaque homme hérissé d'armes, le visage et les mains barbouillés de crème noire, le casque à même le sol devant lui, son fusil ou son pistolet Sten posé dessus. On a bien chanté *Onward Christian Soldiers*. Les voix cassaient en chantant *Abide with Me*. Chanter n'était pas facile dans un tel cadre et à un tel moment." (*Royal Army Chaplains' Department Museum*) Peu après ce moment de recueillement, le 6 juin, vers une heure du matin, le *padre* Perry a sauté d'un Short Stirlong pour renforcer les troupes des planeurs, qui avaient capturé les ponts sur le canal de Caen et la rivière Orne lors d'une attaque surprise. Aujourd'hui, un de ces ponts est connu sous le nom de Pegasus Bridge.

Église de Bénouville

Il y a beaucoup de confusion au sujet de la mort du *padre* Parry, car aucun témoin n'a survécu. Les archives indiquent qu'il a été tué lors une mêlée chaotique dans les environs du poste d'aide régimentaire situé dans l'église de Bénouville. Un rapport, d'abord donné en 1944 au bureau de l'aumônier général et maintenant conservé à l'*Armed Forces Chaplains Centre*, signale que l'aumônier Parry et les hommes du poste de soins ont entendu une patrouille allemande. Cette patrouille avait même un ancien char d'assaut français réquisitionné par les Allemands, et à son approche les hommes ont quitté l'église de Bénouville, sans bruit, par une porte latérale avant d'escalader le mur à l'arrière du cimetière dans l'espoir de se cacher des Allemands. Après un certain temps, l'aumônier Parry et les autres hommes, pensaient que la patrouille allemande avait fini par passer son chemin, alors Parry est sorti de sa cachette, et est retourné de l'autre côté du mur du cimetière pour voir deux parachutistes blessés qui reposaient sur des civières devant la porte de l'église. Néanmoins, la patrouille allemande ne s'était pas tant éloignée que le *padre* Parry le pensait et les troupes ennemies l'ont vu. Le *padre* Parry s'est levé d'un bond, et a tenté de passer encore une fois de l'autre côté du mur, près de l'endroit où gisaient les hommes blessés. Un soldat allemand, qui n'a pas vu le brassard de la Croix-Rouge que portait le *padre* Parry, a ouvert le feu sur lui et l'a tué. D'autres soldats aéroportés ont ouvert le feu sur la patrouille, tuant l'Allemand qui avait tiré sur le *padre* Parry. Le corps du *padre* Parry et celui du soldat allemand qui l'avait tué auraient été retrouvés près de l'église, séparés de quelques mètres seulement. On a parfois suggéré que le corps du *padre*

Parry est tombé sur les deux hommes blessés qui se trouvaient au pied du mur.

Un deuxième rapport indique que l'aumônier Parry est mort en tentant de défendre les soldats blessés alors que le poste de secours du régiment était envahi par les forces allemandes. Si cela est vrai, cela voudrait dire que la mort de l'aumônier Parry était contraire aux règles de la guerre, selon la manière dont d'autres parachutistes ont décrit l'événement à leur famille, sans y avoir forcément était présents. Cette nouvelle a conduit à une enquête à la Chambre des communes, où *Sir* James Grieg a demandé au secrétaire à la Guerre, *Sir* Herbert Williams « si une déclaration devait être faite concernant le meurtre du révérend George Parry par les Allemands en Normandie ». *Sir* James Grieg a répondu qu'il y aurait d'une enquête (Hansard). Cependant, il subsiste aucune trace de celle-ci.

Dans le quotidien australien le *Sydney Morning Herald,* un correspondant de guerre a rapporté que « l'aumônier Parry a été tué par un couteau ou de baïonnette alors qu'il défendait des hommes blessés et sans défense lors d'un raid allemand contre un poste d'aide médicale. Selon les rapports, les Allemands tiraient sur les blessés et leur infligeaient aussi des coups de baïonnette quand Parry se serait jeté devant eux. »

Une dernière version, celle du lieutenant Richard Todd, est racontée dans *The Pegasus Archive* : « L'aumônier Parry, ayant appris que la *A Company* de son bataillon comptait de nombreux blessés, est parti dans la pénombre du petit matin du 6 juin pour rejoindre le poste d'aide régimentaire. Cependant, il n'y avait pas encore de ligne de front solide, et les parachutistes étaient attaqués de toutes parts. Ils ont réussi à repousser de nombreuses attaques, mais une attaque allemande a franchi les lignes des parachutistes et a atteint le poste de secours régimentaire situé dans l'église de Bénouville où l'aumônier Parry aidait les troupes médicales. Les troupes allemandes semblaient avoir une folle soif de sang et se sont mis à tirer sur les parachutistes blessés et à leur donner aussi des coups de baïonnette. Parry s'est tout de suite confronté aux troupes allemandes et a tenté d'arrêter le massacre. Comme ils n'ont pas écouté sa supplication, on pense que l'aumônier Parry a tenté d'intervenir corporellement, se plaçant entre les Allemands et les parachutistes britanniques blessés. Les soldats allemands ont foncé sur lui et après une bagarre, l'aumônier Parry a été tué d'un coup de baïonnette. Lorsque les Britanniques ont repris la zone, le corps de chaque blessé a été trouvé dans le poste d'aide, y compris celui de l'aumônier Parry étendu sur "ses hommes".

Les différents récits de la mort de l'aumônier Parry, étant donné qu'il n'existe plus de témoin direct, servent à illustrer le « brouillard de la guerre ». Il s'agit peut-être ici d'un exemple de la propagande alliée destinée à discréditer les Allemands, puisqu'un aumônier, un non-combattant, semble avoir été tué de sang-froid. Homme très aimé et respecté, on peut supposer que le récit de la mort du *padre Parry* a été influencé par les différentes versions des hommes de son bataillon, tous très affectés par le décès de l'aumônier.

Soixante-dix ans après la mort de l'aumônier Parry, en 2014, la présentatrice de télévision britannique Jenni Crane a acheté dans une brocante une valise comportant cette inscription « le révérend GEM Parry ». Étant donné que l'aumônier Parry ne s'était jamais marié et n'avait donc ni femme ni enfant, un autre membre de la famille a fait don de la valise à la boutique peu de temps auparavant, sans être au courant de la controverse de sa mort le Jour J. Cependant, l'achat de la valise par la présentatrice a fait renaître l'intérêt qu'on portait au décès de l'aumônier Parry au combat. Son histoire est le sujet du reportage « The Chaplain's Suitcase » dans le programme Object Trouvé diffusée le 27 décembre, 2016 par la chaine BBC Radio 4.

IGNATIUS MATERNOWSKI, FFC, Purple Heart, Matricule O-480972. 31 ans. Lieutenant, *United States Army Chaplain Corps*. Attaché au *508th Parachute Infantry Regiment, 82nd Airborne Division*. Inhumé dans la parcelle du cimetière Mater Dolorosa de South Hadley Massachusetts : Section B, South Hadley, Massachusetts, États-Unis.

Ignatius Maternowski est né à Holyoke dans le Massachusetts le 28 mars 1912. Après avoir fini l'école Mater Dolorosa en 1927, il a fréquenté la *St. Francis High School* à Athol Springs à New York, où il était membre de la première promotion, et a reçu son diplôme en 1931. Il est entré dans l'Ordre des Frères franciscains conventuels et il est devenu frère en 1932. Après ses études, il a été ordonné prêtre par l'évêque Thomas O'Leary de Springfield (Massachusetts) le 3 juillet 1938 dans la chapelle du *Saint Hyacinth College and Seminary* à Granby, dans le Connecticut.

Après le déclenchement de la Seconde Guerre mondiale, l'aumônier Maternowski et plusieurs autres membres de la communauté des franciscains de la province de Saint-Antoine ont répondu à l'appel et se sont portés volontaires comme aumôniers militaires. En juillet 1942, il s'est enrôlé dans l'*Army Chaplain* Corps et s'est porté volontaire pour devenir membre du *508th Parachute Infantry Regiment* de la *82nd Airborne Division*. Après une formation rigoureuse avec d'autres troupes, il a atteint le rang de capitaine et a servi pendant 23 mois avant sa mort. Dans son livre intitulé *Look out below !*, l'aumônier (le lieutenant-colonel) Françis L. Sampson a décrit l'aumônier Maternowski comme « un Polonais robuste et énergétique, [...] un prêtre exceptionnel, extrêmement aimé et respecté par les hommes de son régiment. À plus d'une occasion il a proposé de mettre des gants de boxe pour affronter n'importe quel officier qui l'aurait empêché de faire son travail, ou fait des remarques déplacées concernant l'église ou la confession ».

L'aumônier Maternowski a sauté en Normandie vers 1h30 du matin le jour J et a atterri près de Guetteville où il a immédiatement commencé à s'occuper des blessés et des morts dans les combats intenses des haies près de Picauville. Sous sa responsabilité, il n'y avait pas seulement les parachutistes qui avaient sauté des avions, mais aussi ceux qui avaient atterri par planeur peu après la première lumière le 6 juin. Le *padre* Maternowski a été tué en essayant de négocier avec des officiers allemands pour un hôpital de terrain partagé. Au milieu de la matinée du 6 juin, l'aumônier Maternowski a enlevé son casque et a montré, autant qu'il le pouvait, l'insigne d'aumônier de son uniforme et son brassard de la Croix-Rouge. Il s'est approché des lignes allemandes pour chercher le personnel médical allemand, dans l'espoir de négocier une station d'aide partagée, où les blessés des deux armées pourraient être soignés avec dignité. Revenant de sa mission (on ne sait pas définitivement s'il a pu contacter des membres de l'armée allemande pour négocier l'hôpital), l'aumônier Maternowski s'est fait tirer dans le dos par un soldat qui n'avait pas vu son brassard de la Croix-Rouge. Le corps de l'aumônier Maternowski est resté dans le no man's land entre les positions américaine et allemande pendant trois jours avant que les forces alliées ne puissent avancer dans la région près de Guetteville. C'est par leur arrivée que la dépouille de l'aumônier Maternowski a été découverte par des troupes de la 90th Infantry Division américaine.

Il a d'abord été enterré dans le grand cimetière américain près d'Utah Beach, cependant, en 1948, à la demande des franciscains, sa dépouille a été rapatriée aux États-Unis et enterrée au *Mater Dolorosa Cemetery* à South Hadley, dans le Massachusetts.

 **WALTER LESLIE BROWN, BA, LTh.** 33 ans. Aumônier de 4ᵉ classe, *Canadian Chaplain Service*. Attaché au quartier général du *2ⁿᵈ Canadian Armoured Brigade (27ᵗʰ Armoured Regiment, Sherbrooke Fusiliers)*. Inhumé au *Commonwealth War Graves Cemetery* de Beny-sur-Mer, tombe 13 C 1, Rivières, France.

Walter Leslie Brown, fils de George C. Brown et de Florence Brown, est né le 13 août 1910 à Peterborough en Ontario. Il a été ordonné diacre de transition au diocèse de Huron (centré à London, en Ontario) le 6 juin 1937 après avoir obtenu sa licence en théologie du Huron College (maintenant Huron University College) et a été ordonné prêtre le 5 juin 1938 par l'évêque Charles Seger du diocèse de Huron. Il était vicaire adjoint à l'église anglicane St. James Westminster à Londres. Le 6 juin 1938, le révérend Brown a été nommé vicaire à l'église All Saints à Windsor (Ontario). Le révérend Brown a joué ce rôle jusqu'à ce qu'il prenne congé de la paroisse le 9 avril 1941 pour s'enrôler dans l'Armée canadienne afin de devenir membre du Service de l'aumônerie du Canada.

Le 19 juin 1941, après une formation initiale à l'école des aumôniers de l'Armée canadienne au camp Borden près de Barrie, en Ontario, l'aumônier Brown a été nommé aumônier des Grey et Simcoe Foresters, un régiment d'entraînement de la milice de l'Armée canadienne. La plupart des officiers, y compris les aumôniers, devait passer un examen de conduite militaire. Walter Brown a réussi son test de conduite le 19 septembre 1942.

Après avoir terminé cette formation, celui-ci a été affecté à des fonctions générales en tant qu'aumônier responsable de plusieurs lieux en Ontario. Le 16 juin 1943, l'aumônier Brown a été affecté à l'Armée canadienne (outre-mer) au Royaume-Uni. Après avoir voyagé en train jusqu'à Halifax, l'aumônier Brown, comme tant d'autres soldats canadiens, est monté à bord d'un navire de guerre et a fait le voyage périlleux à travers l'Atlantique avant d'arriver au Royaume-Uni. En débarquant, l'aumônier Brown a attendu dans un dépôt de remplacement de l'Armée canadienne pendant une semaine avant d'être affecté au quartier général de l'Armée canadienne.

L'aumônier Brown a servi là où on avait besoin de lui, jusqu'au 15 mai 1944 lorsqu'il a été affecté au quartier général du 27th *Armoured Regiment* (les *Sherbrooke Fusiliers*, qui, au Canada, étaient basés dans les cantons de l'Est du Québec) avec qui il a débarqué à Juno Beach (probablement dans le secteur Nan White) vers midi le Jour J. Alors que les membres de son unité quittaient la plage de Juno, le *padre* Brown a tout de suite commencé à s'occuper des blessés et des mourants de son régiment, mais aussi d'autres régiments canadiens. Presque immédiatement, il a été séparé de son propre régiment qui se dirigeait vers la ligne de front. On sait que l'aumônier Brown a officié à de brefs services de funérailles d'un certain nombre de soldats canadiens qu'il a enterrés dans ce qui est maintenant le *Commonwealth War Graves Cemetery* de Bény-sur- Mer.

Le Jour J, en fin de soirée, l'aumônier Brown s'est mis en route dans une Jeep avec un chauffeur, le caporal John Greenwood, et l'officier adjoint responsable du délestage d'équipement, le lieutenant W.J. Grainger. Malgré l'heure tardive, il ne faisait pas encore nuit, puisque le soleil ne se couchait que vers 23 heures à cette époque au Nord de l'Europe, à cause de la « double heure d'été » inaugurée par les Anglais pour prolonger la journée de travail. Avant de partir, Grainger avait fini d'aider à trouver d'autres zones d'assemblage possibles, et de s'assurer que tous les véhicules des Sherbrooke Fusiliers étaient déchargés et acheminés vers les lignes de front (comme on peut l'imaginer, débarquer des dizaines de chars, ainsi que des centaines de camions, de Jeeps, de remorques, etc. prend beaucoup de temps), et le *padre* Brown lui-même avait fini d'enterrer les morts.

La Jeep, avec les trois hommes à bord, a quitté les plages d'invasion en se dirigeant vers le sud-est et le quartier général de la 9e brigade d'infanterie canadienne, que les navires-citernes des *Sherbrooke Fusiliers* soutenaient dans leur position défensive de nuit entre Anisy et Les Buissons. Les forces allemandes occupantes avaient enlevé beaucoup de panneaux routiers et Walter Brown et les autres n'ont pas vu où il fallait tourner pour trouver la position de nuit de leur régiment. Après avoir essayé de se réorienter, malgré la nuit qui tombait rapidement, ils se sont arrêtés dans le no man's land.

Après la fin de la guerre, le témoignage du lieutenant Granger lors du procès de Kurt Meyer, commandant des grenadiers du 12e *Panzerdivision* SS (pour ses crimes de guerre), indique que l'aumônier Brown se dirigeait vers le poste d'aide régimentaire des Sherbrooke. Cependant, il est plus probable qu'il se dirigeait vers le quartier général avant du régiment, pas seulement parce que ses affaires personnelles s'y trouvaient, mais parce que l'officier médical y était, avec probablement un autre véhicule.

Le journal de guerre des fusiliers de Sherbrooke indique que ce régiment, avec le régiment d'infanterie des Highlanders du Nord de la Nouvelle-Écosse, a établi comme campement une « forteresse » ou un « carré britannique » entre Les Buissons et Anisy. Cela permettait de réapprovisionner les chars au centre pendant que l'infanterie était dans les tranchées qui les entouraient. Cette information indique qu'il est plus probable que le *padre* Brown et les deux autres Canadiens tentaient de retrouver les éléments avancés du QG du régiment à la fin de la journée de travail. Il faut se rappeler qu'à la fin de la journée du 6 juin, la ligne de front n'était pas continue, il aurait donc été facile de se tromper de chemin entre Les Buissons et Anisy, surtout au crépuscule, et sans doute quand les trois hommes étaient très fatigués après une journée éprouvante. Lorsqu'ils essayaient de déterminer leur situation dans le réseau routier inconnu de la campagne normande, les trois hommes sont devenus les cibles des tirs de mitraillette et de fusil. Plus tard, le lieutenant Grainger a raconté que les troupes responsables de l'embuscade de la Jeep portaient des uniformes d'une unité de *Waffen-SS*. Un des mystères entourant la mort de l'aumônier Brown est lié aux documents officiels des Alliés qui dévoilent que les grenadiers de la *Panzerdivision SS*, la première unité Waffen-SS à entrer en combat en Normandie, ont commencé à s'infiltrer dans le secteur canadien bien plus tard dans la matinée du 7 juin et qu'ils ne se trouvaient pas là où l'aumônier Brown est mort dans la soirée du 6 juin. Cependant, selon l'histoire divisionnaire des grenadiers de la 12e *Panzerdivision SS*, son 12e bataillon de reconnaissance SS, commandé par le *Sturmbannführer* Gerhard Bremer, était déjà en action, envoyant des patrouilles de voitures blindées aussi loin qu'Arromanches (Gold Beach) et peut-être même Omaha Beach, jusqu'aux hauteurs surplombant Juno Beach et Sword Beach.

En fait, cette même histoire divisionnaire indique que son bataillon de reconnaissance était prêt à l'action depuis les premières heures du 6 juin quand les premiers rapports du Débarquement sont arrivés. Les archives indiquent aussi que vers 13 h 30 dans la matinée du 6 juin, les troupes du

12e bataillon de reconnaissance SS avaient déjà capturé des parachutistes britanniques qui avaient manqué leur zone de chute près de l'Orne, à l'ouest de Caen, environ 24 heures avant la rencontre entre les troupes allemandes et le groupe de Walter Brown, une rencontre qui a bien eu lieu malgré le fait que les troupes de la 12e SS n'étaient pas officiellement en première ligne, puisque la majorité de la division était située au sud-est de Caen, près de Lisieux. La route, où l'aumônier Brown et ses compagnons ont été attaqués (aujourd'hui la D 79), mène directement par des routes parallèles à la côte normande jusqu'à Caen, le lieu de rencontre vers lequel le reste de la 12e Panzerdivision SS se dirigeait avant l'attaque, dans l'après-midi du 7 juin, contre les Canadiens. C'était probablement une unité de reconnaissance de la 12e division SS que le père Brown et ses camarades ont rencontrée, car la destination de cette unité aurait été le quartier général de la division, ce qui veut dire que leur route les aurait éloignés des plages alliées du Débarquement. À ce moment, les troupes allemandes devaient commencer à manquer de carburant pour leurs voitures blindées, et elles espéraient sans doute trouver un repas chaud et un moment de repos après une journée passée à éviter les attaques aériennes et terrestres des Alliés.

Lors de l'embuscade, les troupes SS ont visé le conducteur de la Jeep, espérant peut-être prendre prisonniers les autres occupants dans l'espoir d'obtenir des renseignements sur les positions des troupes alliées. Le caporal Greenwood, au volant de la Jeep, est mort immédiatement sous les balles. Le lieutenant Grainger, assis à sa droite, a été gravement blessé à l'épaule gauche. Seul le *padre* Brown, sur la banquette arrière de la Jeep, n'a pas été touché.

Avec leurs armes, les soldats allemands ont fait signe au *padre* Brown de descendre du véhicule en lui donnant des instructions brusques en allemand ou en anglais. Le lieutenant Grainger, à demi conscient à cause de sa grave blessure, est le dernier à avoir vu Brown lorsqu'il quittait la Jeep avec sa petite valise (contenant son kit de communion, son étole et ses vêtements sacerdotaux, ses livrets de service, etc.) avant d'être emmené par les troupes allemandes, la valise au-dessus de la tête.

En s'éloignant du lieu de l'embuscade, les *Panzergrenadiers* ont laissé sur place le lieutenant Grainger, croyant qu'il était mort ou sur le point de mourir. En fait, le lieutenant Grainger a pu se ressaisir après le départ des troupes SS. Il a pu pousser le corps du caporal Greenwood et se mettre au volant lui-même. Heureusement pour lui, le moteur de la Jeep n'a pas été endommagé dans l'embuscade, il a pu la redémarrer, faire demi-tour et se diriger vers Les Buissons où il rencontra les positions avancées des Highlanders du Nord de la Nouvelle-Écosse. On l'emmena tout de suite au poste d'aide régimentaire où on s'occupa de ses blessures avant de l'évacuer vers un hôpital en Angleterre. Plus tard dans le mois, le 18 juin, le haut- commissaire du Canada (l'ambassadeur), Vincent Massey (qui est devenu le premier gouverneur général du Canada né au Canada), lui a rendu visite et les deux hommes ont été pris en photo ensemble.

Le 7 juin, l'aumônier Brown a été porté disparu par son régiment selon les informations données dans le rapport du lieutenant Grainger. Sa mère, qui vivait alors à Orillia, en Ontario, en a été informée. Personne, ni même la Croix-Rouge n'a eu de nouvelles du *padre* Brown jusqu'au 11 juillet 1944.

À cette époque, un régiment de chars britannique, qui se rendait aux alentours de Caen afin de participer aux batailles qui s'y déroulaient bivouaquaient dans un champ près de Galmanche, où a eu lieu l'embuscade du *padre* Brown le mois précédent. Des membres de l'unité de chars ont retrouvé par hasard le corps solitaire d'un officier canadien et, à cause du col de sa chemise et des insignes du Service des aumôniers du Canada à ses épaules, ils se sont rendu compte qu'il était aumônier. Puisqu'il a été trouvé sans aucun autre corps ou signe de combat à proximité, après avoir été récupéré le corps du *padre* Brown a subi une autopsie judiciaire, car à l'époque, on savait déjà que d'autres prisonniers de guerre canadiens avaient été assassinés plus tôt en juin, après s'être rendus aux troupes de la 12e *Panzerdivision SS*. L'autopsie indique que l'uniforme du *padre* Brown ne montrait aucun impact de balle et une inspection plus approfondie a révélé qu'il avait une seule blessure à la poitrine, celle-ci étant le résultat d'un coup de couteau ou de baïonnette. Si les blessures par balle reçues lors de l'embuscade avaient mené à la mort de l'aumônier Brown son uniforme en aurait porté la preuve. Le lieutenant Granger avait vu que le père Brown était encore en vie lorsqu'il a été emmené par les soldats allemands. Le *padre* Brown a donc été assassiné de sang-froid par les troupes de reconnaissance de la 12e *Panzerdivision-SS*.

Il y a plusieurs raisons pour lesquelles ce meurtre aurait été commis. Tout d'abord, parce que les soldats ne voulaient pas avoir à s'occuper d'un prisonnier qui ne fournirait aucune information militaire utile sur les positions canadiennes, puisque les aumôniers n'avaient pas la responsabilité de mener les troupes au combat. Deuxièmement, parce que des soldats de reconnaissance auraient eu du mal à transporter des prisonniers facilement dans leurs voitures blindées. La dernière raison – et la plus importante –, c'est que la 12e *Panzerdivision SS* avait parmi ses officiers et ses sous-officiers des hommes qui avaient été brutalisés au Front russe, où on leur avait appris à voir les membres du Clergé comme des

commissaires politiques communistes qui devaient être exécutés immédiatement, étant donné qu'ils pouvaient organiser et inspirer les troupes, même en captivité.
Bien d'autres aumôniers ont été tués dans le feu de la bataille, y compris le *padre* George Perry, qui est décédé le 7 juin, et dont l'histoire est racontée plus loin. Cependant, les preuves indiquent fortement que le révérend Walter Brown était le seul aumônier à avoir été effectivement assassiné de sang-froid.

L'histoire de Walter Brown ne s'arrête pas là. À la fin des années quatre-vingt-dix, Chris McCreery, un étudiant de premier cycle au *Huron University College*, a effectué des recherches dans le cadre de son avant-dernier projet pour son baccalauréat en histoire, sur les diplômés de la même institution qui avaient été tués lors de la Seconde Guerre mondiale. Grâce à celles-ci, on a pu ajouter les noms manquants à la plaque commémorative du *Huron College*. McCreery connaissait bien l'essentiel de l'histoire de Walter Brown. En 1999, après avoir obtenu son diplôme du *Huron College*, McCreery s'est lancé dans la préparation d'un master (après lequel il a aussi fait un doctorat en histoire et travaillé pour le lieutenant-gouverneur du Nouveau-Brunswick). À l'époque, alors qu'il rend visite à sa famille à Windsor, en Ontario, il entre dans une brocante dirigée par l'Armée du Salut. Il découvre à l'étalage une coupe en argent ternie recouverte d'une petite assiette. McCreery, étant un membre pratiquant de l'église anglicane, reconnaît un calice de communion et sa patène gravée de la *Broad Arrow* (la flèche large) indiquant qu'elle provient des forces armées du Commonwealth. Il demande au personnel si d'autres articles étaient associés à cette coupe et sa petite assiette. On lui présente alors une valise usée contenant un calice, une patène (une petite assiette d'argent qui reçoit le pain), un flacon argenté pour une petite quantité de vin, une petite boîte en bois et une étole en brocart, froissée et pliée avec de vieux linges en lambeaux qui avaient servi lors du culte. McCreery comprend immédiatement que la valise est une trousse d'aumônier de la Seconde Guerre mondiale et offre aux employés 50 dollars canadiens pour le tout. En examinant sa découverte plus en détail, McCreery y a découvert l'inscription « Walter L. Brown ». Par un coup du destin, il avait acheté la trousse de communion de Walter Brown – cette même trousse qu'on avait retrouvée à côté de son corps bien longtemps avant, en Normandie. Personne ne peut expliquer comment les accessoires de communion du révérend Brown ont fini dans la brocante d'un organisme religieux à Windsor, en Ontario, à des milliers de kilomètres de Normandie. Étant donné que la dernière paroisse du révérend Brown avant son entrée dans les forces armées était dans cette ville, on présume que la trousse a été renvoyée à la même église, même si ses dossiers de service indiquent que son parent le plus proche, sa mère, vivait à Barrie, toujours en Ontario, mais au nord de Toronto et à au moins 300 kilomètres de Windsor. Même si cette supposition est exacte, on ignore pourquoi l'église qui aurait reçu les articles s'en serait débarrassée d'une telle manière.

McCreery a fait don de la trousse de communion de Walter Brown à la chapelle du *Huron University College* qui s'en sert chaque 11 novembre lors d'un service de communion organisé pour commémorer ceux qui ont servi et ceux qui sont tombés pendant les guerres auxquelles les Canadiens ont participé.

L'histoire de l'aumônier Brown et de sa valise a même été le sujet d'un article dans le journal de la *Western University* : « Étant donné qu'un certain nombre de réservistes étudient à Huron – des officiers comme de simples soldats y préparent leur diplôme et parmi eux certains aimeraient servir dans l'armée comme aumônier –, le révérend Canon William Cliff, aumônier du Huron University College, dit que la trousse de communion de campagne de Brown – lui-même diplômé de *Western* en

1937 et de Huron en 1938 – les fait s'arrêter, réfléchir et se rappeler. « Il est revenu à la vie pour les étudiants », explique Cliff. « Bien qu'il soit mort il y a 61 ans, à cause de sa vieille valise, il donne aux étudiants la chance rare de toucher l'histoire faite par l'un des leurs. » Fait capitaine en 1941, Brown était le premier aumônier canadien à atterrir à Juno Beach le 6 juin 1944. [...] Il y repose encore, mais sa trousse est rentrée au Canada pour être utilisée régulièrement pour le culte et l'exposition dans la chapelle du *Huron College* et, dit Cliff, pour enseigner « *les exigences du sacrifice et la nécessité de la volonté de servir. Il ne portait pas de fusil. Il portait des mots gentils, une présence réconfortante et, en cas de besoin, avec cette trousse, il a porté aux hommes mourants et effrayés les sacrements. On se souviendra de lui et de tous ceux qui ont servi.* » [v]

Les 6/7 juin, 1944

JOHN R. STEEL, Purple Heart, Matricule O-435366. 32 ans. Capitaine, *United States Army Chaplains Corps*. Attaché au *1st Battalion, 401st Glider Infantry Regiment (operating as a 3rd Battalion of the 327th Glider Infantry Regiment), 101st Airborne Division*. Inhumé au cimetière de Rose Hill à Ardmore, Carter County, Oklahoma.

John Steel est né en 1912 dans l'état d'Oklahoma. L'aumônier Steel était marié avec Hazel Frances Steel (née Balch). Après son ordination, il a servi aux congrégations baptistes de Soper et de Boswell, des églises baptistes de l'Oklahoma, jusqu'à ce qu'il s'enrôle dans le *United States Army Chaplain Corps* en février 1942.

Après celle des aumôniers, à Fort Benjamin Harrison, dans l'Indiana, l'aumônier a suivi une formation avec le *401st Glider Infantry Regiment* (*GIR*), un élément de la *101st Airborne Division* au camp Claiborne, en Louisiane, puis à Fort Bragg, en Caroline du Nord jusqu'à son départ vers le Royaume-Uni en septembre 1943. En mars 1944, les bataillons composant le *401st GIR* ont été séparés et la plupart ont été rattachés à d'autres *GIR*. Le *1st Battalion* du *401st GIR* est resté avec la *101st Airborne Division*, mais a été rattaché au *327th GIR* comme son troisième bataillon. Le deuxième bataillon du *401st GIR* a été rattaché au *325th GIR* de la division aérienne de la *82nd Airborne Division* en tant que troisième bataillon.[vi]

Le premier bataillon du *401st GIR* (*327th GIR*) n'est pas arrivé en Normandie dans des planeurs. Ses troupes ont débarqué comme infanterie régulière à Utah Beach dans le secteur *Uncle Red* dans l'après-midi du 6 juin. Bien qu'il s'agisse de la réserve de division de la *101st Airborne Division*, les troupes ont été immédiatement envoyées en action dans le but de faire la liaison avec les parachutistes et l'infanterie aérienne de la *101st AB Division*, dont beaucoup avaient manqué le point prévu d'atterrissage et étaient dispersés sur plusieurs kilomètres.[vii]

À son atterrissage sur la plage d'Utah, le *327th GIR*, y compris le bataillon de l'aumônier Steel, a commencé à se diriger vers la ville de Saint-Côme-du-Mont. Juste avant minuit, au coucher du soleil, le 6 juin, le bataillon a communiqué avec le *506th Parachute Infantry Regiment* (*PIR*) près d'Angoville-au-Plain. Dans la zone de regroupement où le *506th PIR* se préparait à l'attaque de Saint-Côme-du-Mont, l'aumônier Steel aurait dit au colonel Ray C. Allen, commandant du *1st Battalion, 401st GIR* (*3rd Battalion, 327th GIR*), que, jusqu'à présent, le rôle de son bataillon était semblable à celui qu'il avait eu dans les exercices d'entraînement aux États-Unis et en Angleterre, à l'exception des tirs de munitions réelles. À cause de la confusion qui régnait sur les lignes de front, peu de détails concernant la mort de l'aumônier Steel sont connus. On sait seulement que dans la nuit du 6 au 7 juin, il est mort d'un seul coup de feu en pleine poitrine.

Le *327th GIR*, y compris le bataillon de l'aumônier Steel, immédiatement après avoir débarqué sur la plage d'Utah, a commencé à se déplacer vers la ville de St Come-Du-Mont. Juste avant minuit, aux dernières lueurs du jour, le 6 juin, le bataillon a contacté les éléments avancés *du 506th Parachute Infantry Regiment* (PIR) près d'Angoville-au-Plain. Alors qu'il se trouvait dans la zone de rassemblement avec le *506th PIR*, en vue de l'attaque de St.

Come-Du-Mont, l'aumônier Steel aurait fait remarquer au commandant du *401st GIR* (*3rd Bataillon 1st 327th GIR*), le colonel Allen, que jusqu'à présent, le rôle de son bataillon avait été le même que lors des exercices d'entraînement aux États-Unis et en Angleterre, à l'exception de l'utilisation de munitions réelles.[viii] Dans la nuit du 6 au 7 juin, le capitaine Steel est tué d'une seule balle dans la poitrine. En raison de la situation confuse de la ligne de front, qui n'était en fait que des regroupements de compagnies, de pelotons et d'escouades isolés, et non une ligne de front continue, il existe une véritable incertitude quant aux circonstances de sa mort.

Une version de l'histoire suggère que l'aumônier Steel se déplaçait entre les tranchées afin de remonter le moral des troupes nerveuses et craintives, et qu'un soldat l'aurait pris pour un soldat allemand. Quand celui-ci a entendu le *padre* s'approcher, il aurait tiré vers le bruit, sans avoir suivi le protocole d'indentification. Selon une autre version, un soldat allemand – qui tentait de s'infiltrer dans les lignes alliées – lui aurait tiré dessus, peut-être parce que l'aumônier Steel était hors de sa propre tranchée, et se déplaçait parmi les troupes craintives. Quoi qu'il en soit, l'aumônier Steel est mort dans la nuit du 6 au 7 juin, quelques heures après son atterrissage en Normandie.

L'aumônier Steel a été temporairement enterré dans le cimetière américain près d'Utah Beach. Après la fin de la Seconde Guerre mondiale, sa femme a exercé son droit de faire rapatrier son corps aux États- Unis pour l'inhumation permanente. C'est en 1947 ou 1948 qu'il a été enterré dans un cimetière plus proche de chez lui.

Le 7 juin 1944

PETER FRANCIS FIRTH, MA, Croix de Guerre, Matricule 257744. 33 ans. Aumônier de 4e classe, *Royal Army Chplains Department*, Attaché au *8th Battalion (Midlands), The Parachute Regiment, 716th Light Company RASC, 6th Airborne Division*. Inhumé au *Commonwealth War Graves Cemetery* d'Hermanville, tombe 1 J 15, Hermanville, France.

Peter Firth, fils d'Ernest Cecil Clark Firth et d'Agnes St. John Firth (née Abdy), de Scorton, Lancashire est né à Preston et a été ordonné dans le diocèse catholique romain de Lancaster. Il s'est enrôlé dans le *Royal Army Chaplains' Department* le 3 février 1943. Tout d'abord, il a été affecté au *20th Anti-Tank Regiment* of the *3rd Division*. Il a ensuite été muté au *8th Field Ambulance, 21st Army Group* pour l'embarquement vers les plages de Normandie. Dans le récit de l'aumônerie catholique de l'armée britannique, *The Cross on the Sword* (*La Croix sur l'épée*), on note qu'en arrivant sur la plage normande le 7 juin, le *padre* Firth a fait un joyeux salut à un soldat qu'il connaissait, et a été tué sur le champ par un tireur d'élite allemand, encore en action dans la zone. Le père Firth a d'abord été enterré dans le verger à côté de l'église paroissiale d'Hermanville-sur-Mer, avant d'être exhumé et enterré de nouveau dans le *Commonwealth War Graves Cemetery* d'Hermanville après la guerre.

GEORGE ALEXANDER "ALEC" KAY, MA, Matricule 150817. 36 ans. Aumônier de 4ᵉ classe, *Royal Army Chaplains' Department*, Attaché au 8th Battalion (Midlands), The Parachute Regiment, 716th Light Company RASC, Airborne 6th Division. Inhumé au *Commonwealth War Graves Cemetery* de Ranville, tombe 1A M 2, Ranville, France.

Fils du révérend Thomas George Brierley Kay, un Irlandais, et de Fanny Kay, une Écossaise, Alec Kay est né le 19 novembre 1907 à Wellington, en Nouvelle-Zélande. Le grand- père d'Alec servait dans une paroisse de l'Église anglicane (dans une province de Nouvelle-Zélande). Alec Kay a fréquenté la *Harrow School*, et plus tard *Oxford University*, et plus particulièrement, le *Brasenose College*. Il a terminé son BA en 1929 et a poursuivi un MA à partir de 1937. Entre ces deux périodes d'études, Alec Kay a acquis de l'expérience sur le terrain en tant que travailleur social dans les bidonvilles des quartiers de l'est de la ville de Londres. Il a ensuite enseigné dans une école missionnaire à Agra, en Inde, pendant trois ans, avant de devenir, à son retour en Angleterre dans les années trente, enseignant à l'*Aysgarth School*, à Bedale, dans le North Yorkshire, où il obtiendra la *George V Jubilee Medal*. En 1938, après avoir terminé son MA en théologie au *Cuddesdon College (Oxford University)*, Alec Kay est ordonné diacre et est nommé vicaire à l'église St. Matthew à Leeds, dans le West Yorkshire. En 1939, alors qu'il est nommé prêtre, Alec Kay se marie avec Janet Evelyn Kay (née Lucas).

Au début du mois d'octobre 1940, le révérend Kay s'enrôle dans le *Royal Army Chaplains' Department* avant d'être envoyé à l'école des aumôniers de Tidworth, pour sa formation initiale. Après avoir terminé sa formation, le *padre* Kay est transféré dans le grand camp de l'armée à Aldershot où il a servi avec le *7th Hampshire Regiment* de la *130th Infantry Brigade* de la *43rd Division*. Le *padre* Kay a également servi avec le *5th Dorset Regiment*, qui faisait aussi partie de la *43rd Division*. À la fin de l'année 1943, le *padre* Kay demande à entrer dans le régiment de parachutistes et, dans une lettre, le commandant de la *43rd Infantry Division* écrit « [l'aumônier Kay] est le type d'homme qu'il faut et il possède la manière et les qualifications qui devraient bien le servir dans le régiment de parachutistes » (Bramwell et Mowat).

En août 1943, la *padre* Kay est qualifié comme parachutiste sur le parcours 91 de la station RAF Ringway. En novembre 1943, le *padre* Kay est affecté au *8th Parachute Battalion*, *3rd Parachute Brigade* de la *6th Airborne Division*, où il était très apprécié par les hommes de sa division. Tout d'abord, le *padre* Kay avait été affecté au *224th Parachute Field Ambulance* (PFA) de la *3rd Parachute Brigade*, mais l'aumônier de la division a fait des modifications : au lieu de débarquer avec cette unité, il a sauté avec le quartier général du *8th Parachute Battalion*. L'aumônier Kay a été tué le 7 juin 1944, le lendemain de son saut en parachute en Normandie avec son bataillon. La manière dont l'aumônier Kay a trouvé la mort varie d'une version à l'autre. Une version dit qu'il roulait dans une Jeep, clairement marquée avec les drapeaux de la Croix-Rouge, pour aller recueillir le personnel blessé quand il a été gravement touché par un mitrailleur allemand. Cependant, une autre version dit qu'il a été tué par un mortier ou un tir d'obus alors qu'il descendait une rue à pied, à la recherche de parachutistes blessés. Le deuxième récit est le plus probable, car les aumôniers aéroportés ne disposaient normalement pas de Jeep, surtout à cause du nombre limité de véhicules que les troupes aériennes avaient pu transporter par planeurs dans les zones de combat.

Selon un autre aumônier aéroporté, le révérend Al Beckingham, l'aumônier Kay a été amené au poste d'aide régimentaire, mais est décédé à son arrivée. Il a été enterré par le *padre* John Gwinnett au Mesnil, dans le Calvados. Une fois la guerre terminée, une pierre commémorative au souvenir du *padre* Kay a été placée dans l'église paroissiale de Saint-Barthélemy, à Shapwick, dans le Dorset, l'église de son père pendant la guerre. L'inscription mentionne : « En souvenir reconnaissant du révérend George Alexander Kay CF MA, aumônier aéroporté tué alors qu'il s'occupait des blessés en Normandie le Jour J 1944. »

Le 10 juin 1944

Colleville-sur-Mer, France.

PHILIP EDELEN, Purple Heart, Matricule O-513674. 31 ans. Capitaine, *United States Army Chaplain Corps*. Attaché au *9th Infantry Regiment, 2nd Infantry Division*. Inhumé dans le cimetière américain de Normandie, parcelle I rangée 13 tombe 28,

Philip Edelen est né à Raleigh, en Caroline du Nord, le 29 juin 1913, fils de monsieur et madame Philip B. Edelen. Philip a fréquenté l'école *Sacred Heart Cathedral School* de la même ville pour ses études primaires et secondaires. Emmitsburg, dans le Maryland, et a été ordonné le 2 mai 1940, tout de suite après sa graduation. Il a servi comme prêtre adjoint de la *St. Anthony's Church* et comme aumônier à la *Notre Dame Academy* dans la ville de Southern Pines. Il a ensuite été affecté au rôle d'administrateur paroissial de la *Blessed Sacrament Church*, à Raleigh, dans la Caroline du Nord.

En mars 1943, le révérend Edelen s'est enrôlé dans l'*Army Chaplain Corps*. Il a complété la formation des aumôniers militaires à la *Harvard University*. À la fin de cette formation, il a été affecté au *9th Infantry Regiment* de la *2nd Infantry Division* et, en octobre 1943, il a quitté les États-Unis avec son régiment, lors de son déploiement initial en Irlande du Nord.

Le 8 juin 1944, l'aumônier Edelen et les hommes de son régiment ont débarqué à Omaha Beach. Le lendemain, la *2nd Infantry Division* est entrée dans l'action en dirigeant une attaque vers l'Aure. Le 9 juin, l'aumônier Edelen a été gravement blessé à la tête par des éclats d'obus d'un mortier allemand qui explosait alors qu'il se penchait sur un soldat blessé à qui il donnait les premiers secours. Il est mort dans un hôpital de campagne le 10 juin. Les récits de l'aumônier Edelen indiquent que son jeune frère Neil a également été tué pendant la guerre.

L'aumônier Edelen a été enterré provisoirement sur le champ de bataille, où, selon une source, la comtesse d'Ursely, avec l'aide de ses filles, s'est occupée de sa tombe. Cette dame est restée en contact avec la mère de l'aumônier Edelen en Amérique pendant de nombreuses années même après le transfert de la dépouille d'Edelen dans le *Normandy American Cemetery*.

Le 11 juin 1944

RAYMOND J HANSEN, Purple Heart, Matricule O-464313. 32 ans. Capitaine, *United States Army Chaplain Corps.* Attaché au *8th Infantry Regiment, 4th Infantry Division.* Inhumé au cimetière américain de Normandie, parcelle F rangée 1 tombe 30, Colleville-sur-Mer, France.

Fils de Peter A. Hansen, Raymond Hansen est né le 15 juillet 1912 dans le comté d'Eau Claire, dans le Wisconsin. Il avait deux sœurs et trois frères. Raymond Hansen a complété ses études secondaires dans la ville de Danemark au Wisconsin en 1930. Comme beaucoup dans cet état, il parlait couramment l'allemand, le danois ainsi que l'anglais. Il s'est inscrit au *North Central College* à Napierville, dans le Wisconsin et a obtenu son diplôme en 1933. Il est ensuite entré dans l'*Evangelical Theological Seminary* à Napierville et en est sorti diplômé en 1936. Après avoir reçu son diplôme, il est appelé à être le pasteur de la *Grace Evangelical Lutheran Church* à Webster, toujours dans le Wisconsin (où il avait été pasteur-étudiant pendant ses études au séminaire). En 1938, le révérend Robert Hansen a été nommé pasteur de l'*United Brethren Emmanuel Evangelical Lutheran Church* à Augusta, où il a également été le chef scout de la ville. Le révérend Hansen a épousé Leona A. Hansen (née Marks) à Clintonville le 14 avril 1941.

Lorsque l'Amérique est entrée dans la Seconde Guerre mondiale en décembre 1941, le révérend Hansen a démissionné de sa paroisse et s'est enrôlé dans l'*Army Chaplain Corps*. Il n'a reçu aucune formation officielle et a été initialement affecté aux réserves d'aumôniers à Fort Indiantown Gap, en Pennsylvanie, le 21 mai 1942. Le 12 juin 1942, l'aumônier Hansen a été transféré au *4th Motorized Division* au camp Gordon, en Géorgie, dans le cadre des *Special Troops* (personnel médical, ingénieurs, police militaire, etc.). Après avoir servi pendant près de huit mois en Géorgie, il a été envoyé à la formation des aumôniers à la *Harvard University* le 7 mars 1943, et en a été diplômé le 4 avril 1943. L'aumônier Hansen est ensuite retourné à la *4th Motorized Division* en Géorgie, qui, pendant son entraînement à lui, a été rebaptisée *4th Infantry Division*. La *4th Division* s'est ensuite installée à Fort Dix dans le New Jersey et l'aumônier Hansen a été affecté au bataillon d'artillerie de la division. Il a accompagné son bataillon au camp Gordon Johnson en Floride en septembre 1943 pour les manœuvres, puis il a été affecté en novembre 1943 à Fort Jackson, en Caroline du Sud. Après son arrivée à Fort Jackson, l'aumônier Hansen a été transféré au *8th Infantry Regiment* de la même *4th Infantry Division* et est allé en Angleterre avec sa nouvelle unité au début de janvier 1944. L'aumônier Hansen a été décrit par les membres de son régiment comme étant « une personne qui aimait bien s'amuser, pas un vieux grincheux. C'était un homme assez solide, un peu plus grand que la moyenne, trapu, mais pas vraiment trop fort » (Mueller). On note que le bataillon de l'aumônier Hansen était parmi les premiers à débarquer sur Utah Beach le Jour J.

L'aumônier Hansen a été tué en action le 11 juin, alors que la *4th Infantry Division* commençait à dégager la péninsule du Cotentin entre Fresville et Magneville. Bien qu'on n'ait pas de détails concernant le décès du *padre* Hansen, le coffre dont il se servait pour les articles associés à son ministère a été trouvé dans une grange normande 62 ans après sa mort. Parmi les effets personnels de l'aumônier Hansen au moment de sa mort, l'*Army* a trouvé 11 livres et toutes sortes d'articles associés aux différents uniformes, un ensemble de communion, des vêtements d'aumônier, etc. La manière dont ses effets personnels ont été séparés de ce coffre reste à ce jour un mystère.

Le 19 juin 1944

DOMINIC TERNAN, OFM, Silver Star, Purple Heart, Matricule O-442928. 42 ans. Capitaine, *United States Army Chaplains Corps*. Attaché au *315th Infantry Regiment, 79th Infantry Division*. Inhumé dans le cimetière de St. Bonaventure Friary à Paterson, N.J. (bien que sa tombe originale à l'entrée du Château Servigny près de Cherbourg soit toujours entretenue comme un mémorial à sa mémoire).

Dominic Ternan est né à Brooklyn (New York) le 8 novembre 1902. Il est diplômé de la *Fordham University* et a travaillé pour la *New York Telephone Company* avant de rejoindre l'Ordre des frères mineurs en 1933 à St. Bonaventure Friary à Paterson dans le New Jersey le 26 août 1933. Le frère Dominic a fait ses vœux temporaires le 27 août 1934 et a fait sa profession de vœux solennels le 17 septembre 1937. En tant que membre de la communauté de la *St. Bonaventure Friary*, le frère Dominic a fait des études pour devenir prêtre catholique et a été ordonné dans la chapelle pauliste à Washington le 30 septembre 1937. Lors de son ordination, le révérend Ternan a été affecté à la *St. Francis of Assisi Church* à Manhattan, dans la ville de New York. Le révérend Ternan rendait activement visite aux malades à l'hôpital et aux plus démunis dans le quartier du monastère. Les gens appréciaient le comportement doux et tranquille du révérend, et – en raison de sa gentillesse – on le préférait pour la confession.

Toutefois, on le trouvait tout de même perspicace et ferme dans les pénitences qu'il demandait.

En avril 1942, le père Dominic s'est enrôlé dans l'*US Army Chaplain Corps* et a reçu une formation initiale à Fort Benjamin Harrison, en Indiana, avant d'être affecté comme aumônier du quartier général de la *79th Infantry Division* au camp Pickett, en Virginie. Il s'est par la suite déplacé avec la division qui se rendait d'une base à l'autre pour profiter des différentes formations offertes. Le *padre* Ternan a quitté les États-Unis avec la division en avril 1944 et est arrivé à Liverpool, en Angleterre, le 17 avril. Peu de temps après son arrivée en Angleterre, l'unité a commencé à s'entraîner pour des opérations amphibies. L'aumônier Ternan était apprécié pour sa robustesse et sa capacité à supporter les mêmes épreuves physiques que ses hommes. La *79th Infantry Division* a débarqué à Utah Beach, en Normandie, entre le 12 et le 14 juin. La division est entrée au combat le 19 juin avec une attaque à l'ouest et au nord-ouest de Valognes et au sud de Cherbourg. C'est ce combat initial qui a conduit à la mort de l'aumônier Ternan, peut-être parce que les troupes venaient de débarquer et étaient encore sans expérience de combat. Les mitrailleuses allemandes tiraient lourdement sur le régiment du *padre* Ternan, provoquant de nombreuses pertes, mais l'aumônier n'a pas été un des premiers touchés. Les tirs se sont arrêtés un moment (probablement pour que le tireur puisse recharger son arme ou changer le canon surchauffé) et, pensant que c'était la fin définitive, l'aumônier Ternan a couru aider un sergent blessé dans un fossé à côté de la route. Un soldat allemand a vu l'aumônier Ternan se déplacer sur le champ de bataille sans pour autant remarquer son brassard de la Croix-Rouge, et a tiré sur lui pendant qu'il administrait les derniers sacrements au soldat blessé. L'aumônier Ternan est mort sous le feu du soldat ennemi. Il a reçu la Silver Star à titre posthume, car sa première pensée avait été pour les blessés de son unité, sans penser à sa propre sécurité.

L'aumônier Ternan a d'abord été enterré devant le château de Servigny à Yvetot-Bocage, à seulement quelques mètres de l'endroit où il a été tué. Néanmoins, selon le *Register of World War II Dead* compilé par le *War Department*, sa dépouille a été rapatriée aux États- Unis après la guerre, en 1947 ou 1948, et il est enterré dans le cimetière de *St. Bonaventure Friary* à Paterson dans le New Jersey.

Le 25 JUIN, 1944

ROBERT EDWARD CAPE, MA, Matricule 260316. 30 ans. Aumônier de 4e classe, *Royal Army Chaplains' Department*. Attaché au *7th Battalion, the Black Watch Regiment*, 51st Highland Division. Inhumé au *Commonwealth War Graves Cemetery* de Ranville, tombe 3 F 25, Ranville, France.

Fils du révérend Herbert Taylor Cape (pasteur de la Knightswood United Free Church, Glasgow) et d'Alice Mildred (Thorp) Cape, Robert Cape est né en France en 1914. Robert Cape a fait ses études au *Ruthin College*, à Eckington, dans le Derbyshire, et à *Glasgow University*, où il a complété un MA en philosophie. Après avoir terminé ses études, il a travaillé dans deux entreprises situées dans la ville de Manchester, *William C. Jones* et *Felber Jucker & Co.*, toutes les deux aux intérêts diversifiés, dont l'ingénierie, l'expédition et l'importation de matières premières.

En 1940, Robert Cape s'est inscrit au *United Free Church of Scotland College* à Édimbourg. À la fin de 1942, diplômé, il est ordonné pasteur à la *North Woodside Free Church* à Glasgow le 1er janvier 1943 avant d'entrer dans le *Royal Army Chaplains' Department* le 5 février 1943. Il épouse Catherine (Lena) Buchanan Cape (née Bowie) le 1er mai 1943. Une fois breveté du *Royal Army Chaplains' Department*, il est envoyé au *Chaplain Training Centre à Tidworth* pour ses trois premières semaines de formation en aumônerie. Il est ensuite muté en Écosse pour servir dans une unité de formation pour les soldats attendant leur affectation dans une unité permanente. Pendant ce temps, il est hospitalisé suite à une appendicite, dont il s'est rétabli sans aucun effet durable pour son travail d'aumônier militaire. Au début du mois de janvier 1944, le *padre* Cape est affecté au *1st Battalion (The Gordons), 7th Black Watch Regiment, 154th Infantry Brigade* de la *51st Highland Division*.Arrivé en Normandie, le *padre* Cape pourvoyait aux besoins des blessés dans le poste d'aide régimentaire du *1st Battalion (Black Watch)* lorsque le PSR a été attaqué par des tirs de mortier allemands. L'aumônier Cape est mort sur le champ, suite à explosion d'obus de mortier.

Le 30 JUIN, 1944

CYRIL MINTON-SENHOUSE, MA, Matricule 133104. 35 ans. Aumônier de 4ᵉ classe, *Royal Army Chaplains' Department*. Attaché au *151ˢᵗ (The Ayrshire Yeomanry) Field Regiment, Royal Artillery, 11ᵗʰ Armoured Division*. Inhumé au *Commonwealth War Graves Cemetery*, tombe 5 D 3, Ryes, France.

Fils d'Herbert Hoskins Darby Minton-Senhouse et d'Emily Hilda Minton-Senhouse, Cyril Minton-Senhouse est né à Newcastle dans le Staffordshire le 19 novembre 1909. Cyril a fréquenté la *Pembroke Lodge Preparatory School*, puis le *Worcester College (Oxford University)* où il a décroché un BA en 1932 et un MA en 1935. Entre les deux, il a poursuivi sa formation théologique au *Wells Theological College* et a été ordonné diacre en 1934. Il a été ordonné prêtre en 1935 par l'évêque de Portsmouth. Le révérend Minton-Senhouse a servi comme vicaire à Petersfield jusqu'en 1938, puis a pris un poste au diocèse de Winchester à Burghclere en 1938. Selon ses dossiers militaires, en tant que jeune homme, Cyril a beaucoup voyagé et a visité la France, la Belgique, les Pays-Bas, l'Allemagne, la Suisse, l'Italie, la Yougoslavie et le Danemark. Il a épousé sa femme Kathleen à Haslemere, dans le Surrey. Le révérend Minton-Senhouse a rejoint le *Royal Army Chaplains' Department* le 11 juin 1940, et a été envoyé à l'école de formation du département des aumôniers à Chester. Après le stage obligatoire de trois semaines, il a été transféré au *2ⁿᵈ Rangers* du *Kings Royal Rifle Corps* au début du mois de juillet 1940. En octobre, il a été transféré au *4ᵗʰ Bataillon Grenadier Guards Regiment* à Londres avec qui il a servi jusqu'en janvier 1944, lorsqu'il a été transféré au *151ˢᵗ Field Artillery Regiment (The Ayrshire Yeomanry)* de la *11ᵗʰ Armoured Division*. Il a assisté au cours de remise à niveau pour les aumôniers à Stone Weedon, à la fin du mois de janvier 1944. La *11th Armoured Division*, un élément du *VIII Corps*, qui était soutenu par le *151st Artillery Regiment*, a été envoyée en Normandie le 26 juin dans le cadre de l'opération *Epsom*. La *11th Armoured Division* a réussi à prendre la *Hill 112* (une caractéristique dominante du paysage normand près du village de Baron) et a réussi à maintenir ce terrain élevé lors des contre-attaques allemandes de plus en plus intenses. Le 30 juin, le commandant de la *British Second Army*, le lieutenant-général *Sir* Miles Dempsey, craignant une contre-offensive générale, a ordonné au *11th Armoured* de se retirer de la *Hill 112*. C'est lors de ce retrait que le *padre* Minton-Senhouse a été tué par un éclat d'obus d'artillerie qui l'a touché à la tête, en dessous du bord de son casque, pendant que son régiment battait en retraite sous les tirs féroces de l'ennemi.

JAMES SHEPHERD TAYLOR, MA, Matricule 95734. 43 ans. Aumônier de 4ᵉ classe, *Royal Army Chaplains Service*. Attaché au *2nd Bataillon, Highland Light Infantry (Glasgow Highlanders), 15th Scottish Division*. Inhumé au *Commonwealth War Graves Cemetery* St Manvieu, tombe 2 D 1, Choux, France.

Fils de Peter Chalmers Taylor (écrivain) et d'Helen Sheperd Taylor, James Taylor est né le 3 décembre 1900 à Perth, en Écosse. Après avoir complété un MA à l'université de Glasgow en 1922, James Taylor a été missionnaire laïque en Argentine jusqu'en 1925. Il est ensuite retourné en Écosse et a été autorisé la même année par le *Perth Presbytery* à New Kilpatrick à officier dans les offices de la *Church of Scotland*. Il a été ordonné en novembre 1926 et est ensuite retourné en Argentine où il a été pasteur adjoint à Buenos Aires. Le 10 juin 1931, il s'est marié avec Evelyn Ramsay Taylor (née Darbyshire) en Argentine. Le révérend Taylor et sa femme sont rentrés en Écosse en 1933 et il est devenu le pasteur de la *Stevenson Memorial Kirk* à Glasgow.

Le révérend Taylor s'est enrôlé dans le *Royal Army Chaplains' Department* le 27 juin 1939. Il est affecté au *2nd Battalion* des *South Wales Borders* à la mi-décembre 1939 et est transféré au *5th Battalion* des *Scots Guards* en mars 1940. En mars 1942, le père Taylor est affecté au *9th Battalion (Gordon Highlanders)*, avant d'être de nouveau muté, quelques semaines plus tard, au *2nd Battalion* des *Glasgow Highlanders*. Le 16 juin 1944, le *padre* Shepherd a débarqué en Normandie avec son bataillon, qui faisait partie du *46th Infantry Brigade*. Deux semaines après, le *padre* Shepherd a été gravement blessé lors d'une attaque au mortier sur son bataillon. Selon les archives officielles de son unité, il est mort de ses blessures le 29 juin 1944, bien que le médecin de l'hôpital de campagne ait enregistré sa date de mort comme étant le 30 juin, et c'est celle-ci qui figure sur sa tombe.

Le 5 juillet 1944

A. J. Dieffenbacher

ARTHUR J DIEFFENBACHER, BA, MA, Purple Heart, Matricule O-525647. 35 ans. Lieutenant, *United States Army Chaplains Corps*. Attaché au *330th Infantry Regiment, 83rd Infantry Division*. Inhumé dans le cimetière américain de Normandie, parcelle D rangée 17 tombe 44, Colleville-sur-Mer, France.

Fils de Lloyd E. et Mildred J. Dieffenbacher, Arthur Dieffenbacher est né à Titusville, en Pennsylvanie, le 29 avril 1909. Il a passé sa jeunesse à Erie, en Pennsylvanie, où il a été diplômé du lycée à l'âge de 15 ans. Arthur s'est ensuite inscrit au *Grove City College*, toujours à Erie, et a obtenu son BA en 1927 avant de s'inscrire comme étudiant au *Dallas Theological Seminary*, au Texas, où il a complété son MA au séminaire en 1931, et a suivi quelques cours en préparation d'un doctorat. Il a été ordonné dans l'église presbytérienne des États-Unis.

En septembre 1932, le révérend Dieffenbacher est nommé missionnaire de la China Inland Mission à Changteh, dans la province du Hunan, en Chine, où il étudie la langue chinoise. Pendant cette période, en 1934, il a rencontré Junia White, fille du Dr Hugh W. White, rédacteur en chef du journal *The China Fundamentalist*. Arthur et Junia se fiancent rapidement, mais en raison de la maladie et d'autres causes, ils ne se marient qu'en juin 1938. L'année même de leur mariage, ils rejoignent le Presbyterian Foreign Missions Board.

Mr. and Mrs. Dieffenbacher

En septembre 1932, le révérend Dieffenbacher a été nommé missionnaire de la *China Inland Mission* à Changteh, dans la province du Hunan, où il a étudié le chinois. En 1934, il y rencontre Junia White, la fille du docteur Hugh W. White, rédacteur en chef du journal *The China Fundamentalist* qu'il épousera en juin 1938. Avec sa femme, ils étaient membres du *Presbyterian Foreign Missions Board*. Le révérend Dieffenbacher a vécu de multiples aventures pendant les années passées comme missionnaire en Chine, comme celle de fuir à pied face à l'avancée des forces communistes chinoises en 1935. À l'été 1938, juste après le mariage du révérend Dieffenbacher, ont eu lieu des combats partout dans la ville, et, en quittant Kuling, le couple a dû traverser les lignes de front. Les Dieffenbacher se sont dirigés vers Harbin, en Mandchourie, alors sous le contrôle de l'armée japonaise. Le révérend Dieffenbacher y a exercé son ministère jusqu'à l'été 1940. Après huit ans en Chine, M. Dieffenbacher et sa femme sont retournés en Amérique. Le 19 juin 1941, leur fille, Sara Junia, est née. La situation avec les forces japonaises en Mandchourie s'étant entretemps détériorée, les supérieurs du révérend ont estimé que ce dernier devait retourner à sa mission, en laissant sa femme et sa petite fille en toute sécurité en Amérique. Le révérend Dieffenbacher avait obtenu des Japonais un visa pour retourner en Mandchourie et avait aussi réservé sa place sur le navire qui l'y amènerait, mais ses projets ont été interrompus à titre permanent par l'attaque japonaise contre Pearl Harbor le 7 décembre 1941.

Le révérend Dieffenbacher est alors resté en Amérique et s'est avéré être un très bon conférencier missionnaire. Il a été quelques temps pasteur à la *Bible Presbyterian Church* à Cincinnati, dans l'Ohio avant de se porter volontaire et de s'enrôler dans l'*Army Chaplain Corps* le 18 juillet 1943. Le même mois, il a commencé la formation des aumôniers à la *Harvard University* et a reçu son diplôme en août 1943. Après sa formation, l'aumônier Dieffenbacher a été affecté au *330th Infantry Regiment* de la *83rd Infantry Division* et est allé en Angleterre le 16 avril 1944. Pendant la formation de son régiment, l'aumônier Dieffenbacher a démontré à ses hommes, en participant aux cours de formation – y compris le dangereux et difficile cours d'infiltration derrière les lignes de l'ennemi – et en complétant d'autres tâches encore, qui n'étaient pas obligatoires pour les aumôniers. L'aumônier Dieffenbacher est resté avec le *330th Regiment* et a débarqué à Omaha Beach avec ses hommes le 18 juin 1944.

Son régiment est entré en combat au sud-est de Carentan, en Normandie, le 27 juin 1944 et a lentement traversé le bocage normand. Les archives montrent que l'aumônier Dieffenbacher était avec les hommes de son régiment lorsque celui-ci a mené une attaque le 4 juillet. Toutefois, les forces allemandes ont livré la contre-attaque, et le régiment de Dieffenbacher a été repoussé. Le matin du 5 juillet, ils ont de nouveau attaqué, mais la résistance des Allemands était solide. Le *330th Regiment* a souffert de nombreuses pertes, provoquées par l'artillerie et les tirs de

mortiers allemands, alors qu'ils se battaient dans la dense végétation des haies qui entourait les champs.
L'aumônier Dieffenbacher était toujours parmi les troupes de première ligne quand celles-ci se battaient, les aidant et les réconfortant comme il le pouvait. Lors des attaques du 5 juillet, l'aumônier Dieffenbacher se trouvait sur la ligne de front avec les soldats de son régiment, quand il a été tué par un tir d'artillerie allemand. Son cadavre a été récupéré par l'aumônier supérieur de sa division et les archives décrivent un service d'enterrement impressionnant, organisé avec la participation de tous les aumôniers de la division, ainsi que des officiers supérieurs de la *83rd Division*.

Le 7 juillet 1944

CECIL JAMES HAWKSWORTH, AKC, Mention dans les dépêches, Matricule 90874. 35 ans. Aumônier de 4ᵉ classe, *Royal Army Chaplains' Department*. Attaché au *6ᵗʰ Bataillon, Durham Light Infantry, 151ˢᵗ Infantry Brigade, 50ᵗʰ Division*. Il est inhumé au *Commonwealth War Graves Cemetery* de Jérusalem, tombe B 2, Chouain, France.

Cecil Hawksworth est né le 17 mai 1909 à Willesden, dans le comté de Middlesex, en Angleterre. Il est diplômé du King's College de Londres en 1933 et a été ordonné diacre par l'évêque de Londres la même année. Il a été ordonné prêtre en 1934. Il a été vicaire de *St John the Evangelist* et de *St Saviour*, Fitzroy Square à Londres jusqu'à la fin de 1935. Le 1ᵉʳ janvier 1936, il s'installe à St Peter's, à Croydon, dans le diocèse de Canterbury, en tant que vicaire adjoint. Il y épouse Diana, originaire de Kingsclere, dans le Hampshire. Alors qu'il était à St Peter's, le révérend Hawksworth a rejoint l'armée territoriale en tant qu'aumônier en juin 1939. Son ministère spécifique, alors qu'il était à St Peter's, était de servir dans l'organisation *Mission to Seamen* qui fournissait des soins pastoraux aux marins marchands lorsqu'ils étaient au port.

Après avoir été appelé au service actif quand la guerre a éclaté, le *padre* Hawksworth a d'abord été affecté au *63ʳᵈ Searchlight Regiment, 46th Anti-Aircraft Brigade*, qui faisait partie de la *5ᵗʰ AA Division*, et il a servi avec ce régiment jusqu'en avril 1941. Il a ensuite été transféré au Moyen-Orient où il a servi au Soudan et en Érythrée jusqu'en octobre 1942. Il a ensuite été muté à *H Force*, où il a été affecté aux *British North African Forces*, et a donc participé à l'invasion en Afrique du Nord. À la fin du mois d'août 1943, il a été affecté au *6tʰ Durham Light Infantry Battalion* du *151ˢᵗ Infantry Brigade*, qui faisait partie du *50ᵗʰ (Northumbrian) Infantry Division*. Ce bataillon venait de terminer sa mission d'invasion de la Sicile. Le *6th Bataillon*, avec le *padre* Hawksworth, bien sûr, est ensuite rentré au Royaume-Uni pour se préparer à l'invasion de l'Europe. On a estimé que la force d'invasion serait bien plus forte si elle avait dans son sein des unités qui avaient déjà participé aux combats, car ce n'était pas le cas de bon nombre de ces unités. Comme la plupart des autres aumôniers britanniques, au printemps 1944, le *padre* Hawksworth a suivi un programme de remise à niveau de deux semaines pour les aumôniers de combat. Un article publié dans le magazine paroissial de l'église St. Peter's à Croydon datant d'août 1944 raconte le fait que, quand le révérend Hawksworth est parti, la paroisse n'a pas embauché de remplaçant, dans l'espoir qu'il reviendrait après la guerre à son service dans le *Army Chaplains' Department*.

Les auteurs du *Faithful 6th*, l'histoire du *6th bataillon* du *Durham Light Infantry*, nous expliquent la mort du *padre*. « Le 6 juillet, le *6th bataillon* du *Durham Light Infantry* a subi une perte atroce avec la mort tragique du *padre* Hawksworth, le prêtre anglican. Il a été grièvement blessé quand sa moto est entrée en collision avec un *Bren Gun Carrier*. Il a été emmené au *149 Advanced Dressing Station*, puis au *3rd Casualty Clearing Station*, mais il est mort de ses blessures. L'aumônier Hawksworth, un protestant, est enterré à côté de l'aumônier

Nesbitt, un catholique, dans le *Commonwealth War Graves Cemetery* au nom de Jérusalem, un nom tout à fait apte, et qui rappelle peut-être à tous les débuts des mouvements œcuméniques de l'après-guerre. *St. Peter's Church* se souvient de l'aumônier Hawksworth, non seulement avec son autel commémoratif, mais aussi par un drapeau du souvenir.

GERARD NESBITT, DPhil, Mention dans les dépêches, Croix de Guerre, Matricule 163330. 33 ans. Aumônier de 4ᵉ classe, *Royal Army Chaplains' Department.* Attaché au *8th Bataillon Durham Light Infantry.* Inhumé au *Commonwealth War Graves Cemetery* de Jérusalem, tombe B 1, Chouain, France.

Fils de Stephen et Jane Nesbitt de Felling- on-Tyne, County Durham, Gerard Nesbitt est né le 22 janvier 1911. Il a fréquenté la *St. Cuthbert's Grammar School* à Newcastle, puis l'*Ushaw College* à Durham University et le *Venerable English College* (catholique) à Rome. Il a été ordonné au milieu des années trente et est retourné enseigner à *St. Cuthbert's*. Pendant cette période, il a également été nommé vicaire à St. Robert's à Morpeth, dans le Northumberland. Le révérend Nesbitt s'est enrôlé dans le *Royal Army Chaplains' Department* le 30 décembre 1940 et a été affecté à la *50th Division*.

Dans l'histoire du *8th Bataillon* du *Durham Light Infantry (DLI)*, on a écrit : "Le *padre* Nesbitt a été tué aujourd'hui par un éclat d'obus alors qu'il enterrait des morts juste derrière les positions de la *9th DLI*, y compris l'aumônier James Hawksworth, décédé la veille. Le *padre* Nesbitt était avec la *8th DLI* depuis la fin de l'année 1940 et était bien aimé par les hommes de tous rangs, qu'ils soient de confession catholique ou pas, son air discret, et aussi sa personnalité très forte impressionnaient tous ceux qui sont entrés en contact avec lui. Toujours joyeux et disposé à aider toute personne en difficulté, beaucoup le considérait comme un ami proche. Un excellent exemple de courage et de force d'âme, sa mort a profondément touché tous les membres du bataillon. Dirigés par le commandant, tous les anciens officiers de la *8th DLI* sont retournés à la *149th Field Ambulance* pour assister aux funérailles."

De plus, d'après la notice nécrologique la nécrologie de l'aumônier Gerard Nesbitt dans le journal *The Catholic Herald* :

« *Peu d'aumôniers militaires dans cette guerre ont connu des moments si éprouvants ou ont été témoins de tant d'épisodes de combat actif que le père Gerard Nesbitt dont la mort en action a été annoncée la semaine dernière dans* The Catholic Herald. *Il a été l'aumônier de la Durham Light Infantry, de la célèbre 50th Division et, peu après son enrôlement dans l'armée, il a accompagné son régiment à Chypre, puis en Palestine et en Irak. Il était présent avec ses soldats à chaque moment entre la bataille d'El Alamein et l'invasion de la Sicile.*

Plus peut-être que le soldat qui se bat, le padre Nesbitt a été confronté continuellement aux tragédies de la bataille, dans les cimetières improvisés, dans les champs de mines, aux postes de secours et aux hôpitaux de base. L'expérience lui a donné un air plus âgé et plus sérieux et il était plutôt difficile de le faire parler de l'Égypte, de l'Afrique ou de la Sicile. Il était doté d'un grand courage et avait beaucoup d'estime pour les hommes de la 50th Division et surtout ceux de la DLI (la meilleure DLI, devançant même la DLI du général Montgomery).

En Afrique du Nord, le padre Nesbitt a profité de l'occasion pour se rendre dans un hôpital de base pour se faire soigner le genou. Après seulement un jour ou deux, il a appris que son régiment devait participer à l'invasion de la Sicile. Il s'est levé du lit et est retourné directement au sein de sa DLI bien-aimée.

Plus d'une fois il a échappé aux obus allemands et aux armes légères au Moyen-Orient et en Sicile, mais en Angleterre, en attendant l'ouverture du deuxième front, il a exprimé le pressentiment qu'il ne rentrerait pas chez lui en vie. Il s'est engagé pour la France avec un profond sentiment de loyauté envers ses hommes et un grand sens du devoir.
Le padre Nesbitt a été recommandé à deux reprises pour la Military Cross *et selon Dans la Gazette de Londres du 12 janvier 1944, son nom est mentionné dans les dépêches (MiD) pour son service en Afrique du Nord et en Sicile. Après sa mort, la France a honoré le père Nesbitt par la croix de guerre, en reconnaissance non seulement de son ministère envers les troupes britanniques sous ses soins, mais aussi envers les civils français dans les zones où son bataillon s'était retrouvé en Normandie.*

Affecté à la *8th Durham Light Infantry* après le décès du *padre* Nesbeth, le père George Markham a déclaré : "Mon premier travail avec la *Durham Light Infantry* était d'enterrer mon prédécesseur, le *padre* Nesbitt, qui a été tué par un obus alors qu'il officiait à l'enterrement d'un autre *padre* (James Hawksworth) qui avait été tué dans un accident un jour ou deux avant !"

Le 11 juillet 1944

DAVID DANIEL THOMAS, BA Hon, Matricule 305657. 32 ans. Aumônier de 4ᵉ classe, *Royal Army Chaplains' Department*. Attaché au *2ⁿᵈ Devonshire Regiment, 231ˢᵗ Brigade, 50ᵗʰ Division*. Inhumé au *Commonwealth War Graves Cemetery* de Bayeux, tombe 21 E 19, Bayeux, France.

Fils de Samuel et d'Anna Maria Thomas, David Daniel Thomas est né à Tonypandy, Rhondda, dans le Pays de Galles le 13 mars 1912. Après avoir complété ses études en économie à l'université de Wales en 1933, David a travaillé comme professeur de lycée pendant deux ans et demi avant d'entreprendre de nouvelles études pour devenir prêtre. En 1936, le révérend Thomas a été formé au sacerdoce dans la *Church of Wales* au *Clifton Theological College* à Bristol, et, en 1937, l'évêque de Swansea l'a ordonné prêtre. Le révérend Thomas a été vicaire à Gelligaer dans le diocèse de Llandaff de 1937 à 1941 puis il a occupé le même poste à Risca dans le diocèse de Monmouth. Pendant qu'il était à Risca, le révérend Thomas a épousé Esther dans la ville de Penygraig au Glamorgan.

Le révérend Thomas s'est enrôlé dans le *Royal Army Chaplains' Department* le 1ᵉʳ janvier 1944. Après ses trois semaines de formation à l'école des aumôniers de l'armée, il a été affecté au *12ᵗʰ Primary Training Center* à Bulford, à Salisbury, où se faisait la formation des sous-officiers et des cuisiniers avant leur affectation dans l'armée.

Le 11 mai 1944, le *padre* Thomas a été transféré au QG de la *50ᵗʰ Division of 21ˢᵗ Army Group*.

L'aumônier Thomas a été gravement blessé dans le dos par un barrage de mortier le 7 juillet 1944, au moment où lui et le médecin du régiment rendaient visite à un bataillon au front. L'aumônier Thomas est mort de ses blessures le 11 juillet dans un hôpital de campagne.

Le 16 juillet 1944

CAMERON DUNDAS CARNEGIE, MA, académicien royal, Matricule 301343. 28 ans. Aumônier de 4ᵉ classe, *Royal Army Chaplains' Department*. Attaché à la *31st Transport Column, Royal Army Service Corps, 11th Line of Communication Area*. Inhumé au *Commonwealth War Graves Cemetery* de Douvres-La-Delivrande, tombe 6 L 1, Douvres-La-Delivrande, France.

Fils de John Clarke Carnegie et de Mary Denoon Carnegie, d'Edimbourg Cameron Carnegie est né le 1ᵉʳ janvier 1916. Il a fréquenté la *Clayesmore Preparatory School* à Iwerne Minster, Blandford, dans le Dorset. Il a fini ses études secondaires au *George Watson College* à Édimbourg en 1934. Il s'est inscrit à l'université d'Édimbourg et a décroché sa maîtrise en 1939. Après cela, il est entré au *New College*, toujours à Édimbourg, pour ses études religieuses. Pendant ce temps, il était étudiant et assistant à l'église paroissiale de Saint-Georges. Au début de la guerre, Cameron Carnegie était impatient de participer aux combats, mais on l'a persuadé de terminer ses études et de viser l'aumônerie. Il a fini son parcours au *New College* et a rejoint le *Royal Army Chaplains' Department* le 26 novembre 1943, après avoir été ordonné prêtre le 21 novembre. Le *padre* Carnegie a d'abord été affecté au *196 Heavy Anti-Aircraft Regiment* sur les îles Orcades (Écosse).

Cependant, en moins de six mois, en mai 1944, le *padre* Carnegie a été affecté à la *31st Transport Column* du *Royal Army Service Corps, 11th Line of Communication Area*, avec laquelle il a débarqué en Normandie le 8 juin 1944. L'aumônier Carnegie a été tué le 16 juillet, lors d'un grave accident de moto. Alors qu'en Normandie, tout au long de l'été 1944, les moyens de transport à quatre roues étaient difficiles à trouver, les aumôniers profitaient souvent des motos « empruntées » qui leur permettaient de se déplacer rapidement et facilement entre différentes unités, dispersées par-ci, par-là et dont ils étaient responsables. En même temps, ils n'hésitaient pas à venir en aide à tous les bataillons à proximité.

Le 19 juillet 1944

HENRY THURLOW WAGG, Mention dans les dépêches, Matricule 294758. 35 ans. Aumônier de 4e classe, *Royal Army Chaplains' Department*. Attaché au *7th Field Dressing Station, 11th Armoured Division*. Inhumé au *Commonwealth War Graves Cemetery* d'Hermanville, tombe 3 C 9, Hermanville, France.

Fils de James Henry et Eva Wagg, Henry Wagg est né à Docking, dans le Norfolk. Il a vécu à North Lancing dans le Sussex avec son épouse Kathleen et leur fils Michael, né en 1942. Le révérend Wagg a étudié au *Lincoln Theological College* à partir de 1931, a été ordonné diacre en 1934 et prêtre, par l'évêque de Londres, en 1935. Il a commencé son ministère en tant que vicaire à l'église All Saints North Hillingdon en 1934 et y est resté jusqu'en 1937. Il a ensuite été affecté au diocèse de Chichester à la paroisse St. James the Less à Lansing de 1937 à 1943.
L'aumônier Wagg s'est enrôlé dans le *Royal Army Chaplains' Department* le 9 octobre 1943. À l'origine, il a été affecté au *8th AA Regiment*, mais a été muté à la *7th Field Dressing Station* de la *11th Armoured Division, Headquarters Squadron*, avec laquelle il s'est embarqué vers la Normandie le 11 juin 1944. Dans la nuit du 18 juillet, le *padre* Wagg se trouvait au sud d'Amfreville avec la *7th Dressing Station*. La station s'installait dans un nouvel emplacement et n'avait pas encore creusé les tranchées nécessaires à la protection de ses hommes contre les obus et les bombes. La *Luftwaffe* allemande a bombardé la station de dressage et le *padre* Wagg a été tué par un fragment de bombe. Il a été enterré le 19 juillet par l'aumônier E.T. Lang.

Le 20 juillet 1944

JOHN ARTHUR NEWSON, BA, Matricule 191487. 38 ans. Aumônier de 4e classe, *Royal Army Chaplains' Department*. Attaché aux *5th Dragoon Guards, 28th Brigade, 9th Armoured Division*. Inhumé au *Commonwealth War Graves Cemetery* de Bayeux, tombe 2 F 9, Bayeux, France.

Fils de John Newson MBE et d'Ada Emily Newson, John Newson est né le 5 août 1905 à Londres. au *Norbury College, City of London School*. En 1933, il a commencé sa formation au sacerdoce au *Sarum Theological College* et a été ordonné diacre en 1935 et prêtre en 1936 par l'évêque de Newcastle. Il était vicaire à la *St. Peter's Church*, à Wallsend, jusqu'à la fin de l'année 1936. De 1936 à 1938, il a occupé le même rôle dans le village de Seaton Delaval, puis est devenu le vicaire de l'église Saint-Jean à Bury St. Edmunds en 1938. Il a ensuite été transféré au diocèse de St. Edmundsbury de Acton à Waldingfield, de 1940 à 1941. Le révérend Newson était marié avec Sophie Newson de Norbury (Surrey) et il était le père d'Helen Margaret

Newson, décédée la même année que lui. Le révérend Newson et sa femme vivaient à Holbrook Hall, à Little Waldingfield, dans le Sudbury. Pour une raison inconnue, son dossier de demande pour devenir aumônier militaire ne fait pas mention de sa situation maritale. À l'université, le révérend Newson aurait été un boxeur réputé, et il excellait aussi dans la course à pied. De plus, il était arbitre agréé de boxe amateur. Le révérend Newson s'est enrôlé dans le *Royal Army Chaplains' Department* le 25 juin 1941. Il a servi avec le *Royal Norfolk Regiment* entre juillet 1941 et mars 1942. Il a ensuite été affecté au *5th Dragoon Guards*, *28th Brigade* de la *9th Armoured Division*. En juin 1943, il a été muté quelques mois au sein de la même division au *15th Inniskilling Dragoon Guards*, avant de se retrouver aux *5th Dragoon Guards* en septembre 1943.

Le frère aîné du *padre* Newson, le lieutenant d'aviation Edward Ranald Newson, s'était enrôlé dans la *RAF* et s'est fait tuer lors de sa formation avec la *25th Operational Training Unit*, dans un accident qui a eu lieu dans la nuit du 16 au 17 novembre 1942. Il était dans un bombardier lorsque l'avion est venu à manquer d'essence au-dessus du Yorkshire. L'équipage a dû l'abandonner avant qu'il ne s'écrase. On ne sait pas si le lieutenant d'aviation Newson n'a pas pu sauter en parachute assez rapidement, ou s'il a été pris dans l'avion, mais il a été le seul à être tué lors de cet accident.

En ce qui concerne l'aumônier Newson lui-même, il y a deux récits différents qui racontent sa mort par noyade dans la baie de Seine au large des plages de l'invasion. Une version dit qu'il s'est noyé après s'être positionné, dans une mer agitée, en tête d'une chaîne humaine qui essayait de sauver des soldats canadiens du naufrage du *Landing Ship Tank 689*, qui coulait juste au large. Bien que les archives n'indiquent pas ce qui a mené au naufrage du *LST 689*, il est probable que le *LST* est entré en collision avec une mine qui n'avait pas été remarquée lors de la mission de déminage au large des plages de débarquement.

La deuxième version indique qu'après deux semaines de préparation de l'offensive alliée suivante pour sortir de Normandie, l'aumônier et les hommes de son unité avaient décidé de profiter d'une pause pour se baigner. C'est alors qu'un fort courant se serait développé le long de la côte, au large d'Arromanches où les troupes se situaient. L'aumônier aurait encouragé ses hommes à former une chaîne humaine pour regagner le rivage, en sauvant certains de la noyade. Le *padre* aurait, quant à lui, était submergé par une vague. Il est tout à fait possible que les deux versions se soient mélangées au cours des années qui ont suivi la guerre. Tout ce qu'on sait avec certitude, c'est que le *padre* Newson s'est noyé en essayant de sauver la vie d'un autre.
Malheureusement, le bureau des archives du *Ministry of Defense* a perdu les documents concernant l'aumônier Newson, en particulier sa feuille AF B199, qui indique ses postes, ses promotions et ses affectations. Les dossiers de beaucoup d'officiers étaient conservés sur papier jusqu'à l'informatisation des dossiers militaires dans les années soixante-dix, mais avant cela, à cause des multiples déménagements des bureaux d'archives, à différents moments entre la fin de la Seconde Guerre mondiale et les années soixante-dix, certains ont disparu. L'un des rares documents concernant le *padre* Newson qui existe encore est la liste des effets personnels qui ont été recueillis par le *Regimental Personal Effects Officer*. Celui-ci a noté d'une manière très détaillée tout ce qui a été récupéré, par exemple des comprimés et des pointes de plume.

Le 21 juillet 1944

WILLIAM ALFRED SEAMAN, BA. 34 ans. Aumônier de 4ᵉ classe, *Canadian Chaplains Service*. Attaché au *3rd Light Anti-Aircraft Regiment* et au *5th Field Regiment, Royal Canadian Artillery, 2nd Canadian Infantry Division*. Inhumé au *Commonwealth War Graves Cemetery* de Beny-Sur-Mer, tombe 16 B 14, Rivières, France.

Fils de William James Seaman et de Sophia Seaman, William Seaman est né le 14 juin 1910 à Springfield Township, à l'Île-du-Prince-Édouard, au Canada. Il était marié à Louise Seaman (née Van Duyn) de Sackville, au Nouveau- Brunswick. L'aumônier Seaman a fait ses études à la *Mount Allison University*, au Nouveau-Brunswick. En 1939, le révérend Seaman et sa femme se sont installés dans la paroisse de River John (*West Branch United Church*) et ils ont vécu à Salem, en Nouvelle- Écosse.

Peu de temps après la déclaration de guerre du Canada contre l'Allemagne le 10 septembre 1939, le révérend Seaman s'est porté volontaire pour le *Canadian Chaplain Service* et, après une période d'attente, il a rejoint le *2nd Battalion* du *Pictou Highlanders Regiment* au début du mois d'août 1940. Cependant, l'aumônier Seaman avait des responsabilités dans l'ensemble du *6th Military District* dans lequel se trouvait le *2nd Battalion* du *Pictou Highlanders Regiment*. Le *6th Military District* englobait toute la province de la Nouvelle-Écosse. Il est intéressant de noter qu'aucune archive n'indique que l'aumônier

Seaman ait assisté à la formation des aumôniers au Canada ou au Royaume-Uni. Il semble avoir appris son travail d'aumônier militaire « en cours de route ».

Le 15 mai 1943, à cause d'une pénurie d'aumôniers dans l'armée canadienne au Royaume-Uni, l'aumônier Seaman a été envoyé à l'étranger, après une période dans un camp de transit au Nouveau- Brunswick. Après le voyage en bateau à travers l'Atlantique du Nord, l'aumônier Seaman est arrivé au Royaume-Uni le 7 juillet 1943. Il a d'abord été affecté à deux unités de renforcement différentes, où il jouait le rôle d'aumônier en attendant un poste permanent. Le 14 septembre 1943, le *padre* Seaman a été nommé aumônier au *5th Field Regiment Royal Canadian Artillery, 2nd Canadian Infantry Division*. Puisque le manque d'aumôniers persistait, l'aumônier Seaman s'occupait aussi des troupes des unités à proximité. Il a aussi été le prêtre du *3rd Light Anti-Aircraft Regiment* qui fournissait au *5th Field Regiment* une protection antiaérienne de leurs canons 25-pounder.

L'aumônier Seaman a été grièvement blessé par des tirs de mortier allemands le 14 juillet 1944 au nord-ouest de Verson, entre Saint- Manvieu- Norrey et l'aéroport de Carpiquet. Les archives indiquent qu'il a été blessé à la tête, à la cuisse droite et au genou gauche. L'aumônier Seaman a été évacué du champ de bataille vers un hôpital de campagne en Normandie, derrière les lignes de front, mais ses blessures étaient trop sévères et elles ont provoqué sa mort le 21 juillet 1944.

Le 24 juillet 1944

PETER E BONNER, Purple Heart, Matricule O-471750. 40 ans. Capitaine, *United States Army Chaplains Corps*. Attaché au *86th Replacement Bataillon*. Inhumé dans le cimetière américain de Normandie, parcelle J rangée 16 tombe 15, Colleville-sur-mer.

Peter E. Bonner est né à Philadelphie, en Pennsylvanie, le 10 janvier 1904. Catholique romain, il était aussi un linguiste talentueux qui parlait français, latin et italien. Le révérend Bonner a été ordonné le 31 mars 1931. Il a servi comme vicaire adjoint à l'église Our Lady of the Rosary à Philadelphie jusqu'à ce qu'il s'enrôle dans l'*Army Chaplain Corps* à l'automne 1942. L'aumônier Bonner a reçu son diplôme pour la formation d'aumônier à la *Harvard University* en novembre 1942.

Le *padre* Bonner est arrivé en Normandie en juillet 1944 et a été affecté au *86th Replacement Battalion* à Vouilly, en France, à l'intérieur d'Omaha Beach. En attendant son affectation à un régiment, l'aumônier Bonner a servi les soldats du bataillon de remplacement. Bien que le bataillon de remplacement fût derrière les lignes de front, l'armée de l'air allemande l'a quand même attaqué, de manière sporadique. Lors d'une de ces attaques, l'aumônier Bonner, accroupi dans une tranchée protectrice, a entendu les cris des hommes blessés qui avaient besoin d'aide. Il a laissé la sécurité de sa tranchée et a commencé à prier et à s'occuper des blessés. L'aumônier Bonner a été tué instantanément par les éclats d'un obus qui a explosé près de l'endroit où il se penchait sur un soldat blessé.

Dennis Dougherty, l'archevêque de Philadelphie, le diocèse où l'aumônier Bonner a servi avant de s'enrôler dans l'armée, n'a fait aucune mention de la mort du *padre* dans le journal du diocèse, *The Catholic Standard and Times*. À titre général, le cardinal Dougherty montrait peu d'intérêt pour les aumôniers de son diocèse qui servaient dans les forces armées américaines, car il n'aimait pas les laisser quitter leur paroisse pour servir le pays. On estime que le cardinal Dougherty avait rencontré des difficultés trois ans auparavant avec un aumônier de l'armée, quand il servait dans une paroisse à Manille, aux Philippines, et ne ressentait que du mépris envers l'aumônerie militaire.

Le 25 juillet 1944

DIETRICH FELIX EBERHARD RASETZKI, Purple Heart, Matricule O-525810. 29 ans. Lieutenant, *United States Army Chaplains Corps*. Attaché au *119th Infantry Regiment, 30th Infantry Division*. Inhumé au cimetière national de Long Island, section H, site 8673 East Farmingdale, New York.

Dietrich F.E. Rasetzki est né en Autriche le 11 mars 1915, mais à l'âge de neuf ans il a immigré aux États-Unis avec ses parents, Alfred et Margaret Rasetzki. Il a grandi à Canton, dans le Massachusetts, et il a reçu son diplôme de la *Canton High School* en 1932. Il a ensuite fréquenté le *Hobart College, The Episcopal Theological School* à Cambridge, Massachusetts, d'où il est diplômé. Il est ensuite entré à la *Andover-Newton Theological School*, à Newton, dans le Maryland, où il a complété ses études supérieures en 1941. Alors qu'il étudiait encore à Andover-Newton, il a assumé la responsabilité de la *Congregational Church* à Chester, dans le New Hampshire, et a été ordonné le 1er octobre 1941. Le pasteur Rasetzki a épousé Frances Elizabeth Griffin Rasetzki (née Knott) alors qu'il travaillait à Chester, et ils ont eu une petite fille qui est mort-née en 1943 alors que l'aumônier Rasetzki était loin de la maison, au service de son pays.
Le 23 février 1943, le pasteur Rasetzki a démissionné de l'église de Chester et s'est enrôlé dans l'*Army Chaplain Corps* avant d'assister à l'école des aumôniers de la *Harvard University*. Après sa formation, il a rejoint le *199th Infantry Regiment* de la *30th Infantry Division* en juillet 1943. L'aumônier Rasetzki s'est entraîné avec son régiment dans le Tennessee et dans l'Indiana et a quitté les États-Unis avec les troupes le 12 février 1944. Ils sont arrivés à Liverpool, en Angleterre, le 25 février. Le *padre* Rasetzki était très respecté par les hommes de son régiment. Une des innovations de l'aumônier Rasetzki était

la distribution aux hommes de petites cartes qu'il appelait « *ticket of sympathy* » pour ceux qui avaient des ennuis ou avaient besoin de soutien. Au dos, la carte proposait un verset biblique auquel les hommes pouvaient réfléchir.

Avec son régiment, l'aumônier Rasetzki a débarqué à Omaha Beach le 11 juin 1944 et s'est installé dans une zone d'attente près d'Isigny-sur-Mer. Se battant dans le bocage, son régiment a subit de nombreuses pertes à cause de l'espace confiné que créaient les haies du bocage. En raison des pertes résultant de ces multiples petites batailles, l'aumônier Rasetzki était très occupé par les nombreux enterrements et le soutien pastoral. Le 25 juillet, précédée d'un bombardement intensif contre les lignes de front allemandes face aux Américains, l'opération *Cobra* a vu l'avancée des forces américaines au-delà de la Normandie. Malheureusement, certains des bombardiers ont laissé tomber leurs bombes avant la cible, et certaines sont tombées sur le QG du *119th Regiment* où l'aumônier Rasetzki était stationné. Avec plusieurs autres soldats, sans compter de nombreux blessés, l'aumônier Rasetzki a été tué sur le champ par l'explosion d'une bombe.

L'aumônier Rasetzki a d'abord été enterré dans le cimetière américain de La Cambe (aujourd'hui le principal cimetière allemand en Normandie) mais, au printemps 1948, sa dépouille a été rapatriée à son lieu de repos permanent dans le *Long Island National Cemetery*, à East Farmingdale à New York. La note nécrologique publié dans le journal de sa ville natale indique qu'il a été tué par la balle d'un tireur d'élite dans les rues de Paris en juin 1944, mais cela est incorrect, car Paris n'a pas été libérée avant le 25 août 1944.

Le 27 juillet 1944

WALTER HENRY ARTHUR BERRY, AKC, MA, Mention dans des dépêches, Matricule 291270. 40 ans. Aumônier de 4e classe, *Royal Army Chaplains' Department*. Attaché au *2nd Battalion Grenadier Guards, 5th Guards Armoured Brigade, Guards Armoured Division*. Inhumé au *Commonwealth War Graves Cemetery* de Ranville, tombe 3 C 15, Ranville, France.

Fils de Walter Joseph et de Mary Selena Eleanor Berry (née Smith), Walter est né à Londres le 25 mai 1904. En 1923, il a complété un BA en langues vivantes et en économie au *Gonville Caius College* de Cambridge. Avant son ordination, l'aumônier Berry a travaillé dans le monde des affaires pendant 12 ans dans la papeterie en gros et dans l'industrie papetière où il était directeur-adjoint. Le nom de l'entreprise où il travaillait était *Berry & Roberts* à Londres, ce qui indique qu'il travaillait probablement dans une entreprise familiale. Il a épousé Kathleen de Keston dans le Kent en septembre 1929 et a eu trois enfants de 14, 11 et 6 ans au moment de sa mort. En 1939, il fait un MA au *Kings College* à Londres et est ordonné diacre en 1939 et prêtre par l'évêque de Rochester en 1940. Il a d'abord été nommé vicaire à Bexley. Un an et demi plus tard, il est devenu pasteur de Horton Kirby en 1941. Il vivait avec sa femme et sa famille au presbytère, dans le même village. Les archives indiquent qu'il parlait un peu français et allemand, mais les lisait couramment. Le révérend Berry a servi deux ans dans la *Home Guard*. Une de ses responsabilités était d'endosser le rôle d'*Officiating Chaplain* (la responsabilité principale d'un *Officiating Chaplain* était de s'occuper de temps en temps des besoins de culte pour l'armée quand elle en avait besoin). Le révérend Berry s'est enrôlé dans le *Royal Army Chaplains' Department* le 21 août 1943. Après la formation obligatoire de trois semaines à l'école des aumôniers, il a été affecté au

2nd Battalion des *Grenadier Guards*, *5th Guards Armoured Brigade*.

À la fin du mois de juillet 1944, le *padre* Berry n'était pas loin de Colombelles (à proximité de Caen) avec son unité qui soutenait l'armée canadienne dans son avancée. Pendant que l'aumônier Berry parlait avec quelques blessés qui avaient sauté de leurs chars endommagés au champ de bataille pour se réfugier à la PRS, celle-ci a été visée par des tirs d'obus ennemis. Le premier obus a tué le *padre* sur le champ.

Il est intéressant de noter que le *padre* Berry est inscrit comme le vicaire de sa dernière paroisse depuis le début de son service auprès de la *Home Guard* jusqu'à sa mort en 1944. Cela est dû au fait que les postes des membres du clergé britannique qui se portaient volontaires pour l'armée leur était rendus à la fin de la guerre.

Les aumôniers de la 43rd Wessex Division *(Légende de la photo)*

La division avait quitté le front du secteur Maltot – *Hill 112* (du front allié) le 23 juillet. À mesure que la division se regroupait, tous les aumôniers ont été rappelés au QG du *21st Army Group* pour un jour. Ils ont pu prendre un bain, s'habiller d'un uniforme propre, et bien se reposer.

Sur les 12 aumôniers de la photo ci-dessous (prise le 24 juillet), qui servaient tous avec des bataillons de première ligne, trois allaient mourir dans les 18 prochains jours. Trois autres seraient blessés en action.

Au premier rang : Ivor Richards, John Wilson, *Senior 43rd Division Chaplain* Ivan D. Neill, *Deputy Chaplain General* Llewelyn Hughes, *Deputy Assistant Chaplain General* Geof Druitt, (*12th Corps*), J. Eric Gethyn-Jones, lieutenant Gwen Bernard Hadelsey.

Au deuxième rang : Willie Speirs, J. Talfryn Davis +, A.E. Gibbins, Bob Lehey, James Douglas +, Francis Musgrave +, Hugh Etherington, + mort en Normandie.

Le 2 août 1944

FRANCIS WILLIAM MUSGRAVE, BA, Matricule 147348. 39 ans. Aumônier de 4e classe, *Royal Army Chaplains' Department*. Attaché au *5th Bataillon, The Dorsetshire Regiment, 130rd Infantry Brigade, 43rd Wessex Division*. Inhumé au *Commonwealth War Graves Cemetery* de Hottot-les-Bagues, tombe 10 C 1, Hottot-les-Bagues France.

Fils de William Gummow Musgrave et Mary Musgrave, Francis Musgrave est né le 24 décembre 1904. Il était le mari d'Alma Grace Musgrave, de Hove, dans le Sussex. Il a fréquenté la *Bancroft's School* à Woodford, en Essex et était diplômé du *St. Deiniol's College* (Lampeter) à l'université de Wales, où il a complété un BA en 1926. Il a été ordonné diacre en 1928 et ordonné prêtre par l'évêque d'Asaph en 1929. Il était vicaire à Hop de 1928-1930 et a occupé le même poste à Seaford de 1930 à 1935. Il a ensuite travaillé à St. Barnabas à Hove de 1935 à 1937 où il a rencontré et épousé sa femme. Il était alors le pasteur de la *St. Cuthman's Church* (Whitehawk) à East Brighton en 1938, dans la période entre la construction de l'édifice et son entrée dans l'armée en 1940.

En septembre 1940, le révérend Musgrave s'est enrôlé dans le *Royal Army Chaplains' Department*. Il a d'abord été affecté à *Gordon Barracks* à Bulford, Salisbury. Il a ensuite été transféré au *1st Bataillon* du *Berkshire Regiment* en Irlande du Nord. Au milieu de l'année 1942, il a été transféré avec la même unité à la *148th Independent Infantry Brigade*. Il a ensuite servi pendant de courtes périodes dans une variété d'unités, avant d'être affecté au *7th Sur- vey Regiment* du *21st Army Group* dans ~~avec~~ lequel il a débarqué en Normandie. Il a enfin été transféré au *5th Battalion* du *Dorset Regiment, 130th Infantry Brigade, 43rd Wessex Division*, le 20 juillet 1944.

L'aumônier Musgrave a été tué par un éclat d'obus quand son bataillon livrait l'attaque au mont Pinçon le 2 août 1944. Étant un aumônier peu expérimenté dans un bataillon au combat, le *padre* Musgrave n'avait pas appris à reconnaître le bruit des obus de mortier et ne s'est pas abrité assez rapidement. Un membre du 10th Medium Artillery Regiment s'est rappelé avoir vu le corps d'un *padre*, les mains toujours sur les oreilles, lorsqu'il essayait lui-même d'éloigner un véhicule half-track en feu des obus d'artillerie qui étaient stockés à proximité.

Le 3 août 1944

ARCHIBALD SELWYN PRYOR, MA. Matricule 26457. 41 ans. Aumônier de 4ᵉ classe, *Royal Army Chaplains' Department.* Attaché au *153rd (Leicestershire Yeomanry) Royal Artillery Regiment, Guards Armoured Division.* Inhumé au *Commonwealth War Graves Cemetery* St Charles de Percy, tombe 1 C 8, Valdallière, France.

Fils de Margaret et de Selwyn Pryor, Archibald Pryor est né à Londres le 7 décembre 1902. Il a fait ses études au *Eton College* où il a été membre de l'*Officer Training Corps* de 1918 à 1921. Il est ensuite entré à l'université de Cambridge où il était toujours membre de l'*Officer Training Corps*. Toujours étudiant, il s'est enrôlé dans le *Territorial Army* où il a servi de 1923 à 1927. À la fin de ses études théologiques au *Westcott College,* à Cambridge, il a été ordonné prêtre puis nommé vicaire d'une église dans le quartier de Hackney, à Londres. En 1930, il a été nommé aumônier de 4ᵉ classe de la *56th (1st London) Division* de la *Territorial Army*. En 1933, il est transféré à la *46th Division (North Midland)*, probablement parce qu'il venait d'être nommé pasteur de la paroisse St. Luke's Upper Broughton, après avoir épousé Elizabeth Gulielma Pryor (née Lister) de Purley, dans le Berkshire. Hugh, leur plus jeune fils, est né le 24 juillet 1944, seulement deux semaines avant le décès de son père. Le révérend Pryor était bien connu dans sa paroisse à Upper Broughton parce qu'il aimait faire de la luge avec ses enfants dans le jardin du presbytère, et aussi à Muxlow Hill. De plus, il aimait bien faire du cheval, et il s'arrangerait souvent pour présider le premier office du matin afin de pouvoir passer la journée à cheval, tandis que ses adjoints s'occupaient des autres offices et des tâches pastorales.

En septembre 1939, en tant que membre de la *Territorial Army*, il a été mobilisé avec le *153rd Leicestershire Yeomanry* (ee qui est devenu un *Royal Artillery Regiment*), une unité de la *2nd Armoured Division* dans le cadre de la *2nd Division* blindée. Il a travaillé en permanence avec le *153rd Field Regiment*, qui a enfin été attaché à la *Guards Armoured Division* pendant la campagne de Normandie. Le 3 août 1944, le *padre* Pryor se déplaçait en Jeep près du village du Tourner, quand les Allemands ont ouvert le feu sur la route où il se trouvait. La Jeep a reçu un coup direct et l'aumônier Pryor a été tué. Il a d'abord été enterré le 4 août en haut d'une colline près du Tourner qui surplombait la route où il a trouvé la mort.

Le *padre* Pryor est maintenant enterré dans le *Commonwealth War Graves Cemetery* à Saint-Charles-de-Percy, le plus au sud des cimetières de Normandie. La majorité de ceux qui y sont enterrés sont morts entre fin juillet et début août 1944 lors de l'avancée importante entre Caumont-L'Éventé et Vire ; le but de cette avancée était de séparer la *Deutsche 7. Armee* du *Panzergruppe West*.

Le 5 août 1944

JAMES DOUGLAS, Mention dans les dépêches, Matricule 244123. 34 ans. Aumônier de 4ᵉ classe, *Royal Army Chaplains' Department*. Attaché au *5th Bataillon Wiltshire Regiment, 129th Infantry Brigade, 43rd Wessex Division*. Inhumé au *Commonwealth War Graves Cemetery* de Tilly-sur-Seulles, tombe 7 C 3, Tilly-sur-Seulles, France.

Fils de John et Kathleen Douglas, James Douglas est né à Waterford où il a fait ses études et a terminé un BA en 1932, après lequel il a été ordonné diacre en 1933 et prêtre en 1934 par l'évêque de Down. Il a été nommé vicaire de la paroisse de Magheralin (Maralin) en août 1933 et y est resté jusqu'en 1938. En 1938, il est devenu le vicaire d'Aghalurcher dans le diocèse de Clogher jusqu'à ce qu'il se soit enrôlé dans le *Royal Army Chaplains' Department* en 1942. Il était marié à Annie Hildegarde Douglas de Dunmurry, comté Antrim, en Irlande du Nord.

Le *padre* Douglas a été tué vers 18 heures le 5 août 1944. Son unité prenait position avant l'attaque au mont Pinçon et au nouvel emplacement de la PRS, le *padre* Douglas descendait d'un camion avec d'autres hommes lorsque le camion a subi un coup direct d'un obus allemand. Le *padre* Douglas a été tué instantanément, mais aucun des autres hommes n'a eu la moindre égratignure. Juste quelques jours plus tôt, le *padre* Douglas avait appris la mort de son père et il s'inquiétait de la situation financière de sa mère, mais n'avait pas partagé ses inquiétudes avec les hommes de la PRS.

Le 10 août 1944

JOHN MACDOUGALL, MA, Matricule 279927. 33 ans. Aumônier de 4e classe, *Royal Army Chaplains' Department*. Attaché au *2nd Bataillon, Seaforth Highlanders, 152nd Infantry Brigade, 51st (Scottish) Division*. Inhumé au *Commonwealth War Graves Cemetery* de Ranville, tombe 9 B 20, Ranville, France.

Fils de Daniel et de Flora MacDougall, John MacDougall est né dans l'île de Skye le 15 mars 1911. Il a fréquenté la *Portre Secondary School* et l'université de Glasgow où il a complété une MA. Il a été ordonné dans la Church of Scotland en 1936. Le révérend MacDougall s'était marié à ~~avec~~ Donaldina (Dolly) MacDougall (née Gunn) de Durness, à Lairg, dans le Sutherlandshire. Il a servi dans la Home Guard à Tongue, dans le Durness de juillet 1940 à juillet 1942. Il a également été l'aumônier non officiel des membres des forces armées à Durness pendant cette période, et il a aussi été le chef de la Hut and Canteen (centre de repos et de relaxation) de la Church of Scotland pour les militaires à Durness. Le révérend MacDougall s'est enrôlé dans le *Royal Army Chaplains' Department* le 6 août 1943. Après quelques semaines de formation à l'école des aumôniers, il a été renvoyé en Écosse au *Transit Camp* de Stranraer. Au début de janvier 1944, il a été transféré au 2nd *Battalion, The Seaforth Highlanders Regiment*, 154th Infantry Brigade, 51st *Scottish Division*. Par la suite, les *2nd Seaforths* ont été affectés à la *152nd Infantry Brigade*.

Le *padre* MacDougall a été tué le 10 août à 8 heures du matin au PSR, où il rendait visite aux blessés. Il a reçu un coup direct d'un obus allemand de calibre élevé. Quatre autres hommes ont également été tués par l'obus, et, cette même après-midi, à Conteville, l'aumônier supérieur de la *51st Division* a présidé aux funérailles de tous.

Le 11 août 1944

JOHN TALFRYN (OU TIMOTHY) DAVIES, BA, BD, Matricule 250524. 38 ans. Aumônier de 4ᵉ classe, *Royal Army Chaplains' Department*. Attaché au *4th Bataillon, Somerset Regiment, 129th Infantry Brigade, 43rd Wessex Division*. Inhumé au cimetière des sépultures militaires du Commonwealth de Tilly-sur-Seulles, tombe 6 E 7, Tilly-sur-Seulles, France.

Fils de Daniel et de Sarah Davies de Brynhyfryd, John Davies est né à Swansea, au Pays de Galles. Lui et sa femme, Phyllis Elizabeth Davies, aussi de Brynhyfryd, vivaient à Caernarvonshire. Le *padre* Davies a fait ses études au *Bangor Baptist College* à l'université de Bangor au Pays de Galles. Il y a préparé un BA et un BD et a été ordonné en 1938. Il a été appelé à l'église baptiste anglaise à Bangor, et y a été pasteur jusqu'à ce qu'il s'enrôle dans le *Royal Army Chaplains' Department* en mai 1943.

Après avoir terminé sa formation initiale à l'école des aumôniers, le *padre* Davies a été affecté au *141st Field Artillery Regiment* de la *9th Armoured Division*. Cependant, le *padre* Davies a ensuite été transféré au *4th Battalion Somerset Light Infantry* de la *129th Infantry Brigade* de la *43rd Wessex Division*, avec lequel il a débarqué en Normandie. Selon les archives du *British Armed Forces Chaplains Centre*, le *padre* Davies « s'appuyait au hayon du camion du PRS de son bataillon lorsqu'il a subi une grave blessure, dans le dos, à cause des tirs d'artillerie ou de mortiers. Le médecin venait de se rendre de l'autre côté du camion et n'a pas été blessé, mais a été incapable d'indiquer exactement la cause de la blessure du *padre* Davies ». Étant donné que le médecin était sur place et disponible, le *padre* Davies a été stabilisé et évacué vers la *3rd Casualty Clearing Station* près d'Aunay-sur-Orne.

Le 13 août 1944

JOHN WILLIAM SCHWER, Purple Heart, Matricule O-529000. 37 ans. Capitaine, *United States Army Chaplains Corps*. Attaché à la *6th Armored Division*. Inhumé au Cimetière américain de Bretagne, parcelle J rangée 12 tombe 5 Saint-James, France.
Fils du Dr J.L. Schwer et de Georgia Schwer de Pueblo, John Schwer est né à Los Angeles, en Californie, le 23 juin 1907. Après le baccalauréat, il a fréquenté l'université du Colorado, puis il est passé au *Carleton College* dans le Minnesota, où il a reçu son diplôme en 1935. Il a ensuite fréquenté le *Seabury-Western Theological Seminary* et a été ordonné prêtre à l'église anglicane des États-Unis le 7 décembre 1936. Le révérend Schwer était marié à Dorothy Gail Schwer (née Smith).

Entre 1937 et 1939, le révérend Schwer était le pasteur de *St. Matthew's and St. Timothy's Episcopal Church* à Minneapolis. En 1939, il a été affecté dans une paroisse de deux congrégations, *St. Barnabas' Episcopal Church*, à Denton et *St. Paul's Episcopal Church* à Gainesville, les deux au Texas. Le révérend Schwer a également était enseignant au *Texas State College for Women*. En 1942, le révérend Schwer est devenu le pasteur adjoint de la *Church of the Good Shepherd* à Corpus Christi, aussi au Texas.

L'aumônier Schwer est entré dans l'*Army Chaplain Corps* en 1943. Après avoir fini la formation des aumôniers à la *Harvard University*, l'aumônier Schwer a été affecté à une « école de commandos » en Californie, avant d'être réaffecté à la *6th Armored Division*.

Le 11 février 1944, l'aumônier Schwer et sa division ont quitté l'Amérique sur un navire de troupes en direction de l'Angleterre et ils y sont arrivés le 23 février 1944. La *6th*

Armored a continué à s'entraîner en Angleterre jusqu'à leur débarquement en Normandie le 19 juillet sur Utah Beach. La *6th Armored* s'est regroupé au Mesnil le 25 juillet 1944, et il est entré dans l'action des combats le 27 juillet 1944 pour chasser les Allemands des hauteurs près de Muneville-le-Bingard. La division s'est ensuite tournée vers le golfe de Gascogne, et a libéré le port de Granville le 31 juillet 1944. La *6th* a avancé à Avranches, et a aidé à maintenir ouverte la percée opérée dans les lignes allemandes par les forces américaines de l'opération *Cobra*. La *6th Armored* a ensuite relevé la *4th Armored Division* et a assuré le contrôle des ponts de cette zone.

La *6th Armored Division* se déplaçait de sa position située derrière les lignes à Precey pour se diriger vers Médréac, en Bretagne, et travaillait à prendre les bases de sous-marins allemands le long de la côte. L'aumônier Schwer a avancé avec sa division. En Bretagne, la ligne de front était très fluide à cette époque, et il y avait de grands groupes de soldats allemands qui se déplaçaient dans tous les sens. Puisque la *3rd Army* du général George Patton avait réussi à dépasser la Normandie, certains Allemands se dirigeaient à l'est, vers la Seine, tandis que d'autres allaient vers l'ouest et les ports forteresses de Lorient, Saint-Nazaire et Brest.

L'aumônier Schwer et son assistant, le *Technical Specialist Grade 5* Forest Nelson, ont tous deux manqué à l'appel le 3 août. Plus tard, on a appris qu'ils s'étaient perdus et ont fini par traverser le *no man's land* où ils ont été attaqués par des forces allemandes en retraite. L'aumônier Schwer a été tué dans l'embuscade et Nelson a été fait prisonnier. Cette information n'a été découverte que lorsque la *6th Armored* a assiégé la forteresse allemande à Lorient à la mi-août 1944. Nelson a été libéré lors d'un échange de prisonniers plus tard à l'automne 1944, puisque les forces allemandes à Lorient ne pouvaient s'occuper des prisonniers de guerre pendant le siège, qui devait durer jusqu'à la fin de la guerre le 8 mai 1945.

Le 14 août 1944

PATRICK JOSEPH MCMAHON, SSH, Mention dans les dépêches, Matricule 218709. 28 ans. Aumônier de 4ᵉ classe, *Royal Army Chaplains' Department*. Attaché au *9th Régiment Royal Tank Corps, 3rd Tank Brigade*. Inhumé dans le cimetière de l'église d'Ussy, tombe 6 E 7, Ussy, France.

Patrick McMahon est né le 14 décembre 1916 à Dundalk, dans le comté de Louth, dans le pays qui est devenu par la suite la République d'Irlande. De 1921 à 1924, il a fréquenté la *Friary School* à Dundalk ; de 1924 à 1926, la *Christian Brothers School*, aussi à Dundalk ; de 1926 à 1929 l'*Oram Normal School* à Castle Blayney. Entre 1929 et 1934, il a fait des études au séminaire du *St. Marcartan's College*, à Monaghan. Après y avoir fini son parcours, il a poursuivi d'autres études au *Dalgan College* en 1934 et il y a été ordonné en 1940. Le révérend McMahon était membre de la *Missionary Society of Saint Columban*.

Le révérend McMahon s'est enrôlé dans le *Royal Army Chaplains' Department* à la fin du mois de décembre 1941. Il a d'abord été affecté au *20th General Hospital* de Cambridge à titre d'aumônier-adjoint. Il y a servi jusqu'en septembre 1942, quand il a été affecté à la *72nd Independent Infantry Brigade*. Il a servi ensuite quelques mois dans le *241st Light Anti-Aircraft Regiment*, et en novembre 1943, il a été transféré à son poste final dans le *9th Royal Tank Regiment, 3rd Tank Brigade* de la *British 2nd Army* dans laquelle il a débarqué en Normandie.

L'aumônier McMahon a été tué sur le champ de bataille alors qu'il essayait de sauver un soldat canadien blessé, membre du bataillon d'infanterie que son régiment de chars soutenait. Il y a deux récits différents à propos de la mort du *padre* McMahon. La première version indique que sa Jeep, malgré le grand drapeau de la Croix-Rouge bien visible, a été touchée par un obus antichar et que l'aumônier McMahon a été tué sur le coup. La deuxième version dit que le *padre* McMahon s'est aventuré sur le champ de bataille pour sauver le soldat blessé à bord du véhicule half-track de l'officier médical, qui avait le grand symbole de la Croix-Rouge peint sur les côtés. En revenant vers les lignes alliées, un obus antichar allemand aurait détruit le véhicule. L'aumônier McMahon aurait pu échapper au véhicule détruit, mais a été mortellement blessé. Toujours selon cette deuxième version, le *padre* McMahon a été retrouvé assis, le dos appuyé contre un mur, avec à la main son bréviaire (un petit livre de prières), ce qui suggère qu'il disait probablement les prières pour les mourants. Cinquante autres aumôniers du Commonwealth ont assisté à la messe requiem de l'aumônier McMahon, célébrée dans la petite église paroissiale à Ussy, en Basse-Normandie (*Johnstone & Hagerty*).

Un cas qui sort des normes, l'aumônier McMahon est enterré dans le cimetière de l'église catholique d'Ussy, où ses funérailles ont été célébrées. Cela signifie que sa tombe est semblable à celle d'un civil français, bien qu'il ait une pierre tombale de la *Commonwealth War Graves Commission*.

Le 15 août 1944

Rev Harry Smith, C.F., A.K.C.
Ordained 1934. Assistant Priest, Parish Church Ilkeston
Newbold 1936-38. S. Martin's 1938
Chaplain to Forces, September 6th, 1939
Killed in Action, Normandy August 15th, 1944

HARRY SMITH, AKC, Matricule 95864. 37 ans. Aumonier de 4e classe, *Royal Army Chaplains' Department*. Attaché au *53rd Regiment, Reconnaissance Corps, 53rd Division*. Inhumé au *Commonwealth War Graves Cemetery* de Brouay, tombe 1 A 12, Thue et Mue, France.

Fils de Leonard et Cicely Smith, Harry Smith est né à Derby dans le quartier de Littleover. L'aumônier Smith a été formé au *King's College* à Londres, et a été ordonné en 1934. Il a ensuite été nommé vicaire adjoint dans la paroisse d'Ilkeston, dans le Derbyshire, en 1934. De là, il est passé en 1936 à la paroisse de Newbold jusqu'en 1938. Le révérend Smith est ensuite affecté à l'église St Martin de Sherwood, dans le diocèse de Southwell, jusqu'en 1939. En septembre 1939, le révérend Smith a rejoint le département des aumôniers de l'armée royale.

En 1939-1940, le *padre* Smith a servi en France avec la *14th Field Ambulance* du *2nd British Corps*. Le 28 mai 1940, il est entré dans le périmètre défensif de Dunkerque. Un article publié dans le *Nottingham Guardian* du 3 juin 1944, raconte ainsi l'histoire du *padre* Smith à ce moment : q̶u̶i̶l a dû jeter tout son kit avant d'être évacué à bord d'un destroyer et il avait peu dormi avant l'évacuation en raison des bombardements allemands constants.

Quand il décrivait les plages de Dunkerque, le *padre* Smith disait « qu'on aurait dit qu'un tremblement de terre avait frappé la ville, car tout était détruit et en flammes ». Il a poursuivi sa description en évoquant son évasion à bord d'un destroyer britannique qui mouillait auprès de la jetée à Dunkerque, très tôt dans la matinée du mardi 3 juin 1940, avec les troupes qui se précipitaient pour embarquer, jusqu'à ce que chaque centimètre du navire soit occupé. Le navire a ensuite largué les amarres, et a réussi à éviter l'attaque aérienne allemande, comme l'a souligné le *padre* Smith, « en raison de la quantité énorme de fumée qui planait au-dessus de Dunkerque, comme un drap mortuaire ». Après son retour des plages de Dunkerque, le *padre* Smith a été affecté à la *73rd Heavy Anti-Aircraft Battery* avant de partir pour le Moyen-Orient en décembre 1941. L'aumônier Smith a servi avec eux en Palestine, puis il a été transféré à la 4th Parachute Brigade, également en Palestine. Il a ensuite servi en Afrique du Nord avec la *4th Parachute Brigade Tunisia*. Le *padre* Smith a débarqué en Sicile avec les forces maritimes de la *4th Parachute Brigade*. En septembre 1943, le *padre* Smith a également participé à l'invasion de l'Italie avec les *4th Paras* avant son retour en Grande-Bretagne en décembre 1943.

"Church Parade in the Desert."

Comme il servait avec une unité de parachutistes, le *padre* Smith avait été formé comme parachutiste au Moyen-Orient. Quand il est retourné en Grande-Bretagne, on lui a dit qu'il était trop vieux pour sauter en parachute en Europe avec la *1st Division Airborne* (l'âge limite était de 32 ans). L'aumônier Smith a ensuite été transféré au *81st Field Regiment de la Royal Artillery* en avril 1944 avant d'être transféré peu de temps après au *53rd Regiment* du *Reconnaissance Corps*. Il convient de noter que les troupes de reconnaissance ont servi à l'avant-garde de toute avance alliée et un aumônier y courait probablement autant de risques que s'il avait été parachutiste. Pendant qu'il servait dans le corps de reconnaissance, le *padre* Smith était également l'aumônier du *1st Battalion* de l'*Oxford and Buckinghamshire Infantry Regiment* de la *71st Brigade*.

Mr. Smith's Grave in Normandy.

C'était en servant au front lorsque les Alliés tentaient de percer les lignes allemandes pour gagner l'intérieur du pays, que le *padre* Smith a trouvé la mort. Plus précisément, il a été tué par une mine allemande alors qu'il récupérait les corps de deux officiers de son régiment qui avaient été tués par un obus allemand à l'intérieur de leur voiture blindée. À bord d'un Bren Gun Carrier, le *padre* Smith est allé vers Martinville avec un chauffeur et un autre soldat pour récupérer les corps des deux officiers, avant leur enterrement. Auretour, leur Bren Carrier a frappé une mine antichar et a été totalement détruit. Le chauffeur a été tué instantanément, le *padre* Smith et l'autre soldat ont été gravement blessés. Ils ont été emmenés à la *147th Field Ambulance* pour un traitement immédiat. Les blessures du *padre* Smith étaient si graves qu'il est mort dans l'ambulance avant d'atteindre la *Casualty Clearing Station* pour un traitement ultérieur. Malgré ses blessures sévères, le père Smith est resté très calme et patient avec le personnel médical, et dans une lettre au père du *padre* Smith, l'aumônier divisionnaire de celui-ci a écrit : "il n'était pas seulement mon meilleur *padre*, mais aussi un copain et un frère". Ses funérailles ont été suivies par tous les aumôniers de la *53rd Division*.

Le 20 août 1944

WIKTOR FORTUNAT HUPA, OFM, Virtuti Militari, Matricule 04559. 32 ans. Major, Aumônier catholique romain. Attaché au *9th Rifle Bataillon, 1st Polish Armoured Division*. Inhumé dans le cimetière militaire polonais, tombe V.B 2, Langannerie, France.

Wiktor Hupa est né le 19 octobre 1912 à Zawady, dans la province de Rawicz, en Pologne. Après des études typiques pour les garçons de l'époque, à l'âge de 18 ans, Viktor a commencé à se préparer au noviciat de la province de l'Assomption au Ciel de la Bienheureuse Marie de l'Ordre des frères mineurs (Franciscians) au monastère de Wieluń. Il a prononcé ses premiers vœux chez les franciscains le 27 octobre 1931. Le frère Viktor a ensuite été envoyé étudier au Séminaire théologique supérieur au monastère d'Osieczna. À la fin de sa formation, le 28 septembre 1934, il a prononcé ses vœux perpétuels chez les Franciscains. Après être devenu moine, Wiktor a commencé à se préparer à la prêtrise dans l'Église catholique romaine au séminaire théologique supérieur au monastère de Wronki. Le 26 septembre 1937, après sa troisième année au monastère de Wronki, il a été ordonné prêtre catholique romain. Le père Hupa s'est montré très prometteur en tant que prêtre et a été envoyé poursuivre ses études à l'Université de Louvain en Belgique.

Le père Hupa étudiait encore en Belgique lorsque l'Allemagne et la Russie ont envahi la Pologne en septembre 1939 et qu'il n'a pas pu rentrer chez lui. Comme beaucoup de Polonais en Europe occidentale au début de la Seconde Guerre mondiale, l'invasion allemande en mai

1940 des Pays-Bas puis de la France a poussé le père Hupa à aller plus loin, en France. Il s'est officiellement enrôlé dans l'armée polonaise en exil en France le 14 juin 1940, et a été immédiatement envoyé à l'école d'officiers polonais à Coetquidan en Bretagne. Cependant, certains rapports suggèrent qu'il avait déjà été rattaché à l'école d'officiers en décembre 1939, où il a agi en tant qu'aumônier officieux jusqu'à son intégration officielle dans l'armée polonaise en exil en juin 1940 avec le grade de major.

Après l'invasion allemande d'une grande partie de la France beaucoup de Français se préparaient à un armistice avec l'Allemagne. Pendant ce temps, entre le 19 et le 22 juin 1940, le père Hupa et le reste de l'armée polonaise en exil en France ont embarqué à La Rochelle pour se rendre en Angleterre et ils ont débarqué à Plymouth. L'armée polonaise en exil a été envoyée au nord de l'Écosse pour se regrouper et poursuivre son entraînement. Le père Hupa a été affecté comme aumônier du *1st Reconnaissance Regiment* de la *1st Polish Grenadier Division*, et il s'est aussi occupé d'autres formations polonaises entre l'été 1940 et le printemps 1944. Le 24 mai 1944, le major Hupa a été nommé aumônier du *9th Polish Rifle Battalion* de la *1st Polish Armoured Division* qui avait débarqué en France le 29 juillet où elle a été affectée à la *1st Canadian Army*. La division blindée polonaise, ainsi que les autres unités de la *1st Canadian*, ont été envoyées vers le sud le long de l'autoroute qui mène de Caen à Falaise pour tenter d'encercler les forces allemandes qui s'y trouvaient, tandis que la *3rd American Army* sous les ordres du général Patton, poursuivait vers le nord à partir d'Argentan.

Les combats au sud de Falaise ont été très violents, les forces allemandes luttaient pour échapper à la boucle qui se refermait sur elles. La *1st Polish Armoured Division* a pris position sur la colline 262 (nord) près du Mont Ormel et a repoussé les contre-attaques allemandes répétées, forçant l'ennemi à quitter cette colline et ouvrant la voie aux Allemands en retraite. Le père Hupa était posté au manoir de BoisJos où un poste de secours polonais avait été installé. Le manoir était rempli de soldats polonais et allemands blessés et était bien marqué par de grandes croix rouges posées sur le toit et suspendues aux hauts murs du bâtiment. Cependant, ces marques n'ont pas empêché les attaques désespérées des Allemands, notamment celle d'un char *Panzer* qui a failli pénétrer dans la cour du manoir. Le Major Hupa a personnellement mené l'attaque contre ce char qui a été détruit avant qu'il ne puisse entrer dans la cour de la ferme.

Comme pour beaucoup d'histoires de champs de bataille, il existe des légendes sur l'héroïsme du père Hupa. Selon une version de l'histoire, le père Hupa, déjà blessé, se dirigeait vers des ambulances bien identifiées et remplies de soldats blessés qui étaient garées dans la cour de BoisJos. Alors qu'il avançait, une croix de tombeau en bois dans une main et un drapeau de la Croix-Rouge sur une perche dans l'autre, il a été abattu par les Allemands qui attaquaient. Dans une autre version, selon le médecin qui l'a examiné, le père Hupa a reçu trois balles dans le dos, mais qu'il ne s'est même pas rendu compte qu'il avait été touché jusqu'à ce que quelqu'un fasse des commentaires sur le sang au dos de son uniforme. Il a ensuite été soigné par un médecin au poste de secours de BoisJos, mais il est entré en état de choc et il est mort dans l'heure qui a suivi.

Comme pour toutes les histoires, il y a probablement une part de vérité dans les deux. Il a certainement essayé de défendre le poste de secours de BoisJos contre les assauts allemands et aurait également essayé d'indiquer aux forces allemandes attaquantes qu'il s'agissait d'une zone non combattante et qu'elle ne devait pas être attaquée. Il ne fait aucun doute que le père Hupa a agi de manière extrêmement courageuse en essayant d'empêcher la destruction du poste de secours de BoisJos et, pour son extrême bravoure, il a reçu la Virtuti Militari, la plus haute distinction de l'armée polonaise en exil pour bravoure face à l'ennemi.

Le chemin qui menait au nord vers la Belgique et les Pays-Bas

Le 2 septembre, 1944

CHARLES S BLAKENEY, Purple Heart, Matricule O-521862. 40 ans. Capitaine, *United States Army Chaplains Corps*. Attaché au *112th Infantry Regiment, 28th Infantry Division*. Inhumé au Cimetière et Mémorial américain d'Epinal, parcelle B rangée 27 tombe 15, Dinozé, France.

Charles Blakeney est né à Halifax, au Canada, en 1904. Cependant, en 1930, il s'est rendu à Boston pour suivre des cours de théologie. Il semble que le révérend Blakeney ait été ordonné dans l'Église méthodiste des États-Unis, où il est resté jusqu'à ce qu'il parte à l'étranger après s'être porté volontaire comme aumônier dans l'armée. Il est intéressant de noter qu'au recensement américain de 1940, le révérend Blakeney n'avait pas la citoyenneté américaine et que, pendant qu'il servait dans l'armée américaine, il était toujours canadien.

Le révérend Blakeney était ministre méthodiste à Greenland, dans le New Hampshire, en 1942-43. Cette charge à Greenland était quelque peu inhabituelle, car l'église congrégationaliste et l'église méthodiste avaient commencé à tenir des services combinés dans les années 1920, après être restées séparées pendant plusieurs années. Le révérend Blakeney résidait à Greenland avec sa femme, Margaret E Blakeney, et leur fille, Ruth.

En 1939, quand l'Allemagne a envahi la Pologne et quand l'Europe est entrée en guerre, le révérend Blakeney s'est porté volontaire pour servir dans l'armée américaine, mais sa candidature a été refusée car il était toujours citoyen canadien. Après l'attaque de Pearl Harbour, lorsque les États-Unis sont entrés dans la Seconde Guerre mondiale, le révérend Blakeney s'est à nouveau porté volontaire pour servir comme aumônier dans l'armée américaine et, cette fois-ci, il a été accepté. Cependant, tout n'a pas été rose pour l'aumônier Blakeney, car au moment où il s'est porté volontaire en 1942, l'armée américaine avait fixé la limite d'âge supérieure pour les aumôniers à 35 ans, et le révérend Blakeney en avait 37. Il n'avait pas non plus le poids minimum requis et avait des problèmes dentaires, bien que des fausses dents aient résolu ce problème. Enfin, sa citoyenneté canadienne est restée un problème jusqu'à ce que le gouvernement américain adopte une loi permettant aux ressortissants étrangers de s'enrôler dans l'armée américaine. Avant que Charles ne puisse partir rejoindre l'armée, la congrégation du New Hampshire exigeait qu'il trouve un pasteur qui puisse le remplacer pour le prêche du dimanche et officier aux funérailles. Il a réussi à trouver un pasteur à la retraite et de plus sa femme Margaret a pris en charge une grande partie du travail paroissial, afin de s'assurer que Charles ait une congrégation à laquelle revenir, une fois la guerre terminée. Entre autres, elle a assumé le rôle de "pasteur de substitution," la direction de l'Alliance des femmes et la direction du catéchisme du dimanche et du programme pour les jeunes. Dans presque chaque situation, elle a assumé les responsabilités de son mari.

Après avoir rejoint le corps des aumôniers de l'armée américaine au début de 1943, le révérend Blakeney a fait l'école des aumôniers de l'université de Harvard et a d'abord été affecté au Camp Butner (Caroline du Nord), qui était devenu une importante base d'entraînement pour l'armée américaine. Cependant, il a rapidement été transféré au Camp Pickett, en Virginie, où il est devenu l'aumônier du *112th Infantry Regiment*. En octobre 1943, trois semaines après avoir rejoint le 112th, il l'a accompagné lors de son voyage vers l'Angleterre. Par la suite, le 112th a été envoyé au Pays de Galles pour un entraînement complémentaire.

L'aumônier Blakeney a débarqué sur Utah Beach, en juillet 1944, avec le reste du *112th Infantry Regiment* de la *28th Infantry Division*. La *28th Infantry Division* a participé à l'avancée de Normandie vers la Seine. Alors qu'il servait avec son régiment qui a participé à la libération de Paris, l'aumônier Blakeney faisait partie des milliers de soldats de la *28th Infantry Division* qui ont défilé sur les Champs-Élysées, avant de tourner vers le nord en direction de la forêt de Compiègne.

Le 1er septembre 1944, pendant les combats visant à dégager l'épaisse forêt de Compiègne et à capturer la station radar fortifiée du Mont du Tremble à l'est du village de Choisy-au-Bac, l'aumônier Blakeney avançait le long des chemins forestiers avec son chauffeur du jour, le soldat Joseph Mangini, car ils avaient entendu dire qu'il y avait des hommes blessés au champ de bataille dans les bois. Leur Jeep est tombée dans une embuscade tendue par une patrouille allemande à un carrefour dans la forêt. Le soldat Mangini a été tué dans l'embuscade, et l'aumônier Blakeney a été gravement blessé par une balle dans l'abdomen. Les médecins présents sur les lieux ont essayé d'atteindre l'aumônier Blakeney pour soigner ses blessures, mais tous ont été tués par les tireurs d'élite allemands. L'assistant de l'aumônier Blakeney, James Sullivan, a entendu que son superviseur avait été touché et s'est rendu sur les lieux de l'embuscade. Il a pu sauver Charles et le conduire au *28th Field Hospital* de Raray.

Après la guerre, le capitaine Minch, un officier dentaire du *28th Field Hospital* et un ami de l'aumônier Blakeney, a raconté à Mme Blakeney ce qui suit au sujet de sa blessure et de son arrivée à l'hôpital de campagne : *"Les Allemands se cachaient dans les bois pour protéger le dépôt de munitions. L'équipe de Charlie y est allée pour les débusquer. Le poste de secours était à l'avant. Charlie et deux autres infirmiers sont allés à l'avant pour aider les blessés. Quelqu'un a crié : "Baisse-toi !" mais c'était trop tard. Il avait reçu une balle dans le ventre, et des hommes sont allés le secourir. Charlie et un autre ont été blessés ; les autres ont été tués. Charlie a été recommandé pour la Silver Star. Charlie a été admis à notre hôpital vers 16h30, le 1er septembre. Quand je l'ai vu, il était somnolent à cause de l'opiacé qu'on lui avait donné pour la douleur. Je lui ai parlé de la confiance que j'avais dans l'équipe chirurgicale, et il était convaincu qu'ils faisaient de leur mieux, mais il a réalisé qu'il était possible qu'il ne s'en sorte pas. Il avait été blessé par des tirs d'armes légères. La balle qui l'a touché a traversé la zone abdominale. Il n'a jamais repris conscience après l'opération, et c'est vers 14h le 2 septembre qu'il est décédé. Je lui ai parlé à plusieurs reprises pendant la nuit et le lendemain matin. Il était silencieux la plupart du temps, mais lorsqu'il parlait, c'était pour parler de sa famille et de son désir de rentrer chez lui. Il a été inhumé le 3 septembre. Les hommes qui l'ont transporté m'ont dit à moi (le capitaine Minch) que le cimetière avait un cadre magnifique et que les corps étaient déposés sous une petite côte fleurie avant l'inhumation. »* Le cimetière où l'aumônier Blakeney a été inhumé se trouvait à environ 15 miles de Paris, mais, après la guerre, sa dépouille a été transférée au cimetière américain d'Epinal.

Même si l'aumônier Blakeney et sa famille n'avaient résidé que deux ans dans le New Hampshire avant qu'il ne se porte volontaire pour servir comme aumônier de l'armée, sa femme et sa fille y sont restées après sa mort. Margaret Blakeney était devenue enseignante à l'école publique de Greenland, où elle a enseigné pendant de nombreuses années en première et deuxième année de l'école élémentaire. Un petit mémorial dans le parc de Choisy-au-Bac qui jouxte l'hôtel de ville rappelle au passant le sacrifice de l'aumônier Blakeney.

Le 14 septembre 1944

GERARD BARRY, BA, Matricule 244239. 33 ans. Aumônier de 4ᵉ classe, *Royal Army Chaplains' Department.* Attaché au *8ᵗʰ Bataillon, Royal Scots Regiment.* Inhumé au *Commonwealth War Graves Cemetery* de Geel, parcelle II, rangée A, tombe 25, Geel, Pays-Bas.

Fils de de John et Bridget (née O'Keefe) Barry, Gerard et son frère jumeau Francis sont nés le 29 mars, 1911 à Liverpool. Les jumeaux avaient trois frères aînés, Jack, Fred et George, dont les dates de naissance étaient assez rapprochées. Jack, l'aîné, n'a que 5 ans de plus que les jumeaux. La mère et le père de Gerard ont eu au total de 11 enfants, mais trois de ses sœurs sont mortes en couche, ou quand elles étaient très jeunes. Leur mère, Bridget, a été décrite comme une dame irlandaise résolue et leur père, John, était un charpentier et menuisier travailleur, qui avait créé sa propre entreprise. Gerard et son plus jeune frère Thomas sont tous les deux devenus prêtres. Il a fréquenté l'église catholique romaine de St Michael et Sacred Heart, et a été fait ses études à l'école catholique romaine de St Michael à Liverpool.

À l'âge de 13 ans, Gerard a commencé à fréquenter le St Joseph's College, souvent appelé "junior séminaire," à Upholland près de Wigan dans le Lancashire, et il s'est inscrit ensuite au grand séminaire, de la même école, et dont la charge était de former des hommes à la prêtrise de l'Église catholique romaine. Gerard a joué un rôle actif dans la vie du séminaire pendant sa formation à la prêtrise dans ce qui était alors une communauté éducative et religieuse florissante. Il est devenu rédacteur en chef du magazine de l'école, ce qui lui a permis d'exprimer son sens de l'humour.

Gerard Barry a été ordonné prêtre par l'archevêque Downey le 22 mai 1937. Il a d'abord été nommé vicaire dans le nord du Lancashire, à la paroisse de *St Mary Magdalen* dans la petite ville de Penwortham, juste au sud de Preston, où il est resté pendant deux ans. Il a ensuite été affecté à la paroisse urbaine, *All Souls*, située entre Liverpool et Bootle, près des docks, au début de la Deuxième guerre mondiale. À cette époque, pendant le Blitz, on lui a confié un rôle qui lui convenait très bien. Comme les bombardiers allemands visaient les grandes villes britanniques, avec leurs usines et leurs docks, il a été décidé que les enfants, en particulier, devaient être envoyés à la campagne pour échapper à la menace des bombardements intensifs. L'archevêque de Liverpool a confié au père Gerard la tâche de fournir des conseils et des orientations pratiques pour aider les évacués des familles déplacées. Dans les gares, on voyait souvent des files d'enfants, avec leurs maigres possessions, quitter leurs mères désemparées à la montée des trains pour les mettre à l'abri des bombes allemandes en les envoyant vers les zones rurales. La personnalité du père Gerard convenait parfaitement à ce ministère, car ses plaisanteries et son sens de l'humour contribuaient à calmer les nerfs à vif et à faire naître des sourires sur les visages des parents qui envoyaient leurs enfants au loin et sur ceux des enfants anxieux, qui quittaient probablement leur foyer pour la première fois.

L'église *All Souls* a été détruite par les bombes allemandes et le Père Barry a alors été transféré à St Aloysius, Roby, Liverpool. L'église St Aloysius se trouvait à proximité des grands lotissements construits à Huyton-with-Roby pour fournir des maisons alors que les bidonvilles de Liverpool commençaient à être supprimés juste avant le début de la Seconde Guerre mondiale. Alors que les propriétaires de ces nouvelles maisons étaient ravis de sortir de la misère du centre-ville de Liverpool, ces nouveaux lotissements signifiaient la perte des unités familiales étendues qui existaient dans les bidonvilles, et les liens avec les communautés très unies du centre-ville étaient rompus. Peu de temps après le déménagement des familles à Roby, les enfants, les adolescents et les jeunes adultes ont commencé à s'adonner à la petite délinquance et au vandalisme, car il n'y avait pas d'activités organisées auxquelles ils pouvaient participer. Ce manque de services pour les jeunes a sauté aux yeux du Père Barry et il est devenu un organisateur de la *Young Christian Workers Association* pour travailler avec les adolescents et leur proposer des activités. Pour les enfants plus jeunes, le Père Barry est devenu le chef scout de la troupe locale basée à St Aloysius.

À ce moment de la guerre, tous les frères aînés de Gérard servaient dans les forces armées : Jack était sous-officier dans la RAF, Fred était à l'étranger dans l'armée de terre et George dans la Royal Navy. Son frère jumeau Francis a également été appelé sous les drapeaux, et son plus jeune frère, Bernard, dans la marine. Marie, sa seule sœur survivante, est devenue infirmière. Il était dans la nature de Gérard de vouloir participer en suivant l'exemple de ses frères et sœurs, il s'est donc porté volontaire pour servir dans le département des aumôniers de l'armée royale.

Fin septembre 1943, il a été affecté au *South East Command* en Angleterre et y a assuré des services d'aumônerie jusqu'au 18 juin 1944, date à laquelle il a été affecté à la *Royal Artillery* et a débarqué en Normandie. À son arrivée en Normandie, il a été rétenu dans un dépôt de remplacement, jusqu'au 31 juillet 1944, date à laquelle il a été affecté au *8th Battalion, The Royal Scots Regiment* de la

44th Infantry Brigade, 43rd Division, qui se trouvait près de Caen. Les combats ont été intenses et sa division était incapable d'avancer jusqu'à ce qu'une percée se produise et que les forces ennemies soient repoussées. Le *padre* Barry s'est autant dévoué aux troupes de son régiment qu'il l'avait fait à St Aloysius. La plupart des troupes sous sa responsabilité étaient des catholiques de la ville de Glasgow en Écosse. De plus, à un moment donné, alors qu'il servait avec les Royal Scots dans le nord de la France, l'aumônier Barry a rencontré par hasard son frère Francis qui servait également dans l'armée dans le nord-ouest de l'Europe. Cependant, la bataille a rapidement repris et l'aumônier Barry et les Royal Scots étaient de nouveau au cœur de l'action.

La ville de Geel, située juste à l'est d'Anvers, a été attaquée par la *Northumbrian Division* le 8 septembre 1944 et a été finalement prise le 10 au terme de violents combats. Cependant, le jour suivant, les Allemands ont monté une contre-attaque déterminée qui a forcé la *Northumbrian Division* à battre en retraite. Le commandant britannique a décidé que les soldats épuisés de la *Northumbrian Division* seraient remplacés par les Écossais de la *43rd Division*. L'unité du *padre* Barry, les *Royal Scots*, s'est lentement dirigé vers le centre-ville de Geel. L'officier médical du bataillon a dit au Père Gérard qu'il établirait un poste de secours régimentaire dans une vieille maison blanche abandonnée près du canal, pour que le *padre* Barry puisse y faire installer les blessés du régiment.

Le matin du 14 septembre a été brumeux et couvert. Dans le poste de secours du régiment le personnel médical et l'aumônier Barry préparaient les blessés des combats de la veille avant de les faire monter dans des ambulances qui les emmèneraient vers les hôpitaux de campagne plus éloignés du front. Cependant, plus tard ce jour-là, dans l'après-midi, une attaque britannique a eu lieu au-dessus du canal Albert. Lorsque l'attaque a été lancée, les Allemands ont ouvert le feu avec un barrage massif de roquettes et d'obus d'artillerie. Le poste de secours avancé des *Royal Scots*, situé dans la maison blanche, a été touché par un barrage d'obus de mortier. Ceux-ci ont frappé avec une force dévastatrice : deux brancardiers ont été tués sur le coup, le médecin militaire a été grièvement blessé et l'aumônier Barry a été mortellement blessé par des éclats d'obus qui l'ont touché à la poitrine, entraînant sa mort peu de temps après.

L'aumônier Barry faisait partie des plus de 200 victimes des *Royal Scots* tuées au combat lors de la formation de la tête de pont de Geel. Après la mort tragique de l'aumônier Barry, le cornemuseur-major des *Royal Scots* a demandé au prêtre catholique local de célébrer les funérailles de celui-ci, et il a été inhumé temporairement le 15 septembre dans le cimetière de l'église St Dymphna à Geel avant d'être exhumé et inhumé à nouveau dans le cimetière de guerre du Commonwealth de Geel.

Le 14 septembre 1944

THOMAS EDMUND MOONEY, BA, Mention dans les dépêches. 38 ans. Aumônier de 4e classe, *Canadian Chaplain Service*. Attaché à l'*Algonquin Infantry Regiment, Canadian 4th Armoured Division*. Inhumé au *Commonwealth War Graves Cemetery* d'Adegem, parcelle X rangée A tombe 8, à Maldegem, Pays-Bas.

Fils de Michael Edmund et d'Anna Cecelia Mooney, Thomas Mooney est né à Westport, en Ontario, le 21 janvier 1906. Le père, le grand-père et l'arrière-grand-père de Mooney étaient maîtres-éclusiers, comme on appelait ceux qui ouvraient et fermaient les écluses qui permettaient aux bateaux de monter et de descendre le canal Rideau menant du lac Simcoe à Ottawa. En grandissant sur le canal Rideau, Tom Mooney a développé une passion pour la pêche qui lui a permis d'évacuer le stress plus tard dans sa vie de prêtre.

Thomas a fréquenté l'école secondaire de Westport, et après avoir obtenu son diplôme, il s'est inscrit à *l'University of Toronto*, où il a obtenu un BA en musique en 1927. Il a également obtenu un diplôme de l'école de musique Pope Pius X dans l'État de New York. Après avoir obtenu son diplôme, Tom Mooney a été employé comme directeur de musique à la cathédrale catholique romaine St. Mary's à Islington, en Ontario (qui fait maintenant partie de Toronto). Cependant, Tom a ressenti l'appel du ministère ordonné et a quitté son emploi de directeur de musique pour s'inscrire au séminaire St. Augustine de Toronto et a été ordonné dans la cathédrale de *l'Immaculate Conception*, à Kingston, en Ontario, le 21 mai 1932. Il y a exercé les fonctions de vicaire et de directeur de la chorale jusqu'au 10 janvier 1942, date à laquelle il s'est porté volontaire pour le *Canadian Chaplain Service*.

Après avoir terminé l'école canadienne des aumôniers, le *padre* Mooney a été affecté au *Regiment Algonquin*, du nord-est de l'Ontario. Après avoir servi comme garde à Terre-Neuve, le régiment a été sélectionné en janvier 1943 pour des opérations outre-mer. Il a débarqué à Liverpool et fait partie de la *10th Canadian Infantry Brigade* de la *4th Canadian Armoured Division*.

La division a débarqué en Normandie le 18 juillet 1944 à *Juno Beach*. Elle faisait partie de l'effort canadien pour fermer la brèche de Falaise. Cependant, le 9 août 1944, le régiment, est venu appuyer le *British Columbia Regiment* (BCR), et ensemble, les deux formaient la *Force Worthington*, qui avait la tâche de prendre la côte 195, au sud de Caen. Malheureusement les troupes se sont trompées de chemin dans l'obscurité et elles se sont retrouvées à quatre milles à l'est de l'objectif, en territoire allemand profond. Le régiment a subi de lourdes pertes dans cette bataille, mais le *padre* Mooney n'a pas été impliqué dans sa quasi-destruction, car il était resté en arrière au poste de secours du régiment.

À la fin du mois d'août 1944, après la fermeture de la brèche de Falaise, le régiment Algonquin et la *4th Canadian Armoured Division* ont rapidement traversé la Belgique et se sont arrêtés le 8 septembre au canal de Gand-Brugge. Le 10 septembre, après de durs combats, avec le *padre* Money au cœur de l'action, où il soutenait et encourageait les hommes, le régiment a pu établir une tête de pont sur le canal. Quelques jours plus tard, le 14 septembre, la tentative de *l'Algonquin Regiment* de franchir le prochain obstacle aquatique, le canal Léopold, s'est soldée par un échec puisqu'il a été repoussé à Moerkerke par la 245e division d'infanterie allemande.

Le *padre* Mooney a été tué par un tir d'obus allemand lors de sa tentative de traverser le canal Léopold pendant qu'il s'occupait des blessés de son régiment. Son corps a été retrouvé et, le lendemain, un aumônier catholique romain d'une unité voisine a célébré une messe de requiem pour lui. En guise d'hommage, les aumôniers protestants de *la 4th Canadian Armoured Division* ont servi de porteurs de cercueils. Le *padre* Mooney a été le premier aumônier catholique canadien déclaré tué au combat pendant la Seconde Guerre mondiale.

Un pont trop loin – Opération Market Garden

Entre le 20 et le 25 (probablement le 23) septembre 1944

HENRY JAMES IRWIN, BA, Matricule 270523. 28 ans. Aumônier de 4ᵉ classe, *Royal Army Chaplains' Department*. Attaché au *11th Bataillon, 4th Parachute Brigade, The Parachute Regiment*. Inhumé au *Commonwealth War Graves Cemetery* d'Arnhem, parcelle 26 A, tombe 2, Oosterbeek, Pays-Bas.

Henry (connu sous le nom de Jim) Irwin était le fils de James Thomas et de Sarah Ann Irwin (née Dennis) d'Opawa, Christchurch, Canterbury, Nouvelle-Zélande. Il est né le 5 septembre 1906, et avait un frère cadet, Francis, également né en Nouvelle-Zélande. Jim Irwin a fréquenté l'Université de Nouvelle-Zélande où il a obtenu un BA en 1938, avant de se rendre à Clifton, une banlieue de Bristol au Royaume-Uni, pour suivre les cours du *Bible Churchmen's Society College* (BCM). Il en a été diplômé en 1939 et a été ordonné diacre en 1939 dans le diocèse de Chelmsford. En 1941, il a été fait prêtre et a pris le poste de vicaire dans l'une des églises anglicanes de Dagenham, dans la banlieue est du Grand Londres. Cependant, le révérend Irwin n'a pas exercé son ministère à Dagenham longtemps, car il s'est enrôlé dans le *Royal Army Chaplains' Department* le 14 mai 1941.

Le lundi 18 septembre, l'aumônier Irwin a sauté avec le *11th Battalion, 4th Parachute Brigade, The Parachute Regiment* et quelques hommes du *South Staffords Regiment* afin d'atterrir dans la zone de largage de Ginkel Heath, près d'Arnhem aux Pays-Bas. Le bataillon de l'aumônier Irwin avait pour mission de rejoindre les deux bataillons de *1st* et *3rd Parachute Battalions* et de tenter une percée vers le pont d'Arnhem. Bien que les trois bataillons se soient retrouvés, ils n'ont pas tenté d'attaque conjointe pour percer le pont, et chacun a échoué dans sa première attaque du 18 septembre. Ils ont ensuite tenté une attaque plus coordonnée qui a débuté à 4 heures du matin le 19 septembre, et qui a donné lieu à d'intenses combats au corps à corps avec les forces allemandes qui se défendaient. Cependant, les Paras ne parvenaient ~~iennent~~ pas à pénétrer les lignes allemandes car les Allemands soutenaient leurs défenses avec des canons d'assaut automoteurs *Stugeschuetz III*, alors que les Paras ne disposaient que d'armes d'infanterie. La structure de commandement des 3 bataillons de parachutistes s'est effondrée : le commandant du *3rd Para Battalion* a été tué au combat, le commandant du *11th Para Battalion* et le commandant des *South Staffords* ont tous deux été blessés et faits prisonniers.

L'aumônier Irwin et les derniers hommes du 11th se sont battus, mais sans leur commandant. Ils ont du battre la retraite de manière ordonnée en se dirigeant vers le périmètre d'Oosterbeek, où la majorité de la *1st Airborne Division* avait formé une dernière position défensive. L'aumônier Irwin, l'aumônier Benson, du *181st Airlanding Field Hospital*, et l'aumônier de la 1st Glider Wing, le révérend Pare, se sont retrouvés à l'hôtel Schoonoord qui avait été transformé en poste de secours. Ils y ont passé la nuit et le matin, ils sont partis chacun de leur côté. Le révérend Pare a dit au révérend Irwin qu'il devrait porter un collier de prêtre (en suivant la tradition de la « Basse Église, » le révérend Irwin ne portait pas de collier de prêtre), afin d'être plus facilement reconnu par les autres parachutistes et par l'ennemi. Ils ont donc fini par en fabriquer un en carton blanc qu'ils ont attaché au cou du *padre* Irwin. Néanmoins, le 20 septembre, le *padre* Irwin a été tué dans la position défensive à Oosterbeek par l'explosion d'un obus de mortier, près de l'hôtel

Hartenstein. Il y a eu une certaine confusion quant à la date de la mort du *padre* Irwin, notée sur sa pierre tombale entre le 20 et le 25 septembre 1944, mais des recherches supplémentaires menées par l'auteur Chris van Roekel dans les années 1990 ont permis de déterminer que le *padre* Irwin a été tuéle 20 septembre et inhumé près de l'endroit où il est mort, près de l'hôtel. L'incertitude quant à la date de son décès, dans les années qui ont suivi la fin de la Seconde Guerre mondiale, est le signe de la confusion qui régnait dans les combats rapprochés entre les Allemands et les parachutistes britanniques, et de l'incapacité à tenir des registres précis concernant les personnes tuées au combat.

Le 23 septembre 1944

HENRY JEFFERYS LEIGH TAYLOR, Mention dans les dépêches, Croix militaire, Matricule 188501. 31 ans. Aumônier de 4e classe, *Royal Army Chaplains' Department*. Attaché au *8th Bataillon*, à la *Rifle Brigade* et au *23rd Hussars*, faisant partie de la *29th Armoured Brigade, 11th Armoured Division*. Inhumé au *Commonwealth War Graves Cemetery* de Mierlo, parcelle V rangée B, tombe 7, Mierlo, Pays-Bas.

Fils de Russell Leigh et Ethel May Taylor (née Ackerley) de Clifton-on-Teme, dans le Worcestershire, Henry Taylor est né en 1913, à Maiden Bradley, dans le Wiltshire et porte les prénoms de son oncle, Henry Jefferys Taylor. Il avait une sœur cadette qui s'appelait Ursula. Dans sa jeunesse, il a fréquenté le *Radley College* où on disait de lui que "les éléments les plus remarquables de son caractère étaient une simple et profonde piété sans faille, un moral robuste qui entrainait souvent un certain manque d'appréciation chez les autres élèves, et un sens de l'humour très aigu." Il a fait des études à l'*Oxford University* et a reçu son diplôme en 1935. Par la suite, il a suivi une formation théologique au *Chichester Theological College* et a été ordonné diacre en 1937 dans le diocèse de Peterborough, où il a été vicaire de la paroisse d'Oakham. Après avoir été fait prêtre, il est devenu le vicaire de l'église anglicane *Holy Cross* à Daventry en 1938. Après s'être enrôlé dans le *Royal Army Chaplains' Department*, il a été affecté au *8th Battalion* du *Rifle Brigade*, soutenant la 29th *British Armoured Brigade*. Le 13 juin 1944, l'aumônier Taylor et son unité ont débarqué à Juno Beach le 13 juin 1944. Alors qu'il était officiellement affecté aux *8th Rifles*, il s'est occupé de toutes les unités de la *29th Armoured Brigade* pendant tous les grands engagements britanniques en Normandie sans oublier la traversée de la Seine et la route vers la Belgique.

L'aumônier Taylor a été décoré de la *Military Cross* pour son travail auprès des *8th Rifles* au poste d'aide régimentaire de son bataillon pendant la bataille de Normandie, alors qu'il était sous le feu constant des obus allemands. Pendant ce temps, il est également sorti sur le champ de bataille avec des brancardiers afin d récupérer les hommes blessés de son bataillon et les ramener au RAP. Cependant, il n'a pas vécu assez longtemps pour la recevoir, car elle n'a été annoncée qu'au printemps 1945, 6 mois après son décès. Dans un court-métrage britannique de l'époque (conservé aujourd'hui dans les archives de l'*Imperial War Museum*) l'aumônier Taylor a été immortalisé en train de célébrer un service en plein air pour les hommes du *23rd Hussars Tank Regiment*, après l'opération Epsom (pour capturer une tête de pont sur la rivière Odon) à la fin du mois de juin 1944. Les archives indiquent que l'aumônier Taylor se trouvait au poste de secours régimentaire des *23rd Hussars* près de la ville d'Ommel, aux Pays-Bas, alors que la *29th Brigade* avançait vers le nord de la Hollande pour venir en aide aux parachutistes britanniques et américains qui avaient débarqué pour essayer de prendre les ponts sur le Rhin dans le cadre de l'opération *Market Garden*.

Le village où se trouvait le RAP était sous le feu des mortiers et de l'artillerie allemands. L'aumônier Taylor a appris qu'un soldat blessé était coincé dans une maison, et avec lui des enfants néerlandais blessés. Il s'est mis en route pour essayer d'aider ces blessés, car il y avait une accalmie dans le bombardement. Les archives indiquent qu'il a atteint la maison à 17h00, mais alors qu'il y entrait, les tirs d'artillerie ont soudainement augmenté et la maison a subi un coup direct qui l'a fait s'effondrer sur le *padre* Taylor et les autres qui étaient à l'intérieur. Le *padre* Taylor a été secouru par d'autres troupes britanniques et emmené au poste de secours avancé du *8th Bataillon* à 18h00, mais il avait été gravement blessé à la tête et à la poitrine et est décédé peu après. Il a d'abord été inhumé sur place par l'aumônier E.T. Lang avant d'être transférér vers son lieu de repos final dans le *Commonwealth War Graves Cemetery* de Mierlo après la fin de la Seconde Guerre mondiale.

L'histoire du *8th Bataillon* et de ses combats dans le nord-ouest de l'Europe, de la Normandie jusqu'à la fin de la guerre, souligne que *padre* Taylor était l'un des hommes les plus sympathiques de l'unité. On disait qu'il avait le courage d'un lion et beaucoup d'esprit, même s'il bégayait. Sa mort a été enregistrée comme un coup dur pour le moral de son bataillon.

Le 25 septembre 1944

HUBERT K.S. MISIUDA, OMI, Croix de la Vaillance polonaise. 35 ans. Aumônier catholique romain polonais, attaché au *3rd Casualty Parachute Bataillon, 1st Polish Independent Parachute Brigade Group*. Inhumé au *Commonwealth War Graves Cemetery* d'Arnhem, parcelle XXIII, rangée C, tombe 6, Oosterbeek, Pays-Bas.

Fils d'August et Emma Misiuda, Hubert Misiuda est né le 23 septembre 1909 à Nieborowice (dans le comté de Rybnik) en Pologne. Quand il était jeune, Hubert a servi comme missionnaire à Ceylan (aujourd'hui Sri Lanka) de 1927 à 1929. Il est ensuite rentré en Pologne où il est entré à l'institut théologique d'Obra, en Pologne, et a commencé à étudier pour devenir un prêtre catholique romain. Alors qu'il était encore au séminaire, en 1932, il est devenu membre de l'ordre religieux Missionnaires Oblats de Marie Immaculée. Hubert a poursuivi ses études jusqu'à ce qu'il obtienne son diplôme du séminaire et soit ordonné prêtre catholique romain en 1937. Après son ordination, le père Misiuda a continué son ministère avec les Oblats dans leur monastère jusqu'en septembre 1939.

Après l'invasion de la Pologne par les Allemands et les Russes, et après la défaite et la partition de la Pologne, de nombreux Polonais en âge de servir dans les forces armées se sont enfuis en France pour rejoindre l'armée polonaise en exil qui s'y formait. Le père Misiuda était l'un d'entre eux. Il a terminé l'école des élèves officiers polonais en France et est devenu l'aumônier du Centre d'entraînement militaire de Loudéac. Il s'est fait remarquer par ses excellentes aptitudes sportives et notamment son talent de boxeur. L'officier d'état-major de la brigade, Władysław Klemens Stasiak, servait souvent de *sparring-partner* (partenaire-adversaire) au père Misiuda sur le ring et, dans ses mémoires, il a avoué que : "Souvent, seuls ma taille supérieure et mes bras plus longs m'ont évité d'être envoyé au tapis par le père Misiuda."

Peu après avoir terminé l'école polonaise d'officiers, le *padre* Misiuda a été transféré comme aumônier du régiment d'artillerie 3e régiment polonais d'infanterie légère. Quand la France a été envahie par les Allemands, et est devenue par la suite un pays divisé, le père Misiuda s'est rendu dans la zone non occupée de la France et a exercé son ministère en tant qu'aumônier à l'hôpital anglais de Marseille jusqu'en 1941. Il a ensuite traversé la Méditerranée pour rejoindre les Polonais détenus dans les camps d'internement français en Algérie et au Maroc, en Afrique du Nord. Le père Misiuda s'est ensuite rendu dans le camp d'internement espagnol de Miranda del Ebro en Espagne. Enfin, le *padre* Misiuda s'est rendu au Royaume-Uni où, au début de 1942, il est devenu l'aumônier du 2e bataillon polonais d'infanterie. Pendant l'été de 1942, le *padre* Misiuda s'est ensuite porté volontaire pour suivre une formation de parachutiste et, le 15 septembre 1942, il est devenu le premier aumônier polonais formé au parachutisme. Il a ensuite été affecté comme aumônier de la 1e brigade de parachutistes polonais indépendante et a finalement sauté avec son unité en Hollande en septembre 1944 pour soutenir la 6th *British Airborne Division* dans les combats d'Arnhem.

Après un atterrissage réussi, le *padre* Misiuda a traversé le Rhin avec les hommes de son bataillon dans de petits bateaux gonflables sous le feu de l'ennemi. Avec ses hommes, il a servi en première ligne dans ce qui a été décrit comme un "chaudron de feu," en les soutenant et réconfortant autant que possible pendant qu'ils se battaient pour maintenir ouverte la tête de pont alliée sur la rive nord du Rhin, près d'Oosterbeek. Cependant, le 25 septembre, il est devenu évident que les troupes aéroportées britanniques et polonaises ne pouvaient pas retenir les troupes allemandes qui les encerclaient et, dans l'obscurité de la nuit du 25 au 26 septembre, un retrait du plus grand nombre possible de parachutistes britanniques et polonais a été organisé. Le *padre* Misidua, se rendant compte qu'il n'y avait pas assez de bateaux pour faire traverser le Rhin à tous les hommes, a abandonné sa place, décidant de traverser le Rhin à la nage. Cependant, alors qu'il traversait le fleuve à la nage, il a été touché et tué par des tirs de mitrailleuse allemande. Le *padre* Misidua a reçu à titre posthume la plus haute médaille de bravoure polonaise, la Croix de laVaillance, pour son sacrifice sur le champ de bataille. La Croix de la Vaillance est l'équivalent polonais de la Victoria Cross britannique ou de la Medal of Honor américaine. Le corps de *padre* Misidua n'a été retrouvé qu'en mai 1945, dans un champ, ou polder, près d'Oosterbeek, qui était en train d'être vidé de son eau, après avoir été inondé par les Allemands pendant l'hiver 1944-45. Le corps du *padre* Misidua a ensuite été inhumé dans le *Commonwealth War Graves Cemetery* d'Arnhem Oosterbeek avec 73 de ses collègues parachutistes polonais et plus de 1 400 parachutistes britanniques.

Le 27 septembre 1944

BERNARD JOSEPH BENSON, SJ, Matricule 205968. 30 ans. Aumônier de 4ᵉ classe, *Royal Army Chaplains' Department.* Attaché au *181st Airlanding Field Hospital, 1st Airlanding Brigade.* Inhumé au *Commonwealth War Graves Cemetery* d'Arnhem, parcelle 4, rangée B, tombe 10, Oosterbeek, Pays-Bas.

Bernard Benson est le fils de Henry et Bridget Benson, de Shipley, qui vivaient dans le Yorkshire. Enfant, il a fréquenté la *St Bede's Grammar School* de Bradford. Bernard est entré dans la vie monastique en devenant membre de la Société monastique catholique romaine des Jésuites, et a été ordonné prêtre dans le diocèse de Leeds. Le père Benson a rejoint le département des *Royal Army Chaplains' Department* le 17 octobre 1941. Il est l'un des premiers aumôniers à suivre une formation de parachutiste et a été affecté à la *1st Airborne Division*, avec laquelle il a servi en Tunisie, en Sicile et en Italie. Pendant qu'il était en Tunisie, il a fait en sorte que les aumôniers allemands détenus comme prisonniers de guerre puissent reprendre leur ministère auprès des autres prisonniers de guerre allemands, comme l'exige la Convention de Genève.

En septembre 1944, l'aumônier Benson servait dans la *1st Airborne Division*, attaché au *181st Airlanding Field Hospital.* Le 17 septembre 1944, il a atterri dans le champ de bataille d'Arnhem en planeur, dans le cadre de l'opération *Market Garden.* Peu après le débarquement, le 181st a été envoyé installer son hôpital dans l'hôpital psychiatrique néerlandais de Wolfheze. Cependant, cet ordre a été rapidement modifié et le 181st a reçu l'ordre de se rendre dans la ville d'Oosterbeek, où il a pris possession de l'hôtel Schoonoord pour en faire son hôpital. Il n'y avait pas vraiment d'endroit sûr pour les blessés dans la tête de pont d'Arnhem et l'hôpital a essuyé le feu d'un canon d'assaut automoteur allemand qui a envoyé quatre obus explosifs contre le niveau supérieur de l'hôtel. Le commandant de l'hôpital de campagne a ordonné que tous les blessés des étages supérieurs soient descendus au rez-de-chaussée. L'aumônier Benson et d'autres personnes ont couru dans les escaliers afin suivre les ordres. Il a été annoncé que les étages supérieurs étaient libres de tout blessés, mais le *padre* Benson et le soldat qui l'accompagnait n'ont pas entendu l'appel à descendre. Un autre obus explosif a été envoyé contre le dernier l'étage de l'hôtel, et le *padre* Benson a été touché au bras droit. La blessure était si grave qu'il avait le bras presque détaché du corps. L'un des chirurgiens du *181st Field Hospital*, le capitaine C. A. Simmons, a opéré le *padre* Benson et a dû amputer son bras droit au niveau du coude. On rapporte que le *padre* Benson était en état de choc et qu'il avait reçu une transfusion sanguine massive. Sa blessure était si grave qu'il a été évacué vers l'hôpital néerlandais St Elizabeth pour s'y faire soigner. Cependant, un autre aumônier, le père McGowan, qui a accueilli le *padre* Benson à son arrivée à l'hôpital St Elizabeth, a noté que le *padre* Benson semblait avoir perdu la volonté de vivre et était très contrarié par le fait qu'en raison de la perte de son bras droit, il ne pourrait plus exercer son ministère de prêtre catholique (à l'époque, dans l'Église catholique romaine, un prêtre ne pouvait faire que des bénédictions de son bras droit). L'état du *padre* Benson a continué à se détériorer et il est décédé à l'hôpital St Elizabeth le 27 septembre, juste après l'évacuation de toutes les troupes aéroportées valides de la tête de pont d'Arnhem.

Next to St. Elisabeth's Hospital. The rearmost cross marks the grave of Father Benson.

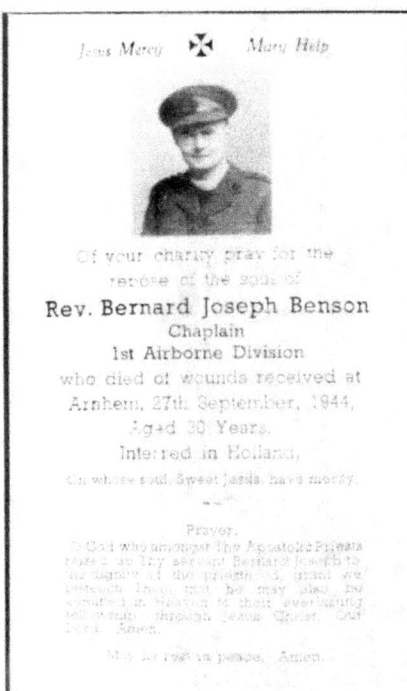

Après la disparition du père Benson, l'officier médical qui le soignait a donné à l'aumônier anglican Selwyn Thorne le crucifix du prêtre décédé. Le *padre* Thorne est devenu ~~y~~ prisonnier et a été placé dans un camp de prisonniers de guerre à Fallingbostel où il subit l'influence d'un aumônier français. En 1945, *padre* Thorne s'est converti au catholicisme et s'est formé à la prêtrise au *St Edmund's College*, à Ware, avant d'être ordonné prêtre catholique en 1951 pour l'archidiocèse de Westminster. Après ~~une~~ une période en tant que vicaire à l'église *Holy Trinity*, dans le quartier de Brook Green à Hammersmith, il a rejoint la *Downside Abbey* en prenant le nom de père Columba. Au début du XXIe siècle, il a fait don de la croix du père Benson au *Royal Army Chaplains Museum*.

L'automne aux Pays-Bas et dans la forêt de Hurtgen a été long, froid et humide

Le 26 octobre, 1944

IAN MACAULAY BA Hons, BTh, Matricule 121108. 28 ans. Aumônier de 4ᵉ classe, *Royal Army Chaplains' Department*. Attaché au *1ˢᵗ BataillonFife and Forfar Yeomanry*. Inhumé au *Commonwealth War Graves Cemetery* de Geel, parcelle IV, rangée D, tombe 22, Geel, Belgique.

Fils du révérend James J. Macaulay et de Margery Macaulay, Ian Macaulay est né à Dublin, en 1916. Le père d'Ian a servi comme aumônier de la *Royal Army* pendant la Première Guerre mondiale. En outre, il est devenu modérateur (le poste le plus élevé de l'Église presbytérienne) de l'Église presbytérienne d'Irlande en 1932. Au moment de son élection au poste de modérateur, le révérend JJ Macaulay était en poste à la Christ Church, Rathgar, à Belfast, en Irlande du Nord. Après leur mandat d'un an en tant que modérateur, les membres du clergé presbytérien reçoivent le titre honorifique de "Very Reverend" (le très révérend) pour indiquer qu'ils avaient occupé le poste de modérateur.

Ian Macaulay a fréquenté l'internat du *Campbell College* de Belfast dans sa jeunesse. En 1933, Ian a visité le Canada, dans le cadre d'une tournée parrainée par le ministère canadien de la Défense nationale à Ottawa. Il a ensuite fréquenté la *Cambridge University*, où il a obtenu un BA (avec mention bien), et il a ensuite entamé des études de théologie de l'*University of Edinburgh*. Ian Macaulay, comme un certain nombre d'étudiants en théologie, a ressenti un fort appel à servir son pays et n'a pas attendu la fin de ses études avant de s'enrôler dans le *1st Bataillon* des *Royal Scots* (le plus ancien régiment de ligne de l'armée britannique) tôt dans l'année 1940. Il a été nommé chef de section quand il servait avec ce bataillon dans le cadre de la *British Expeditionary Force* et a participé à la bataille de France. Le bataillon a été, à toutes fins utiles, anéanti le 27 mai 1940 lors d'une bataille contre les forces allemandes, alors qu'il tenait le flanc sud des positions britanniques pour faciliter l'évacuation de Dunkerque. Toutefois, le lieutenant Macaulay et quelques autres membres des *Royal Scots* ont pu être évacués de France et sont rentrés au Royaume-Uni. Après la reconstitution du bataillon à Bradford, en Angleterre, il a été affecté à des missions contre les invasions en divers endroits du sud de l'Angleterre. Le lieutenant Macaulay a continué à servir avec les *Royal Scots*, jusqu'à ce que l'Église d'Écosse cherche à ordonner prêtres des hommes ayant terminé ou presque terminé leur formation théologique, car il y avait un manque d'aumôniers militaires. Le 28 septembre 1941, Ian Macaulay a été ordonné ministre de la Parole et des Sacrements dans l'Église d'Écosse.

Après son ordination, le révérend Macaulay s'est immédiatement porté volontaire pour servir dans le *Royal Army Chaplains' Department* et a suivi la formation de base des aumôniers au Camp Tidworth. Au début de l'année 1942, il est devenu l'aumônier du *1st Fife and Forfar Yeomanry Regiment, 28th Armoured Brigade*, qui avait des responsabilités dans la défense du Royaume-Uni. C'était aussi une unité d'expérimentation de nouveaux véhicules blindés, notamment les "Funnies" ou chars spécialisés qui allaient composer la 79th *Armoured Division* et jouer un rôle si important dans les débarquements du jour J. Le *1st Fife and Forfar Yeomanry Regiment* est devenu expert dans l'utilisation des chars Churchill "Crocodile" équipés de lance-flammes. Les différentes troupes et escadrons de chars (comme des pelotons et compagnies d'une unité d'infanterie) du *1st Fife and Forfar Yeomanry Regiment,* comme c'était le cas pour tous les chars de la *79th Armoured Division*, ont été affectés en fonction des besoins à d'autres divisions, corps et armées alliés.

En août 1944, le *1st Fife and Forfar Yeomanry* a été envoyé en Europe et a participé à l'avancée des Alliés dans le nord de la France et en Belgique. En Belgique, au début de l'automne 1944, ils ont participé à la campagne de la *1st Canadian Army*, qui visait à dégager l'estuaire de l'Escaut, afin d'ouvrir le port d'Anvers aux navires alliés (le port se trouve en fait à 60 miles à l'intérieur des terres de la mer du Nord).

Au moins deux troupes de chacun des escadrons A et C du *1st Fife and Forfar Yeomanry Regiment* ont été affectées à la *3rd Canadian Infantry Division* qui luttait pour dégager les Allemands de la zone située au nord d'Anvers, dans le cadre d'une opération dont le nom de code était "Opération Suitcase," conçue dans le but de dégager la zone située au nord d'Anvers, Cette zone était située entre Bergen op Zoom (sur l'estuaire de l'Escaut) à l'ouest et Breda à l'est, et où les 1st FFY avec leurs chars Churchill Crocodile lance-flammes ont offert une aide précieuse dans la mission contre les positions allemandes.

Le jour de sa mort, le *padre* Macaulay est allé rendre visite aux hommes de deux troupes de l'escadron A avant leur première action avec le régiment d'infanterie canadien Algonquin, et un court service a été organisé sur le terrain à côté de leurs chars. Ils se trouvaient à Esschen (Essen) en Belgique, juste à la frontière nord avec la Hollande et à l'est de Bergen-op-zoom. L'aumônier Macaulay a ensuite accompagné l'escadron A dans l'action et s'est rapidement retrouvé sous le feu de l'ennemi, bien qu'il fût seulement à côté des chars, avec l'infanterie canadienne qui les accompagnait. Ils ont remarqué que le terrain sur lequel les chars de l'escadron A avançaient ne convenait pas du tout aux chars, car il était détrempé.Toutefois, leurs lance-flammes étaient très efficaces dans les zones boisées où les troupes allemandes étaient cachées.

Après cette première bataille, l'aumônier Macaulay est allé rendre visite aux soldats de l'escadron C de la 1st FFY, qui participaient également à leur première bataille. Alors qu'il soignait leurs blessures, un obus allemand a éclaté près de lui et il est mort de ses blessures par éclats d'obus dans la demi-heure qui a suivi. Le *padre* Macaulay était considéré comme un vrai gentleman et une personne très joyeuse et enthousiaste. Le 1st FFY a estimé que sa mort avait laissé un vide dans le régiment qui n'a jamais été entièrement comblé par la suite. Le *padre* Macaulay est commémoré en tant que membre mort pendant la Seconde Guerre mondiale sur une grande plaque de la cathédrale St Giles (presbytérienne) à Édimbourg, en Écosse.

Le 27 octobre 1944

JOHN RUDOLPH KILBERT, Purple Heart, Croix de Guerre, Matricule O-523437. 30 ans. Lieutenant, *United States Army Chaplains Corps*. Attaché au *9th Infantry Regiment, 2nd Infantry Division*. Inhumé au cimetière national d'Arlington, section 12, tombe 1616, Arlington, Virginie, États-Unis.

John (Jack) Kilbert est né le 1er octobre 1914 à Philadelphie, en Pennsylvanie. Fils de Rudolph Kilbert et de Matilda Ella Kilbert (née Bookout), il avait une petite sœur, Ruth. Il a fréquenté la *Northeast High School* à Philadelphie et a fait partie des équipes de football et de basket-ball. Il a fini ses études secondaires en 1933.

Le pasteur Kilbert a obtenu une licence en théologie à l'*Eastern Baptist Theological Seminary* en 1938 et a été ordonné dans l'église baptiste la même année. De 1936 à 1938, John a été pasteur apprenti de l'église baptiste à Manahawkin, dans le New Jersey, ainsi que de l'église baptiste de Surf City et de l'église de l'Union de Beach Arlington, dans l'île de Long Beach.

Alors qu'il exerçait son ministère dans ces trois congrégations, il a assisté à une fête d'Halloween à l'église baptiste de la communauté voisine de Ship Bottom. Il a rencontré sa femme Margret (Margie) à cette fête et, dans la famille, on raconte que Jack a eu le coup de foudre. Après la fête, Jack et Margie se sont promenés à la plage et il lui a dit qu'il allait l'épouser. Margie lui répond qu'elle ne voulait pas être la femme d'un pasteur et qu'elle venait de refuser un prêtre anglican, donc elle n'allait certainement pas épouser un pasteur baptiste. Cependant, Jack ne s'est pas laissé décourager. Il est retourné à Philadelphie, où vivaient ses parents, et a mis fin à ses fiançailles avec une grande femme blonde qui chantait dans la chorale de son église et était considérée comme une excellente candidate à devenir la femme d'un prêtre. La mère de Jack a été très contrariée par la décision abrupte de son fils lors de la rupture de ses fiançailles et a envoyé son mari, Rudolph, à Ship Bottom pour rencontrer Margie. Quand il est revenu, il a dit à sa femme, "Si Jack ne l'épouse pas, c'est moi qui vais le faire." Jack a continué à persister dans sa relation avec Margie et ils se sont mariés peu après la fin de ses études au séminaire. Après son ordination, il est devenu pasteur dans les trois congrégations où il travaillait déjà. Jack et Margie ont vécu dans la communauté voisine de Surf City, dans le New Jersey.

Au début de l'automne 1940, Jack et Margie ont déménagé à Philadelphie où il est devenu pasteur de la Geiger Memorial Brethren Church (l'église que fréquentaient les parents de Jack). Comme elle est liée à la dénomination Amish, la dénomination Brethren est fortement pacifiste et ses jeunes hommes en âge de s'engager sont généralement des objecteurs de conscience. Cependant, certains se sont engagés dans l'armée et ont servi dans des rôles de non-combattants, dans le corps médical ou comme aumôniers. Au printemps 1943, Jack s'est porté volontaire pour l'armée, ce qui a provoqué une certaine controverse à la Geiger Memorial Church en raison des croyances pacifistes de la congrégation. Cependant, Jack ne s'est pas laisser décourager, car le rôle d'aumônier est un rôle de non-combattant. Après une formation à l'école d'aumônerie de Harvard au cours de l'été 1943, il est parti outre-mer avec le 9th *Infantry Regiment* of the 2nd *Infantry Division*. L'aumônier Kilbert et son régiment se sont entraînés en Irlande du Nord et au Pays de Galles en vue de leur participation à l'invasion de l'Europe.

L'aumônier Kilbert a débarqué avec son régiment en Normandie le 7 juin 1944 sur la plage d'Omaha Beach, près de Saint-Laurent-sur-Mer, et il a participé à la bataille de Normandie et à la prise du port de Brest sur la péninsule bretonne. À la fin du mois de septembre, le 9th *Infantry Regiment*, ainsi que l'aumônier Kilbert et le reste de la *2nd Infantry Division*, ont pris leurs quartiers près de Saint-Vith en Belgique pour tenir la ligne de front le long d'un très large secteur.

L'aumônier Kilbert a reçu la *Silver Star* pour ses actions le 29 août 1944. Le *1st Battalion, 9th Infantry* avec lequel il était se trouvait sous les tirs d'une contre-attaque allemande. Malgré le danger, il a quitté le poste de secours où il s'était positionné et s'est déplacé vers les positions de première ligne de ses troupes alors qu'elles étaient assaillies par les soldats allemands. Sa présence a été une source d'inspiration pour les hommes de la A *Company*, et lui a valu la *Silver Star* qui a été remise à madame Kilbert au Custom House de Philadelphie le 23 avril 1945.[ix]

La division de l'aumônier Kilbert a participé aux combats dans la montagne Schnee-Eifel et dans la région forestière près de St Vith, dans la zone où les frontières de la France, de la Belgique et de l'Allemagne se rejoignent dans une zone des défenses allemandes appelée la ligne Siegfried. Parmi les défenses figuraient des bunkers en béton construits par les Allemands pour empêcher les Alliés d'avancer.

La 9th *Infantry* lançait des patrouilles et des duels d'artillerie incessants contre les unités allemandes qui faisait de même dans la région depuis leur arrivée à la fin du mois de septembre 1944 jusqu'à l'automne. Les raids nocturnes allemands étaient fréquents, car les lignes de front avaient des percées importantes. Les hommes du *9th Infantry Regiment* menaient aussi régulièrement des raids en territoire allemand. En raison du terrain difficile de la région de Schnee-Eifel, la ligne de front n'était pas un système continu de tranchées. Plutôt, des positions qui surplombaient des jonctions de routes, des traversées de ruisseaux et de sentiers ont été construites ou, si encore mieux, capturées des points forts allemands. Ces fortifications allemandes de la ligne Siegfried étaient construites en béton et offraient une excellente protection contre les tirs de mortier et d'artillerie allemands. Elles étaient également plus faciles à chauffer et permettaient aux GI's américains de rester au sec, contrairement aux fortifications en bois que les GI's devaient creuser et construire eux-mêmes. En général, les soldats américains occupaient les bunkers en béton et les entourait de fils de fer et de mines, ce qui permettait aux hommes de se défendre contre les attaques des patrouilles allemandes, quelle que soit sa direction d'origine.

L'aumônier Kilbert a dû passer ses journées à faire la tournée des bunkers fortifiés occupés par les hommes du *9th Infantry Regiment*. Malheureusement, le 27 octobre 1944, après avoir rendu visite aux soldats à l'intérieur d'un des anciens bunkers allemands l'aumônier Kilbert a été touché par un barrage de mortier allemand et est mort sur le coup[x]. De plus un infirmier qui a quitté le bunker pour aller au secours de l'aumônier Kilbert a également été tué.

Le colonel CJ Hirschfelder a écrit à la veuve de l'aumônier Kilbert : "Depuis le jour où l'aumônier Kilbert a rejoint le régiment à Brest, en France, il a fait un travail exceptionnel. Dans le premier bataillon auquel il a été affecté, il était connu comme "l'aumônier de première ligne." Son dévouement à son travail le conduisait habituellement là où les combats étaient les plus durs, comme il savait que sa présence était toujours une source d'inspiration. »[xi]

L'aumônier Kilbert était le deuxième aumônier du *9th Infantry Regiment* à être tué au combat. L'aumônier Philip Edelen (voir plus haut), que l'aumônier Kilbert aurait connu, a été tué au combat le 10 juin 1944.

Le 21 novembre 1944

CLARENCE GIBSON STUMP, Purple Heart, Matricule O-540976. 30 ans. Capitaine, *United States Army Chaplain Corps.* Attaché au *1st* Batallion, *415th Infantry Regiment, 104th Infantry Division.* Inhumé au cimetière Mount Washington, Independence, Missouri, Etats-Unis.

Clarence Stump est né le 27 décembre 1914, à Independence, Missouri. C'était le fils de George Rufus Stump et Eula V Stump (née Gibson) et il avait un frère aîné, Homer, ainsi que deux frères cadets, Harold et Walter, et une sœur cadette, Evelyn. Clarence avait été membre de l'église baptiste de Maywood, dans la ville d'Independence, dans le Missouri, une ville située à la périphérie de Kansas City, et il avait été ordonné au ministère de l'Évangile. Il a fini ses études au William Jewell Baptist College en 1941. Il a également été le pasteur adjoint de la mission baptiste de Rockwood (devenue par la suite une église) dans la ville d'Independence. Cependant, il a décidé de poursuivre ses études et s'était inscrit au Southern Baptist Seminary de Louisville, Kentucky, et c'est de là qu'il s'est porté volontaire pour le corps des aumôniers en novembre 1943.

La *104th Infantry Division* s'est entraînée au Camp Adair, dans l'Oregon, pendant deux ans et est devenue spécialiste des combats de nuit. La division s'est embarquée pour la France le 27 août 1944 et y est arrivé le 7 septembre. Tôt en octobre, la division s'est vue confier la responsabilité de tenir 22 miles de territoire bas et humide. Les combats étaient durs et les conditions météorologiques en octobre et novembre 1944 étaient terribles : humides, froides et boueuses. L'aumônier Stump et les hommes de son régiment ont finalement pu avancer jusqu'à la rivière Maas le 5 novembre. Peu après, ils ont réussi à franchir la ligne allemande, près d'Aix-la-Chapelle. Le 16 novembre 1944, le 104th a lancé l'opération *Queen* et, après de durs combats et de nombreuses pertes dues aux mines et aux pièges allemands, sans oublier les tirs de mortier et d'artillerie, elle a réussi à capturer Stolberg, en Allemagne, le 19 novembre. Cependant, les combats sont restés des plus violents et le *415th Regiment* avançait lentement vers Eschweiler, en Allemagne, qu'il a pu prendre le 21 novembre. Le rapport quotidien du 415th indique que l'aumônier Stump a été tué par une mine allemande de type "*bouncing betty*" ou "S". La mine S est dotée d'une petite charge explosive qui la propulse à environ un mètre de haut, lorsque la charge principale explose, à la hauteur de la taille de l'homme qui a marché dessus. L'aumônier Stump a déclenché la mine S alors qu'il aidait à évacuer les soldats blessés du *1st Bataillon* du *415th Infantry Regiment*. Après la mort du padre, on a écrit dans l'histoire de la *104th Division* qu' il s'était souvent distingué par son courage et son dévouement envers les hommes qu'il servait. L'aumônier Stump a laissé un héritage d'héroïsme et de caractère chrétien qui devrait devenir son mémorial éternel." Il a également fait l'objet d'un éloge funèbre offert de la part du conseil exécutif de la *Missouri Baptist General Convention*, lequel a exprimé ses sincères condoléances à sa famille, aux églises qu'il avait dirigées et aux universités qu'il avait fréquentées. Le *Local Baptist Council* de Kansas City l'a décrit comme "un jeune homme de grand talent et promis à un avenir exceptionnel".

Le 29 novembre 1944

EUGENE PATRICK O'GRADY, Bronze Star, Purple Heart, Matricule. O-415524. 35 ans. Capitaine, *United States Army Chaplains Corps*. Attaché au *115th Infantry Regiment, 29th Infantry Division*. Inhumé au cimetière New Cathedral, parcelle HH-291-2, Baltimore, Maryland, États-Unis.

Né le 25 juillet 1909, Eugene O'Grady était le fils de Patrick J. et Della M. O'Grady (née Donlon). Il a grandi à Baltimore, avec ses 5 frères et sœurs. Eugene O'Grady a étudié au Séminaire américain de Rome et y a été ordonné le 8 décembre 1935. Sa première affectation en tant que prêtre a été dans le quartier de Mount Washington, dans le nord de Baltimore, dans le Maryland. Le prêtre de la paroisse, le père Louis Stickney, a décrit le père O'Grady comme "le meilleur prêtre [qu'il a] jamais connu."

Le 31 janvier 1941, l'aumônier O'Grady s'est engagé dans l'armée américaine après avoir appris que de nombreux hommes de sa paroisse, qui s'étaient engagés dans la garde nationale du Maryland pour compléter leurs revenus, étaient appelés au service actif avant même que l'Amérique n'entre dans la Seconde Guerre mondiale. Il a servi dans la *29th Division* pendant toute la durée de son service. Pour les hommes du *115th Regiment*, il était connu sous le nom de "Father Pat". À seulement 35 ans, le Père Pat avait déjà les cheveux blancs, et les hommes de son régiment ne savaient pas quel était son véritable âge. Quel que soit l'âge qu'ils lui attribuaient, le *padre* jouait au baseball ou au football avec les hommes, et il avait la réputation d'aider tous les soldats avec lesquels il entrait en contact, quelles que soient leur race ou leur confession.

Le jour J, le 6 juin 1944, l'aumônier O'Grady a débarqué sur Omaha Beach dans la troisième vague, alors que la plage était encore sous le feu nourri des Allemands, mais il y a survécu et a servi avec son régiment dans les batailles des bocages normands. Un commandant de bataillon du *115th Regiment* a déclaré à propos du service de l'aumônier O'Grady en Normandie : "... sans exagérer, l'aumônier O'Grady a apporté la plus grande contribution au moral de son bataillon... quelques mots venant de lui ont, en d'innombrables occasions, lorsque les choses allaient mal, changé l'attitude de certaines personnes, les ont soutenues et les ont poussées à faire de plus grands efforts. Le danger ne signifiait rien pour cet aumônier..." Cependant, cinq mois de combat presque continu sur le front avaient épuisé l'aumônier. Un prêtre néerlandais, qui l'a rencontré à cette époque, l'a encouragé à prendre du repos. Mais le Père Pat lui a dit que c'était impossible car ses "garçons" avaient besoin de lui.

Le 29 novembre 1944, le père Pat et son chauffeur étaient dans leur jeep, chargés de café chaud et de beignets de la Croix-Rouge qu'ils amenaient au poste de secours du *3rd Bataillon* qui se trouvait dans un vieux manoir près de la rivière Roer, qui était à portée de vue des Allemands de l'autre côté de la rivière. Le père Pat et son chauffeur ont été aperçus entrant dans la cour du manoir dans leur jeep, et, alors qu'ils commençaient à décharger leur vehicule, les Allemands ont lancé une attaque au mortier contre le manoir. Un obus de mortier a atterri près de l'aumônier O'Grady, qui a été touché à la tête par un fragment d'obus et tué sur le coup. La mort du père Pat a jeté un froid sur l'ensemble du régiment, car il l'avait accompagné depuis son entraînement en Angleterre en vue du Jour J.

Le *padre* O'Grady a été inhumé par l'aumônier en chef de la *29th Infantry Division*, le Major Harold Donovan, qui était également l'un des plus proches amis du *padre*, puisqu'ils avaient été commissionnés ensemble en janvier 1941. Comme le *115th Regiment* se trouvait sur les lignes de front, ses hommes n'ont pas pu assister aux funérailles du père Pat, mais, quelques jours plus tard, le commandant du régiment a autorisé 5 hommes de chacune des 19 compagnies du régiment à assister à une messe de requiem solennelle à l'église de Schandelen à Heerland, en Hollande.

Le Chaplain O'Grady est commémoré dans la réserve militaire de Camp Fretterd, dans le Maryland, où se trouve la chapelle du Chaplain Eugene P. O'Grady. Le Père Pat fut le seul aumônier catholique de Baltimore à être tué pendant la Seconde Guerre mondiale et était aussi le seul aumônier de la Garde nationale du Maryland à être tué.

La bataille des Ardennes et la bataille des Vosges

Le 18 décembre 1944

EDWIN WILLIAM HAMPTON, Purple Heart, Matricule O-553341. 36 ans. Lieutenant, *United States Army Chaplains Corps.* Attaché au *393rd Infantry Regiment, 99th Infantry Division.* Inhumé dans le cimetière de Kaufman, section 4, comté de Kaufman, Texas, États-Unis.

Fils de William B Hampton et de Sarah Hampton (née Cave), Edwin Hampton est né le 9 mars 1908 à Scurry, au Texas. Edwin avait quatre frères, dont deux, Roy et Charlie, étaient plus agés, et deux autres, Henry et James étaient plus jeunes. De plus, il avait trois sœurs, Christine et Evelyn étaient plus agée, et Jeannette plus jeune. James et Jeannette étaient des jumeaux. Edwin a épousé Annie Mae Hampton (née Gassaway) en 1928 et ils ont eu une fille, Sarah, qui est née en 1939. Le révérend Hampton, avait servi dans un certain nombre de congrégations, notamment Owenwood Church of Christ à Dallas. Cependant, avant d'entrer dans l'armée, l'aumônier Hampton était le pasteur de la Church of Christ à Winfield, au Kansas.

L'aumônier Hampton, ainsi que le reste de sa division, sont arrivés en Angleterre au début d'octobre 1944 et toute l'unité a suivi une formation de remise à niveau. Le 2 novembre, le *393ʳᵈ Regiment* a dû se déplacer, ce qui s'est accompli à bord de chars de débarquement (LST). C'était à bord d'un de ces LST que l'aumônier Hampton a célébré l'office en utilisant le capot d'une jeep comme autel ; son sermon portait sur les obligations des soldats à de se battre pour une noble cause. Après avoir débarqué en France, *la 393ʳᵈ Division* a été transportée par camion jusqu'à Aubel, en Belgique, le 11 novembre 1944, puis jusqu'à la brèche de Losheim, près de Krinkell, pour relever la *99ᵗʰ Infantry Division* d'infanterie située en face de la ligne Siegfried allemande. La *99ᵗʰ Division* couvrait 22 milles de la ligne de front, et il y avait un intervalle de plusieurs milliers de mètres entre l'extrémité sud de la ligne entre elle et la division américaine suivante. Le 16 décembre, les Allemands ont lancé leur offensive des Ardennes directement sur la ligne de la *99ᵗʰ Division*. Les hommes de la division ont fait tout ce qu'ils pouvaient ~~ont pu~~ pour repousser l'offensive allemande, mais ont été submergés par l'attaque. Ils ont réussi à ralentir l'avance allemande pendant quelques jours, alors que de petites unités étaient encerclées, et ils ont continué à se battre. Ils ont finalement reçu l'ordre de prendre la retraite vers Elsborn, sous le feu nourri des obus allemands. C'est au cours de ce mouvement de retraite que l'aumônier Hampton et son assistant, le *Specialiste 5* Perry S Bogart, ont été tués. Alors qu'ils se repliaient vers des positions plus défendables, les deux hommes se sont arrêtés pour changer un pneu de la remorque de leur jeep et ont subi un barrage d'artillerie ; un obus est tombé derrière eux et les deux ont été décapités par ses éclats.

Il existe des divergences quant au moment où l'aumônier Hampton et le spécialiste Bogart ont été tués. Dans son livre *Snow and Steel*, Peter Caddick-Adams cite le capitaine Charles Pierce du *3ʳᵈ Bataillon* du *394ᵗʰ Regiment* (avec un autre numéro de régiment) qui dit qu'ils ont été tués avant la retraite, toujours en réparant un pneu de leur remorque mais lors des premières salves du barrage d'artillerie allemand qui a précédé l'assaut des positions américaines. Le capitaine Pierce a écrit "qu'à un moment donné, l'aumônier de notre bataillon et son assistant étaient agenouillés à côté de leur véhicule en panne. L'instant suivant, ils étaient sans tête, décapités par l'explosion d'un obus comme par le coup d'une guillotine."

Comme cela s'est produit avec les aumôniers britanniques en 1940 lors de la retraite vers Dunkerque, dont les dates de décès varient selon les récits, cela permet de nous rappeler que pendant une retraite, les rapports de décès et des circonstances sont souvent retardés jusqu'à une date ultérieure où ils peuvent être enregistrés correctement.

Le 18 décembre 1944

THOMAS HAMPTON REAGAN, Bronze Star, Purple Heart, Matricule O-020415. 35 ans. Lieutenant-colonel, *United States Army Chaplains Corps.* Attaché à la *Headquarters Company, 78th Infantry Division.* Inhumé au cimetière américain Henri-Chapelle, plot B, rangée 15, tombe 4, Plombières, Belgique.

Thomas Reagan est né le 17 mai 1909 à McNeil, dans l'Arkansas, fils de Will Reagan et Josie E Reagan (née Stringer). Son père était médecin à Waldo, (Arkansas). Thomas a fréquenté le *Ouachita Baptist College* à Arkadelphia, (Arkansas) et a obtenu son diplôme en 1930. Il a ensuite fréquenté le *Southwestern Baptist Theological Seminary*, à Fort Worth, au Texas, et il en sorti diplômé en 1933. Il a été ordonné ministre épiscopal dans la dénomination *Southern Baptist* à la fin de 1933.

En 1930, avant d'entrer au séminaire, Thomas Reagan s'était enrolé dans les réserves de l'armée américaine en tant que *2nd lieutenant*. Il a été promu au rang d'aumônier *1st lieutenant* (réserves) en 1934, après avoir été ordonné. Il a rejoint l'armée régulière en 1936 avec le même grade que celui qu'il avait dans la réserve, puis a été promu capitaine par l'armée elle-même en 1938. Il a été promu major en 1942, puis a reçu une autre promotion le 29 mai 1943, celle de lieutenant-colonel.

L'aumônier Reagan est affecté au quartier général de la *78th Division* en tant qu'aumônier principal et il est arrivé en Angleterre le 26 octobre 1944. La *78th Division* a suivi deux semaines d'entraînement supplémentaire en Angleterre avant de se rendre en France le 22 novembre 1944. La division est ensuite passé à Tongeren, en Belgique, puis à Roetgen, en Allemagne, où elle est arrivée le 7 décembre et s'est préparée au combat. Le 13 décembre, la *78th Division* a eu comme mission de reprendre les positions précédemment tenues par la *1st Infantry Division*. C'est à Roetgen que la *78th Division* est entrée dans la bataille pour la première fois.

Alors que se déroulait le premier combat, de sa division, l'aumônier Reagan était au front avec le *2nd Bataillon* du *309th Infantry Régiment*, qui avait attaqué Kesternich, en Allemagne. Ils progressaient lentement contre la défense allemande tenace de la ville. Le 14 décembre, le commandant du bataillon, le lieutenant-colonel Wilson L. Burley, et le commandant adjoint du bataillon, le major Mark H. Hudson, ont tous deux été tués, et l'aumônier Reagan a été gravement blessé par un tir d'artillerie allemand. L'aumônier Reagan n'a pas pu être évacué de Kesternich en raison de l'intensité des combats et du manque de soutien de l'artillerie américaine. L'artillerie américaine ne pouvait pas tirer pour soutenir les troupes américaines piégées mais aurait très probablement brisé l'attaque allemande en raison de la confusion quant à la présence d'autres unités de la *78th Division* à Kesternich.

En raison de ses graves blessures et de son incapacité à être évacué vers un hôpital plus avancé, l'aumônier Reagan a succombé à ses blessures deux jours après ~~que~~ l'offensive allemande des Ardennes, qui a débuté le 16 décembre 1944, et a percé Kesternich. La ville a été tenue par les Allemands jusqu'à la fin du mois de janvier 1945. Ceci est la raison pour laquelle la dépouille du lieutenant-colonel

Reagan n'a été retrouvée et inhumée que lorsque les Alliés ont repris Kesternich le 1er février 1945. L'aumônier Reagan était l'aumônier allié le plus haut gradé tué au combat dans le nord-ouest de l'Europe pendant la Seconde Guerre mondiale.

Le 19 décembre 1944

CLYDE E KIMBALL, Silver Star, Purple Heart, Matricule O-415638. 36 ans. Capitaine, *United States Army Chaplains Corps*. Attaché au *1128th Engineer Combat Group*. Inhumé au cimetière américain Henri-Chapelle, parcelle E, rangée 14, tombe 39, Plombières, Belgique.

Clyde Kimball est né en 1908 et a été diplômé de la *Boston University School of Religious Education and Theology* en 1933. Le révérend Kimball parlait quatre langues en plus de l'anglais, ce qui l'a aidé dans ses études, puisqu'il s'agissait du grec, du latin, et du français. Pendant la guerre, il pouvait aussi se débrouiller ~~réussi~~ en islandais. Après son ordination, il a été membre de la New Hampshire Conference of the Methodist Episcopal Church, où il a servi dans un certain nombre de congrégations. Au moment de son engagement dans l'armée, il était le pasteur de l'église épiscopale méthodiste de Concord, dans le New Hampshire. Il a épousé Ellen A Kimball (née Gates) et le couple a eu deux fils, Clyde Jr, et Dana. Il est entré dans le corps des aumôniers en juin 1941.

L'aumônier Kimball a été affecté au *1128th Engineer Group*, dès qu'il quitte les États-Unis en 1942 comme membre de la force d'occupation alliée en Islande. Pendant son séjour en Islande – où il est resté avec son unité pendant 16 mois, l'aumônier Kimball a accompli les tâches traditionnelles d'un aumônier, mais avec un niveau d'énergie et de dévouement qui surprenait les autres aumôniers. Son rapport mensuel d'avril 1943 révèle que, par le biais d'offices avec eucharistie ou simplement un sermon, de visites chez les malades et d'entretiens personnels, il a est entré en contact avec 8 836 personnes. À la fin de 1943, il aurait présidé plus de 500 services. Pendant son séjour en Islande, l'aumônier Kimball a même prononcé des sermons diffusés par Radio Reykjavik. Après l'Islande, le 1128th est parti au Royaume-Uni pour une formation de remise à niveau et pour se préparer à l'action en Europe.

Le révérend Kimball s'est distingué par son office du Vendredi saint 1944 dans une église congrégationaliste d'un village d'Angleterre, où il a accueilli un "mélange de confessions... 150 soldats afro-américains ont chanté des *spirituals*, du vin a été emprunté à un prêtre catholique et des galettes de communion à des épiscopaliens." Au cours d'une journée typique, l'aumônier Kimball présidait à deux ou trois offices (parfois en parcourant 40 miles malgré le mauvais temps dans une jeep ouverte), organisait des groupes d'étude des écritures saintes, assistait aux exercices prescrits et fournissait une direction spirituelle et des conseils individuels à des soldats individuels.

L'aumônier Kimball était si dévoué à son ministère qu'il ne se limitait pas à son régiment. La population civile locale des différents villages et villes où il était stationné assistait parfois à ses services, et sa maîtrise du français et sa connaissance de l'islandais attiraient les habitants. Les habitants exprimaient leur affection et leur respect en lui demandant de signer leur bible. Certains lui donnaient même leur Bible (dont quelques-unes étaient rares) en signe de gratitude. Pendant son séjour en Islande, en Angleterre et en Europe, l'aumônier Kimball a commencé une collection de bibles rares qu'il a trouvées dans des librairies. Il a continué à collectionner, fouillant dans les librairies anciennes et prenant contact avec des imprimeurs et des marchands. Après une excursion d'achat de livres particulièrement réussie au Luxembourg, il a déclaré : "On dirait que les bibles sont mon whisky." Il s'intéressait surtout aux bibles rares des premières impressions européennes. Parmi les exemplaires qu'il s'est procurés figurent une bible islandaise de 1644, une bible latine imprimée à Venise en 1497 mais trouvé à Londres, ainsi que la célèbre "Treacle Bible" de 1568, appelée ainsi parce que le mot *treacle* (la mélasse) a été utilisé à la place de baume ; et une Biblia Sacra, imprimée à Anvers en 1574 par l'entreprise de Christopher Plantin. Après la guerre, sa femme a fait don de cette collection d'environ 150 bibles anciennes et rares à l'école de théologie de la Boston University en souvenir de son mari.

L'aumônier Kimball avait également une grande prédilection pour les antiquités et les sites historiques et quand il pouvait en visiter, il se préoccupait de leur état de conservation. Lors d'un séjour dans un château luxembourgeois, par exemple, il s'est montré très sévère à l'égard de tout soldat qui ne s'arrêtait pas pour admirer les objets qui ornaient l'intérieur et a sévèrement critiqué ceux qui les manipulaient avec négligence. Le *padre* Kimball s'intéressait également aux recherches généalogiques. Lors d'une permission en Angleterre, il a visité la maison de ses ancêtres (en respectant les règles de sécurité, il n'a jamais écrit le nom des villages ou des villes qu'il a visités) et a soigneusement fouillé les registres d'église remontant jusqu'en 1562.

L'aumônier Kimball est mort pendant la bataille des Ardennes, le 19 décembre 1944. Au cours des combats lourds et désespérés, il a apporté des provisions personnelles et offert un réconfort spirituel à des détachements de soldats isolés, se déplaçant seul dans une zone qui n'avait plus de ligne de front fixe. L'aumônier Kimball a entendu dire qu'il y avait un groupe de soldats blessés qui ne pouvaient pas recevoir de soins médicaux, et il s'est mis en route pour les rejoindre. En cours de route, sa jeep est tombée dans une embuscade tendue par les troupes allemandes lors de leur avance et il a été mortellement blessé. Kimball a reçu la *Silver Star* pour son service courageux, ainsi que la *Purple Heart*. Après la guerre, une fenêtre commémorative a été installée dans la chapelle de l'église méthodiste de Boston pour rendre hommage à l'aumônier Kimball.

Le 8 janvier, 1945

JOHN J VERRET, SSE, Silver Star, Purple Heart, Matricule O-477243. 32 ans. Capitaine, *United States Army Chaplains Corps.* Attaché au *3rd Bataillon, 507th Parachute Infantry Regiment, 17th Airborne Division.* Inhumé au cimetière Saint Mary's, Swanton, Vermont.

John Verret est né à Burlington dans le Vermont, le 7 juillet 1912, fils d'Alexander Joseph Verret et Anna Verret (née Graves). Il avait deux frères, Cyril et Omer, et trois sœurs, Elizabeth, Margaret et Vivienne. Son père était propriétaire d'une épicerie dans la même ville.

L'aumônier Verret était un prêtre catholique romain et un membre de la Société de St Edmund. Il enseignait dans l'école privée des Edmonites, la *St Michael's* à Colchester, dans le Vermont, et en même temps il devenait membre de l'Ordre.

La Société de Saint Edmond est l'un des plus petits ordres religieux de l'Église catholique romaine. Elle a été fondée en France en 1843 dans une région rurale de France pour revitaliser la foi de gens qui s'étaient de plus en plus éloignées de l'église catholique. Son fondateur, le père Jean-Baptiste Muard, a fondé la Société à l'abbaye Sainte-Marie de Pontigny, l'un des grands monastères cisterciens de France et la dernière demeure du Saint Edmond de Canterbury. Les Edmundites assument des missions et des défis que le clergé local n'est pas en mesure d'assurer. L'ordre s'est installé dans le Vermont vers la fin du XIXe siècle, car l'Amérique offrait une liberté religieuse qui n'existait pas en France à cette époque.

Le Révérend Verret avait été professeur au *St Mary's Seminary* à Washington, DC, après son ordination comme prêtre et il s'est enrôlé dans l'armée le 10 août 1943. Après sa formation initiale à l'école des aumôniers, il s'est porté volontaire pour devenir aumônier de parachutistes et a rejoint le *507th Parachute Infantry Regiment*, où il a participé à la conception de l'insigne du régiment – un bouclier avec un parachute blanc sur fond bleu et un éclair bleu sur fond blanc pour désigner l'infanterie, avec l'inscription "Descende Ad Terram," (Descendre à Terre). L'aumônier Verret s'est entraîné avec le 507th régiment et a sauté en Normandie avec lui au sein de la 82nd Airborn Division le jour J.

Après les combats en Normandie se soldant par de lourdes pertes, le *507e Regiment* a été renvoyé en Angleterre pour s'entraîner et se rééquiper, avant reprendre le combat le 17 décembre 1944 pour contrer l'offensive allemande dans les Ardennes. Alors que les Alliés commençaient à repousser les Allemands vers leurs positions initiales, l'aumônier Verret se trouvait à leurs côtés près du village de Laval, au Luxembourg, à l'ouest de Bastogne, en Belgique, par un froid glacial et un jour d'hiver enneigé, pendant la bataille des Ardennes. L'aumônier Verret venait de donner les derniers sacrements à son ami, le major Davis, commandant du *3rd Batallion*, et avait abandonné son terrier pour récupérer un sergent grièvement blessé par un barrage de roquettes allemandes Nebelwerfer. L'aumônier Verret a porté le soldat jusqu'à l'endroit où une ambulance l'attendait, et il aidait un infirmier à charger le sergent blessé sur sa civière dans le véhicule, lorsqu'une autre fusillade de roquettes est arrivée, dont les éclats ont tué instantanément l'aumônier Verret. Le sergent et l'infirmier ont survécu. On rapporte que les hommes du

507e Regiment ont été très affectés par la mort de l'aumônier Verret, car il faisait partie du régiment depuis presque sa formation.

Il est intéressant de noter que l'aumônier Verret semble avoir deux tombes. Sa dépouille se trouve dans le *St Mary's Cemetery* à Swanton, dans le Vermont. Ce cimetière est rattaché à l'église catholique romaine de la Nativité de la Sainte Mère, où il faisait partie du clergé avant de s'enrôler dans l'armée. L'autre se trouve dans l'annexe du *Mount Calvary Cemetery* à Burlington, toujours dans le Vermont, où le reste de sa famille est inhumé et où il a une deuxième pierre tombale.

Le 20 janvier 1945

EDWIN ULYS MONROE, Bronze Star, Purple Heart, Matricule O-532213. 29 ans. Lieutenant, *United States Army Chaplains Corps*. Attaché au *bataillon 1st 254th Infantry Regiment, 63rd Infantry Division*. Inhumé au cimetière et mémorial américain d'Epinal, parcelle A rangée, 8 tombe 20, Dinozé, France.

Né le 26 février 1915, Edwin Monroe est le fils de George et Cora Monroe de Harrisonville, Missouri. Il avait deux frères aînés, George et John. Il a fait des études au *William Jewell College* de Liberty, dans le Missouri, ainsi qu'à deux séminaires baptistes avant d'être ordonné dans la dénomination baptiste du Nord. Bien qu'il ait exercé son ministère dans une église baptiste du Nord à Peoria, dans l'Illinois, il était le pasteur de l'église baptiste du Nord dans le comté d'Orange, dans l'Indiana, juste avant de se porter volontaire pour le service militaire. Il avait épousé Doris Monroe (née Driggers) en août 1937 et ils avaient un fils, Gerald, et une fille, Amelia.

L'aumônier Monroe est entré dans le corps des aumôniers en mai 1944 et après avoir suivi une formation à l'école des aumôniers au Camp Van Dorn, dans le Mississippi, il a été affecté au *253rd Infantry Regiment* de la *63rd Infantry Division* entre juillet et octobre 1944. Il a ensuite été muté au *254th Infantry Regiment* de la même division. L'aumônier Monroe et le reste de son régiment sont partis pour l'Angleterre le 20 novembre 1944 où ils sont arrivés 5 jours plus tard. Après une période de remise à niveau, le *254th Regiment* et l'aumônier Monroe ont été envoyés à Marseille, cependant, ce transfert a eu lieu entre le début du mois de décembre 1944 et le début du mois de janvier 1945, en raison du manque de moyens en transports des alliés.

Une fois toute la *63rd Division* arrivée, le 254th est allé à Willerwald, dans la Moselle. Le régiment de l'aumônier Munroe a été rattaché provisoirement à la *3rd Infantry Division* pour l'attaque de la ville de Jebsheim dans le cadre de la bataille de la poche de Colmar en Alsace. L'aumônier Monroe a été touché par des fragments d'un obus d'artillerie allemand qui a atterri sur la route à côté de la jeep dans laquelle il se trouvait. Le conducteur n'a pas été blessé. Les funérailles de l'aumônier Munroe ont été célébrées par l'aumônier principal de la *63rd Division* le 23 janvier. L'aumônier Munroe a été le premier aumônier tué au combat dans la *7th Army* américaine.

Le 21 janvier, 1945

ANTHONY EUGENE CZUBAK, Bronze Star, Purple Heart, Matricule. O-511364. 33 ans. Capitaine, *United States Army Chaplains Corps*. Attaché à la *Headquarters Company, 7th Armored Division*. Inhumé au cimetière Saint Francis, Pawtucket, Providence County, Rhode Island, États-Unis.

L'aumônier Czubak est né le 4 mars 1911 à Providence, dans le Rhode Island, fils d'Anthony Czubak et de Sophia Czubak (née Smolinski). Il avait six frères aînés, Zygmunt, Matthew, Edmund, Stanley, Zdislaw et Richard, et deux sœurs aînées, Cecelia et Adele. Il a fréquenté le séminaire catholique romain du *Providence College*, où il a été diplômé en 1932, avant d'être ordonné prêtre dans le diocèse de Providence. En 1940, il était prêtre assistant à la *St Patrick's Church* à Valley Falls (Rhode Island). Il s'est enrôlé dans le service des aumôniers le 1er février 1943.

En mars 1943, l'aumônier Czubak a été affecté au *176th Infantry Regiment*, qui faisait partie de la *7th Armored Division*. Cependant, dans le but de rendre les aumôniers de cette division plus efficaces dans le service des hommes de la division, en juillet 1944, juste avant de partir pour la France, ils ont été affectés aux trains du système d'approvisionnement de la *7th Armored Division*. L'aumônier Czubak et les troupes d'approvisionnement de la division ont débarqué sur les plages d'Omaha et d'Utah, en Normandie, en août 1944, et ont été affectés à la récemment formée *3rd American Army*. Celle-ci est tout de suite entrée en combat dans le nord de la France où elle a participé à l'attaque de Chartres, de Dreux, et de Melun, puis à la traversée de la Seine. L'aumônier Czubak et sa division ont libéré Château-Thierry et Verdun à la fin du mois d'août. L'aumônier Czubak et la *7th Armored Division* sont arrivés à la Moselle mais n'ont pas réussi à la traverser et se sont engagés dans de violents combats autour de Metz. Par la suite, la 7th a été rattachée à la *9th Army* avec laquelle elle s'est rendue aux Pays-Bas afin de soutenir l'opération aéroportée Market Garden en prenant les ponts sur le Rhin.

L'aumônier Czubak et la division ont continué à se battre aux Pays-Bas pendant tout le mois d'octobre. Début novembre, la division a été retirée des combats pour se reposer et suivre des formations, car elle avait subi tellement de pertes que les nouveaux hommes devaient être mieux intégrés dans leurs unités. En décembre, la *7th Armored Division* était de retour sur les lignes de front face aux Allemands de l'autre côté de la rivière Roer lorsque ces derniers ont lancé leur offensive dans les Ardennes. La 7th a été tout de suite envoyée vers le sud, au carrefour de la ville de Saint-Vith en Belgique, où ils ont tenu la ville pendant 7 jours, avant de se retirer face aux forces allemandes écrasantes. Leur défense de Saint-Vith a suffisamment ralenti l'avancée des Allemands pour assurer son échec. Après avoir été à nouveau retirée de la ligne de front pour se reposer et se rééquiper, la *7th Armored Division* est retournée au combat pour reprendre la ville de St Vith qu'elle avait perdue en décembre. Le matin du 20 janvier à 7h30, la division a commencé son attaque dans de mauvaises conditions météorologiques, notamment un froid extrême, des bourrasques de neige et une visibilité qui variait entre passable et mauvaise. De plus, les routes étaient couvertes de glace, ce qui rendait le déplacement des véhicules à chenilles de la division extrêmement difficile.

Le 20 janvier 1945, vers 9 h 30 l'aumônier Czubak et la partie de sa division à laquelle il était attaché, le *17th Tank Bataillon* (faisant partie du *Combat Command A* de la *7th Armored Division*), avec le *23rd Armored Infantry*, et le 2e bataillon du 517th Parachute Infantry Regiment, ont commencé leur attaque de la petite ville de Born, au sud de Saint-Vith. Born était fortement défendue par des soldats allemands de la 18e division des *Volksgrenadiers* et de la 3e division des parachutistes, appuyés par 3 chars et quelques destructeurs de chars de la 12e division *Panzer SS*. Après une journée de combats intenses et des pertes américaines importantes, les forces américaines ont finalement pris Born en début de soirée lors de la soirée bien hivernale du 20 janvier. Cependant, le lendemain, les Allemands, qui avaient été repoussés hors de Born, ont mené une contre-attaque mais avant de rentrer dans Born, ils ont été repoussés par les tirs d'artillerie américains. C'est au cours de cette contre-attaque que l'aumônier Czubak est mort. Le rapport matinal des *7th Division Trains* indique que l'aumônier Czubak est mort le 22 janvier, mais l'information est venue seulement de l'état-major du *17th Tank Battalion* le 22 janvier. Néanmoins, les archives sont claires en ce que le *padre* a été tué au combat le 21 janvier, par les éclats d'un obus d'artillerie qui ont pénétré dans sa poitrine et l'ont tué sur le coup alors qu'il se trouvait sur le champ de bataille pour soigner des soldats blessés. Un autre aumônier a administré les derniers sacrements, et le *padre* a été amené à un poste de secours, mais il est décédé. La dépouille de l'aumônier Czubak a été initialement enterrée dans ce qui est devenu le cimetière militaire Henri-Chapelle, mais en 1948, à la demande de ses parents, sa dépouille a été ramenée dans Rhode Island, où vivaient ses parents, et en avril de cette année-là, il a été inhumé dans le St Francis Cemetery à Pawtucket (Rhode Island).

Dans le nord-ouest de l'Europe, l'hiver de 1945 a été rigoureux

Le 28 février, 1945

JOSEPH RÉMI ARCHIBALD JOSEPHAT DALCOURT, Bronze Star. 37 ans. Aumônier de 3e classe, *Canadian Chaplain Service*. Attaché au *Régiment de la Chaudière, 8th Canadian Infantry Brigade.* Inhumé au *Commonwealth War Graves Cemetery* de Groesbeek, plot IX row E grave 14, Groesbeek, Pays-Bas.

Joseph Dalcourt, connu sous son troisième prénom Josephat (pour le distinguer de son père), est né le 3 octobre 1908, fils Joseph Dalcourt et de Philomène Dalcourt née Bérard à Saint-Barthélemy-Berthier, au Québec. Il avait 4 frères aînés, Antonio, Pierre-Elphège, Charles-Édouard, et une soeur cadette, Dolorè. Il a grandi à Louisville, au Québec, et a fréquenté l'école secondaire locale pendant deux ans, où il excellait au hockey et au baseball. Cependant, ses notes étaient suffisamment bonnes pour qu'il entre à l'Assomption College, une école privée de garçons située à L'Assomption, au Québec. Après avoir terminé ses études secondaires, Josephat est resté au Collège L'Assomption, où il a pu préparer un BA de l'Université Laval de Montréal (connue plus tard sous le nom d'Université de Montréal). Fait inhabituel, Josephat a obtenu un BA en sciences en 1929, alors que la plupart de ses contemporains du collège avaient fait des études en lettres classiques. Après avoir obtenu son diplôme, Josephat a accepté un poste d'enseignant dans une école secondaire du Plateau, un quartier de Montréal, mais il a ressenti l'appel du ministère ordonné et a commencé à étudier en 1930 pour être ordonné prêtre catholique romain au séminaire du diocèse de Trois-Rivières. Il a été ordonné prêtre le 7 juillet 1935. Après son ordination, le père Dalcourt a été vicaire dans la paroisse de Sainte-Thècle de juillet 1935 à mai 1936.

D'après ses supérieurs religieux, le père Dalcourt était un bon prêtre, surtout avec les jeunes familles, et il a été nommé prêtre de la paroisse de l'Église du Très-Saint-Sacrement à Trois-Rivières. C'était une nouvelle église, construite seulement en 1926, qui desservait une congrégation en pleine croissance qui bénéficierait d'un jeune prêtre comme le père Dalcourt. Cependant, moins de trois ans après avoir commencé son ministère, le père Dalcourt a vu les jeunes hommes de son église entrer dans les régiments francophones de l'armée canadienne après le début de la Deuxième Guerre mondiale, et il a senti qu'il devait être avec eux alors qu'ils faisaient face aux difficultés et à l'incertitude. Il a demandé à son évêque la permission de s'enrôler au Service canadien des aumôniers. Cette permission lui a été accordée et il a rejoint le service des aumôniers canadiens le 18 janvier 1940.

Peu après sa formation initiale à l'École canadienne des aumôniers, il a été affecté à la région de Montréal pour servir les diverses unités de l'armée. Au début du printemps 1941, le *padre* Dalcourt a souffert d'une appendicite et a passé deux semaines à l'hôpital après avoir subi une appendicectomie. Il s'est complètement rétabli et à la mi-juin 1941, il a été certifié compétent à partir outre-mer.

Le *padre* Dalcourt est arrivé au Royaume-Uni le 1er juillet 1941. Pendant son séjour au Royaume-Uni, il a surtout servi dans l'Unité de renforcement de l'infanterie de les *3rd et 6th Canadian Division Infantry Reinforcement Units* (CDIRU). Pendant qu'il servait dans ces unités, le *padre* Dalcourt a également participé au cours de remise à niveau des officiers à la mi-1943, ce qui a permis aux officiers en service depuis longtemps de se mettre à jour en ce qui concerne les techniques militaires modernes de combat sur le terrain.

En dépit de son âge avancé, du fait qu'il souffrait chaque année de bronchite pendant les mois d'hiver au Québec, et qu'on lui avait diagnostiqué une légère hypertrophie du cœur, il a été jugé complètement compétent quand il s'est enrôlé dans l'armée. En avril 1944, il a été nommé aumônier catholique principal du Quartier général du Groupe de renforcement de base canadienne (2 GRBC) avant de se rendre en France avec cette unité à la fin de l'été 1944. Cette unité se trouvait en sécurité derrière les lignes de front et avait la responsabilité d'envoyer des remplaçants aux unités de première ligne lorsqu'elles avaient subi des pertes. Alors qu'il servait en tant qu'aumônier principal (catholique romain) au sein du 2 CBRG, le *padre* Dalcourt a continuellement demandé à ses supérieurs du *Canadian Chaplain Service* de lui permettre de servir dans un régiment de première ligne. Pendant de nombreuses semaines, ses demandes ont été rejetées, mais un poste d'aumônier catholique s'est libéré au sein du Régiment de la Chaudière, dont l'aumônier était épuisé depuis son arrivée entre le Jour J et la fin du mois d'octobre 1944, et devait être réaffecté à un ministère moins éprouvant tant physiquement que psychologiquement. Le 1er novembre 1944, l'aumônier Dalcourt a été affecté au Régiment de la Chaudière, un régiment franco-canadien.

Le *padre* Dalcourt s'est immédiatement engagé auprès des hommes de son régiment. Il se rendait toujours à leurs positions de première ligne, s'assurant de leur proposer les sacrements et leur offrant de petits cadeaux comme de la nourriture supplémentaire ou des cigarettes. Il a survécu à de nombreuses visites nocturnes aux avant-postes sous le feu de l'ennemi. À l'approche de Noël 1944, les hommes du Régiment de la Chaudière étaient en première ligne et ne pouvaient pas assister à la traditionnelle messe de minuit de Noël. Cependant, l'aumônier Dalcourt n'a pas laissé ce fait l'empêcher de célébrer la messe de Noël pour les hommes de son régiment, même à ceux qui étaient postés dans les positions les plus avancées. La veille de Noël, l'aumônier Dalcourt a accompli une action qui a fait de lui une légende dans son régiment. Alors qu'il était à l'un des avant-postes les plus avancés, il a entendu le gloussement de poulets dans un poulailler situé entre les lignes de front canadiennes et allemandes. L'aumônier Dalcourt s'est donc glissé, seul, dans le no man's land où il a capturé des poulets comme cadeau de Noël supplémentaire pour les hommes de son régiment.

'aumônier Dalcourt a servi avec son régiment pendant les combats acharnés, humides, boueux et misérables de la forêt de Hochwald, à la frontière entre le Luxembourg et l'Allemagne, au cours de l'hiver 1945. Le 28 février 1945, lui et son chauffeur, le soldat Antonio Gauthier, rentraient au quartier général du régiment dans la forêt de Reichswald. L'aumônier Dalcourt, ainsi que l'aumônier Hickey du North Shore (New Brunswick) Regiment, viennent de célébrer des messes funéraires dans une petite ville allemande appelée Bedburg pour les soldats canadiens tués lors de la bataille de la Rhénanie (Reichswald). Le père Dalcourt et le soldat Gauthier ont appris qu'il y avait des restes de soldats non retrouvés dans des chars d'assaut américains détruits et brûlés le long de leur route vers le QG de La Chaudière. Ces chars étaient des vestiges des batailles menées par les hommes de la 7e division blindée américaine dans les marais de Peel, au sud-est de la Hollande, entre le 30 septembre et le 17 décembre 1944. Ils étaient rattachés au XXXe corps

britannique et peu d'informations ont été publiées sur leurs batailles, étant donné qu'il s'agissait de troupes américaines combattant sous commandement britannique.
xii

L'aumônier Dalcourt et son chauffeur, le soldat Gauthier, quittent la route avec leur jeep et avancent en cahotant sur le terrain accidenté en direction des chars américains détruits, lorsque leur jeep heurte une mine antichar allemande qui détruit instantanément la jeep et tue les deux hommes.

Comme cela s'est produit pour un certain nombre d'autres décès d'aumôniers, il peut y avoir un certain nombre de récits qui donnent des versions légèrement différentes de la mort d'un aumônier. Selon un récit, l'aumônier Dalcourt se trouvait à bord d'un Bren Carrier lorsque celui-ci a sauté sur une mine antichar et a été détruit. Cependant, les aumôniers du Service canadien de l'aumônerie ne recevaient pas de véhicules Bren, mais des jeeps. En outre, ce récit provient d'une source de troisième main.

L'aumônier Dalcourt a été inhumé le lendemain par les aumôniers catholiques Hickey et McCarney dans la même cour d'église où il avait inhumé d'autres hommes de son régiment la veille. Le colonel honoraire M.C. O'Neill, principal aumônier canadien outre-mer, a envoyé un mémorandum à tous les aumôniers catholiques romains du Nord-Ouest de l'Europe pour leur demander de célébrer une messe à la mémoire du *padre* Dalcourt.

Il convient de noter que pour avoir perdu la vie en fouillant les chars américains pour le compte de l'armée américaine, l'aumônier Dalcourt s'est vu décerner à titre posthume l'étoile de bronze américaine. Pendant la Seconde Guerre mondiale, dans les forces du Commonwealth, les seules récompenses qu'un soldat, quel que soit son grade, pouvait recevoir après sa mort étaient la plus mineure, une mention dans les dépêches, ou la plus élevée, la Croix de Victoria. Toutefois, d'autres armées, comme les armées américaine et française, ont décerné des médailles à titre posthume à des ressortissants étrangers, si leur travail (ou leur mort) était lié aux soldats ou aux civils de ces nations.

Dans une lettre reçue par un ami, le *padre* Dalcourt a décrit son dévouement envers ses soldats. "Je n'ai qu'un seul désir, une seule mission : être avec mes soldats, sous le règne de Dieu et sous la pluie de l'ennemi."

Le 13 mars, 1945

CLARENCE ALFRED VINCENT, CSsR. Bronze Star, Purple Heart, Matricule O-543340. 29 ans. Capitaine, *United States Army Chaplain Corps*. Attaché à la *Headquarters Company, Division Trains, 7th Armored Division*. Inhumé au cimetière américain Henri-Chapelle, parcelle H, rangée 12, tombe 49, Plombières, Belgique.

Clarence Vincent est né à Seattle, dans l'État de Washington, le 3 janvier 1916. Il était le fils d'Alfred et d'Elizabeth Vincent (née Stachowiak) et avait un plus jeune frère qui s'appelait Robert. Lorsqu'il était enfant, Clarence et sa famille ont emménagé à Oakland, en Californie, et il est allé au *Holy Redeemer Junior Seminary*, un lycée de garçons. Un an environ après la fin de ses études dans cet établissement, Clarence a décidé de devenir membre de la Communauté des Fils du Très Saint Rédempteur (qui gérait l'école *Holy Redeemer*) et a fait ses vœux à l'ordre le 2 août 1935. Lors de sa profession de foi, il a fait le vœu de réciter toute sa vie le chapelet des Sept Douleurs en signe de remerciement de sa vocation et pour la grâce de la persévérance, car la Sainte Vierge Marie accorde sept grâces à ceux qui l'honorent quotidiennement en disant sept Ave Maria et en méditant sur ses larmes et ses douleurs). Clarence a été ordonné prêtre le 29 juin 1940 à l'*Immaculete Conception Seminary* à Oconomowoc, dans le Wisconsin. La Congrégation of the Most Holy Redeemer (en latin est la Congregatio Sanctissimi Redemptoris ou CSsR), souvent appelée les Rédemptoristes, est un ordre religieux de l'Église catholique, dédié au travail missionnaire. Les Rédemptoristes sont particulièrement dévoués à Notre Mère du Perpétuel Secours, la Vierge Marie.

Après son ordination, le père Vincent est retourné à Oakland et, de 1942 à 1944, a enseigné au petit séminaire *Holy Redeemer*, où il avait reçu son diplômé quelques années auparavant. Il était très admiré en tant que professeur pendant les années qu'il y a passées. Son travail avec les jeunes hommes de son école à Oakland lui a donné un instinct naturel qui l'a aidé à interagir avec les soldats. Alors qu'il enseignait à Oakland, le père Vincent s'est également porté volontaire pour diriger des messes et offrir des confessions dans les nombreux camps militaires de la baie de San Francisco. Il était décrit comme capable de parler la langue des soldats sans se rabaisser, et les soldats appréciaient son ouverture d'esprit.

Après s'être enrôlé dans l'armée au printemps 1944 et avoir terminé l'école d'aumônerie, l'aumônier Vincent a servi pendant six mois sur de grandes bases militaires aux États-Unis, mais il demandait sans cesse à être transféré dans une unité de combat, où il se sentait le plus appelé. Néanmoins, ils s'est vu d'abord affecté à des unités de formation parce qu'il portait des lunettes de vue. Cependant, le besoin d'aumôniers était si grand que les demandes incessantes du père Vincent à être affecté à une unité de combat ont été acceptées. Il a intégré la 7th Armored Division et s'est rendu en Europe, arrivant en Normandie avec la division en août 1944. Tout comme l'aumônier Czubak, qui est décédé le 22 janvier et était également de la 7th Armored Division, il est entré en combat à la mi-août et a traversé le nord de la France, avant d'atteindre l'est du pays, la Belgique, la Hollande et ensuite l'Allemagne.

Alors que la 7th Armored Division se battait lentement pour percer les solides fortifications de la ligne Siegfried allemande, on sait qu'en février 1945 l'aumônier Vincent célébrait la messe dans des églises bombardées, dans des tentes et même dans le froid de l'air libre. Il avait la réputation d'avoir entendu 500 confessions en une semaine et visité toutes les unités de sa division qu'il pouvait. On le connaissait comme un "petit homme prêt au combat" ; un extraverti avec "une énergie incessante pour l'action et une puissante volonté de faire avancer les choses".

En mars 1945, des unités de la 7th Armored Division ont été chargées de tenir la rive ouest du Rhin au sud de Bonn et au nord du pont du récemment capturé Remagen, afin d'empêcher les Allemands d'envoyer des torpilles, des petits bateaux, des hommes-grenouilles, etc. en aval afin détruire le pont le plus important. La 7th avaient des postes d'écoute et des points forts tout le long de la rive ouest du Rhin pour empêcher les patrouilles allemandes de traverser le fleuve. Cependant, c'était une période calme pour la division, y compris le convoi d'approvisionnement de la division auquel l'aumônier Vincent et les autres aumôniers étaient attachés, car il avait des véhicules de toutes sortes dans lesquels les aumôniers pouvaient se rendre dans les autres unités de la division pour les services et les visites pastorales. Son quartier général se trouvait à Mehlem, sur la rive ouest du Rhin.
Le 13 mars, un bombardier allemand isolé, l'un des nombreux bombardiers ayant reçu l'ordre de détruire le pont de Remagen, a été détourné de sa course d'attaque par un tir antiaérien américain très nourri et a viré vers le nord au-dessus de la rive américaine du Rhin. L'appareil devait voler très bas pour éviter les tirs anti-aériens et le pilote a facilement remarqué tous les camions, remorques et jeeps du convoi d'approvisionnement de la 7th division devant lui dans la ville de Mehlem. Le pilote a largué sa charge de bombes en survolant la ville et la garnison de troupes

américaines qui s'y trouvaient. L'aumônier Vincent et le soldat Palmieri Meringolo ont été tués sur le coup, tandis que d'autres ont été blessés par cette attaque.

Peu après sa mort, l'aumônier Vincent s'est vu décerner à titre posthume la *Bronze Star* pour "s'être distingué par un service méritoire dans le cadre d'opérations militaires contre un ennemi des États-Unis en Allemagne, du 21 février 1945 au 13 mars 1945".

Opération Varsity – de l'autre côté du Rhin

Le 24 mars, 1945

JAMES WILLIAM KENNY, Matricule 287957. 32 ans. Aumônier de 4e classe, *Royal Army Chaplains' Department*. Attaché à la *224th Parachute Field Ambulance, 6th Airborne Division*. Inhumé au *Commonwealth War Graves Cemetery* de la forêt de Reichswald, plot 37 row D grave 11, Kleve, Allemagne.

James William Kenny, né le 27 septembre 1912, était l'un des trois fils de James et Matilda Kenny de St Helier's Road, Blackpool. Ses frères s'appelaient Bernard et Thomas. Madame Kenny a élevé seule ses enfants, son mari ayant été tué au combat en Égypte pendant la Première Guerre mondiale. James a fréquenté le *St Joseph's College* de Blackpool et est allé au séminaire de l'*Ushaw College* dans le comté de Durham. Il a été ordonné prêtre catholique romain le 29 juillet 1939 à l'église *English Martyrs* à Preston, dans le diocèse catholique romain de Lancaster, et le Monseigneur R. L. Smith l'a nommé prêtre assistant de à l'église *Our Lady and St Joseph* à Carlisle. Il a aussi été l'aumônier honoraire des troupes stationnées au château de Carlisle.

Pendant ses années à *Our Lady and St Joseph*, le père Kenny a organisé un club de jeunes pour les adolescents et des sorties pour les enfants. Cependant, la Seconde Guerre mondiale s'est immiscée dans ce ministère sacerdotal idyllique et le père Kenny s'est porté volontaire pour le service des aumôniers.

Après la formation obligatoire d'aumônier à Tidworth, le *padre* Kenny a rejoint la *6th Airborne Division* en août 1943 et a suivi la formation aux côtés des parachutistes au cours des mois suivants. À l'approche du jour J, le *padre* Kenny a été déployé avec la *224th Parachute Field Ambulance* et, le 7 juin, il a sauté en Normandie pour soutenir le reste de la *6th Airborne Division* qui avait débarqué le 6 juin. Il a été fortement impliqué dans les combats au nord-est de Caen, à Vareville. Au cours de ces combats, on a raporté que le *padre* Kenny avait porté en lieu sûr un parachutiste blessé quand les deux ont été pris entre les lignes de front des belligérents. Le *padre* Kenny a été blessé à la jambe en Normandie et a passé du temps à l'hôpital pour s'en remettre. Après sa guérison, il a rejoint la *6th Airborne Division* en mars 1945. Après près de trois mois d'intenses combats en Normandie, les troupes de la *6th Airborne* sont rentrées en Grande-Bretagne pour remplacer les membres morts et blessés et commencer l'entraînement en vue du prochain appel aux parachutistes. L'aumônier Kenny est retourné à la *224th Parachute Field Ambulance* le 14 mars 1945. Le 20 mars, il s'est rendu avec d'autres membres de la 224th au camp de transit de Hill Hall, où le reste de l'unité était stationné.

Le dimanche des Rameaux, le 24 mars 1945, afin d'apporter un soutien médical à la *3rd Parachute Brigade* qui traversait le Rhin, l'aumônier Kenny a sauté à 10 heures du matin avec la *224th PFA* près de l'extrémité sud-est de la forêt de Diersford. L'aumônier Kenny était le sixième homme à sauter du premier avion transportant des parachutistes, au-dessus de la zone de largage. Le *Royal Army Chaplains Museum* rapporte que lui et trois autres parachutistes ont atterri dans des arbres et ont été tués presque sur le champ par des tirs allemands, avant qu'ils ne puissent se détacher de leur harnais de parachute et trouver le sol.

Sur le monument aux morts de Blackpool sont inscrits deux hommes appelés James William Kenny. Le père du *padre* Kenny est répertorié comme étant mort pendant la Première Guerre mondiale et le nom de l'aumônier James William Kenny apparaît dans les listes de la Deuxième Guerre mondiale.

Paschal (Pat) Dupuy Fowlkes, Purple Heart, Matricule O-483005. 30 ans. Capitaine, *United States Army Chaplains Corps.* Attaché au *507th Parachute Infantry Regiment, 17th Airborne Division.* Inhumé au cimetière américain des Pays-Bas, parcelle C, rangée 17, tombe 20, Margraten, Pays-Bas.

Paschal (Pat) Fowlkes était le fils de Frank V Fowlkes, médecin, et de son épouse Lucy Fowlkes (née Meriwether). Pat est né le 26 juillet 1915 à Burkeville, en Virginie. Il avait deux frères, Francis et Hyde, et une sœur, Elizabeth. Il a épousé Elizabeth Rives Fowlkes (née Williams) le 22 juin 1940 et ils ont vécu à Richmond, en Virginie. Ils ont eu deux enfants, un fils, Frank, et une fille, Rives.

Pat Fowlkes a fréquenté l'*University of Virginia* à Charlottesville et en est sorti diplômé en 1936. Pendant ses études, Pat était le rédacteur en chef de l'annuaire de l'université, *Corks and Curls*. Il était également membre du club allemand, vice-président de la *Young Men's Christian Association* et membre de la fraternité Epsilon Tau Alpha. À la fin de ses études, Pat Fowlkes est entré au séminaire de Virginie en 1938. Il a été ordonné diacre en 1940 et nommé diacre responsable des églises *St John's*, à Mclean, et *Holy Comforter*, à Vienna, toujours dans la Virginie. Après avoir été fait prêtre, il est devenu le recteur de ces deux congrégations.

Le révérend Fowlkes est entré dans le corps des aumôniers de l'armée américaine en 1942 et, après avoir terminé l'école des aumôniers, il a été nommé aumônier du 314th Troop Carrier Group de l'armée de terre américain, qui a servi en Afrique du Nord, en Sicile et, enfin, dans la campagne d'Italie. Cependant, l'aumônier Fowlkes a demandé à être transféré dans les troupes aéroportées et a été envoyé en Angleterre. Il s'est qualifié comme parachutiste et a été affecté au *507th Parachute Infantry Régiment*, de la *82nd Airborne Division*. Cependant, en raison de son transfert du théâtre d'opérations méditerranéen et de son entraînement, l'aumônier Fowlkes n'a pas participé aux sauts de la *82nd Airborne Division* en Normandie ou en Hollande.

La première fois que l'aumônier Fowlkes s'est battu avec le *507th PIR*, c'était pendant l'opération Varsity – la traversée du Rhin en mars 1945. L'aumônier Fowlkes s'est porté volontaire pour la position du "dernier homme, dernier avion," ce qui signifiait qu'il pouvait être largué loin de la zone de largage, mais qu'il pouvait ensuite s'occuper des hommes blessés en se dirigeant vers la zone de rassemblement de son unité. Le 24 mars 1945, le capitaine Fowlkes a réussi son saut et a retiré son parachute en atterrissant dans la zone de largage. Son assistant, le soldat de première classe Bruce Davis, qui avait sauté juste avant l'aumônier Fowlkes, avait été touché par balle et était gravement blessé lors de sa descente en parachute. L'aumônier Fowlkes a vu son assistant en difficulté et a couru vers Davis pour lui apporter les premiers soins, mais, à son tour, l'aumônier a été touché et tué par une mitrailleuse ennemie.

Le 25 mars, 1945

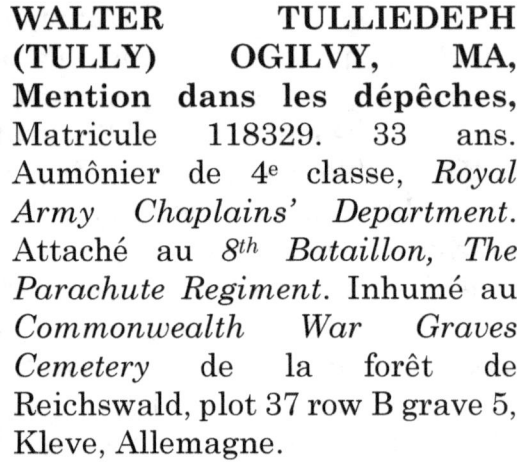

WALTER TULLIEDEPH (TULLY) OGILVY, MA, Mention dans les dépêches, Matricule 118329. 33 ans. Aumônier de 4ᵉ classe, *Royal Army Chaplains' Department*. Attaché au *8th Bataillon, The Parachute Regiment*. Inhumé au *Commonwealth War Graves Cemetery* de la forêt de Reichswald, plot 37 row B grave 5, Kleve, Allemagne.

Walter Tulliedeph Ogilvy, ou "Tully" comme on disait, était le fils de Walter Tulliedeph Ogilvy, Senior et de Nora Ogilvy (née Archdale). Il est né le 16 janvier 1912 à Tanfield Vicarage, dans le comté de Durham. Son père est décédé huit jours plus tard à Streatham, dans le Surrey, en Angleterre, à l'âge de 29 ans. Cependant, Tully s'est révélé être un étudiant exceptionnel et a obtenu une bourse qui lui a permis d'entrer dans la *Harrow School*, puis au *Brasenose College*, à Oxford, où il a obtenu un BA et un MA.

Son premier emploi a été celui d'enseignant de langues modernes au *Dover College* et ensuite il est devenu diacre à la *Canterbury Cathedral*. L'archevêque de Canterbury Cosmo Lang l'a ordonné diacre en 1937 et l'a fait prêtre le 18 décembre 1938. Le révérend Ogilvy a continué à enseigner au Dover College et il était aussi l'aumônier adjoint du collège lorsqu'il a été ordonné diacre. Les étudiants le surnommaient affectueusement "Watto" à cause de ses initiales. Il est devenu l'aumônier du collège en 1938.

Le révérend Ogilvy a rejoint *Le Royal Army Chaplains' Department* en février 1940. Il a suivi sa formation initiale d'aumônier à Tidworth, puis a été affecté en Irlande du Nord. Cependant, en 1941, il a été envoyé au Moyen-Orient pour rejoindre la *32nd Armoured Tank Brigade*. Il a servi en Palestine et à Alexandrie, puis a été affecté à la ville assiégée de Tobrouk en Libye avant d'être porté disparu à Cyrénaïque en juin 1942. Pendant son service en Afrique du Nord, il a reçu une mention dans les dépêches (MID). Après avoir été porté disparu au combat, son statut a été changé pour celui de prisonnier de guerre au camp 75 de Bari, en Italie, où il est tombé gravement malade, souffrant de la diphtérie. Cependant, puisqu'il avait le statut de non-combattant, la Convention de Genève exigeait qu'il soit rapatrié dès que possible au Royaume-Uni, tant qu'on n'avait pas besoin de lui pour s'occuper des prisonniers de guerre. Comme il était très malade, il a été rapatrié en moins d'un an.

En avril 1943, sans aucun préavis, il a frappé à la porte de sa sœur Mary, après avoir été rapatrié au Royaume-Uni. L'aumônier Ogilvy était très malade et on rapporte qu'il devait être « soutenu par deux collègues costauds de la caserne locale ». Il a tout de suite été envoyé à l'hôpital d'urgence de Horton et, pendant sa convalescence, il fait office d'aumônier de l'hôpital.

Une fois rétabli, il est certain qu'il a atteint un haut niveau de forme physique car il s'est porté volontaire pour les forces aéroportées et a suivi le cours numéro 117 de formation de parachutistes entre le 21 mai et le 8 juin 1944. À la fin de sa formation de parachutiste, il a été affecté *8th (Midland) Parachute Battalion, 6th Airborne Division* en Normandie pour aider à remplacer les aumôniers de la division qui avaient été blessés ou tués lors des premières batailles autour du Jour J. Cependant, il n'a pas sauté en parachute, mais est arrivé par les plages du débarquement, comme les soldats d'infanterie ordinaires. Il a apporté son soutien, ses encouragements et son ministère pendant le reste de l'été 1944, alors que la *6th Airborne Division* tenait l'extrême est de la ligne de front en Normandie. Le *padre* Ogilvy est retourné en Grande-Bretagne avec sa division pour remplacer les morts et les blessés de la campagne de Normandie et reprendre un entraînement intensif pour que la division soit prête lors du prochain appel.

Cet appel est arrivé plus tôt que prévu, car les Allemands ont lancé l'offensive des Ardennes en décembre 1944 et le *padre* Ogilvy et les troupes de sa division, après s'être entraînés en Angleterre, ont été envoyés d'urgence sur le flanc nord des lignes alliées pour empêcher les Allemands de percer jusqu'à Anvers.

L'aumônier Ogilvy a sauté avec la 6th Airborne Division au-dessus du Rhin lors de l'opération Varsity le dimanche des Rameaux, le 25 mars 1945. Il a été tué par des tirs allemands dans la zone de largage alors qu'il s'occupait des soldats aéroportés blessés. Il portait un brassard à croix rouge indiquant son statut de non-combattant, mais celui-ci n'était pas toujours visible de loin ou à cause de l'angle de vision entre la personne qui le portait et celle qui tirait.

Le 26 mars, 1945

LOREN LEA STANTON, Bronze Star, Purple Heart, Matricule O-511823. 31 ans. Capitaine, *United States Army Chaplains Corps*. Attaché au *30th Infantry Regiment, 3rd Infantry Division*. Inhumé au Cimetière américain et mémorial de Lorraine, parcelle D rangée 37 tombe 26, Saint-Avold, France.

Loren Stanton est né à Chanute, au Kansas, le 26 mars 1914. Il était le fils d'Asa M Stanton et de son épouse, Eva A Stanton (née Lea). Il avait deux frères plus jeunes, Paul et Mark. Loren a vécu à Parsons, Kansas avec sa famille et ils ont fréquenté l'église épiscopale de St John. Loren a épousé Florence Rosalie Taylor à la fin des années 1930, et, après avoir obtenu son diplôme de premier cycle, il s'est inscrit à la *Episcopal Theological School* de Cambridge, Massachusetts, qui était affiliée à la Harvard University, où il a obtenu son diplôme en 1940. Sa période de candidature à l'ordination a été réduite à un an, et son temps en tant que diacre a été réduit à 6 mois par son évêque au Kansas. Cela indique que l'évêque avait une grande confiance dans sa capacité à aider à diriger une paroisse immédiatement après son ordination. Le révérend Stanton a été ordonné prêtre épiscopalien en 1940 et a été nommé recteur de l'église épiscopale de St John à Parsons, l'église qu'il avait fréquentée lorsqu'il était enfant. Le révérend Stanton a servi à *St John's Church* de 1940 à

1943, puis s'est enrôlé dans le *Chaplain Corps* le 4 mars 1943.

Après sa formation initiale à la Harvard University Chaplain School, l'aumônier Stanton a été affecté au *30th Infantry Regiment*. Il rejoint son régiment en Italie quand celui-ci avait été retiré du combat dans ce pays en vue de l'invasion du sud de la France en août 1944. Après avoir débarqué sur la Côte d'Azur à Saint-Tropez, l'unité a remonté la vallée du Rhône, traversé les Vosges et atteint le Rhin à Strasbourg, fin novembre 1944. Elle est restée sur la défensive en première ligne pendant la bataille des Ardennes en décembre 1944, puis est entrée en action pour dégager la poche de Colmar fin janvier 1945. Elle a avancé progressivement au cours de l'hiver 1945 vers les positions de la ligne Siegfried au sud de Zweibrücken. Le régiment a participé à la traversée du Rhin par voie d'eau le 26 mars 1945. Alors que le *padre* Stanton traversait le Rhin dans une péniche de débarquement d'assaut, celle-ci a été touchée par un tir d'obus ennemi et a chaviré, provoquant le décès du *padre* par la noyade. Loren Stanton a été tué au combat le jour de son 31e anniversaire.

En 1946, la veuve de l'aumônier Stanton a épousé Delbert Hosack, qui avait une fille nommée Mary Jo d'un précédent mariage.

Capture – Liberté – Recapture – Mort

Le 5 avril, 1945

Rowland Arthur Koskamp, Bronze Star, Purple Heart, Matricule O-517319. 29 ans. Capitaine, *United States Army Chaplains Corps*. Attaché au *110th Infantry Regiment, 28th Infantry Division*. Inhumé au cimetière et émorial américain de Lorraine, parcelle K, rangée 17, tombe 9, Saint-Avold, France.

Rowland Koskamp, était originaire d'Oostburg, dans le Wisconsin. Fils de Dennis et Francis Koskamp, il est né le 24 février 1916, l'aîné de 5 enfants et le seul fils parmi ses sœurs Ruth, Joyce, Doris et Carolyn. Il a fréquenté la Cedar Grove Reformed Academy près d'Oostburg, où il participait au basket-ball et au base-ball, pour lesquels était particulièrement doué. Il excellait en art oratoire et s'est distingué lors des finales de district. L'aumônier Koskamp était prêt à participer à tout ce qui pouvait se révéler agréable et fournir un apprentissage supplémentaire. Après avoir fini ses études secondaires, il avait les qualifications nécessaires pour enseigner à l'école primaire pendant quelques années. Il a ensuite travaillé avec son père dans un atelier de réparation de chaussures qui vendait également du matériel agricole, comme des harnais et des licols, et possédait un petit stock de chaussures de travail pour hommes ainsi que des chaussures pour garçons et femmes. Il a également été facteur rural suppléant, en remplacement au gré des circonstances. Il est entré au *Hope College* en 1933, puis a été diplômé au *Western Theological Seminary* en 1940.

Pendant ses études, il a épousé Florence Vandenberg. En septembre 1940, son premier poste était à Raritan, dans le New Jersey, où il a remplacé le pasteur sortant de la *Third Reformed Church*. En 1942, l'aumônier Koskamp et sa femme Florence ont eu une petite fille qu'ils ont appelée Karen Jane.

L'aumônier Koskamp avait un don pour les interactions avec les jeunes de la congrégation. Il a servi comme pasteur à Raritan jusqu'en avril 1943, date à laquelle il a demandé un congé de l'église pour rejoindre l'armée en tant qu'aumônier. Après une formation à l'école des aumôniers, il a été affecté à la *28th Infantry Division* et parti en Angleterre avec elle en octobre 1943. L'aumônier Koskamp et la *28th Division* ont débarqué sur les plages de Normandie le 22 juillet 1944. La division a poussé vers l'est et a participé à la libération de Paris, où elle a eu l'honneur de défiler le 29 août 1944. L'aumônier Koskamp a reçu la *Bronze Star* en octobre 1944 pour les services qu'il a rendus aux hommes de sa division lors de leurs combats en France. La division est arrivée au Luxembourg en octobre 1944.

Une lettre écrite par l'aumônier Koskamp à sa famille en Amérique reflète sa nature douce, son dévouement et sa capacité à trouver de l'humour dans la folie de la guerre. L'aumônier Koskamp a écrit : "Notre division a finalement été retirée de la liste secrète et on peut maintenant dire que nous avons été en France, en Belgique, au Luxembourg et en Allemagne. Nous avons atteint la ligne Siegfried et pendant deux semaines, j'ai vécu dans l'une des casemates de la ligne. Quelles structures incroyables, mais un peu à l'étroit cependant pour un séjour de deux semaines ! Depuis, j'ai établi un camp de repos pour les hommes du bataillon. Je me suis beaucoup amusé avec ça et j'ai eu de nombreuses occasions de servir les hommes qui s'y trouvaient. Il était situé dans la même école que le poste de secours du bataillon. Nous leur servions des repas chauds, leur offrions un endroit où dormir, des films et la possibilité d'écrire des lettres. Et surtout, la possibilité d'assister aux services du culte, ce qui était très apprécié par la majorité d'entre eux."

Le matin du 16 décembre 1944, le *28th Infantry Regiment*, comme toutes les autres unités américaines, a été pris au dépourvu par l'offensive allemande surprise des Ardennes. L'assistant de l'aumônier Koskamp, le soldat de première classe Carl Montgomery, a essayé de convaincre l'aumônier Koskamp de quitter le poste de secours et de battre en retraite alors que les forces allemandes, écrasantes, avançaient vers l'école décrite dans sa lettre. Cependant, l'aumônier Koskamp refusait de quitter les hommes blessés et continuait à leur donner de l'eau et des cigarettes et à faire tout ce qu'il pouvait pour eux. Le soldat Montgomery avait été l'assistant de Koskamp tout au long de la guerre, et il ne pouvait donc pas se résoudre à le quitter. Le poste de secours a été encerclé et l'aumônier Koskamp et le personnel médical, ainsi que tous les blessés, ont dû se rendre. Comme il parlait allemand, le capitaine Koskamp est sorti du poste de secours – très endommagé – pour organiser la reddition avec un officier allemand. Cependant, les Allemands pressés d'éloigner les prisonniers de guerre de la ligne de front et ne leur ont même pas laissé le temps de mettre leurs manteaux chauds.

L'aumônier Koskamp et le soldat Montgomery, ainsi que 3,000 autres Américains, ont été conduits à une gare située derrière les lignes allemandes. Soixante hommes ont été placés dans chaque wagon couvert pour un voyage en train de huit jours qui les a conduit à leur camp de prisonniers de guerre. À un moment donné pendant le trajet en train vers la prison, ils étaient garés dans une gare de triage lorsque des avions américains ont attaqué. Les gardes allemands se sont enfuis jusqu'à la fin de l'attaque, laissant les prisonniers américains enfermés dans les wagons couverts, et certains des prisonniers ont été tués par ce tir ami. Lorsqu'ils sont arrivés au camp de prisonniers de guerre, les officiers ont été séparés des simples soldats, et le *padre* Koskamp a été séparé du soldat Montgomery. Au camp de prisonniers de guerre des officiers, appelé Hammelburg 13B (Oflag XIII-B), l'aumônier Koskamp était chargé de maintenir le moral des prisonniers de guerre et était connu pour sa capacité à travailler avec les hommes malgré les conditions plus que difficiles.

Se tenir occupé dans le camp de prisonniers de guerre est essentiel, mais souvent difficile car les hommes ont peu de force pour l'activité physique. L'aumônier Koskamp et les autres aumôniers – 2 catholiques romains et 4 protestants – ont notamment mis sur pied un club *Toastmasters* où les soldats apprenaient à parler en public devant un groupe. Chaque orateur partageait une histoire et les personnes présentes évaluaient l'orateur sur sa grammaire et son style de présentation. Ces petites activités étaient essentielles pour maintenir le moral des troupes dans le camp, où les conditions n'étaient pas bonnes. Par exemple, la faible quantité de nourriture qu'ils recevaient était terrible et l'homme moyen perdait de 30 à 40 livres lorsqu'il était prisonnier. Une autre fonction importante de l'aumônier Koskamp dans le camp de prisonniers de guerre était de fournir à ses camarades prisonniers des rapports actualisés sur l'évolution de la guerre. En tant qu'aumônier, le capitaine Koskamp était autorisé à se rendre dans différentes sections du camp de prisonniers de guerre. Dans une section, des officiers serbes avaient réussi à cacher une radio. Lorsque l'aumônier Koskamp visitait leur section, ils lui communiquaient les nouvelles qu'ils avaient obtenues de la BBC à Londres. Ensuite, le *padre* transmettait ces informations aux hommes des autres sections du camp.

Le 27 mars 1945, après plus de trois mois dans le camp, l'aumônier Koskamp et les autres ont été surpris lorsqu'un groupe de soldats américains a franchi la clôture du camp de prisonniers de guerre sans qu'aucun coup de feu n'ait été tiré : les gardes allemands s'étaient enfuis, car quelques jours auparavant, les Alliés avaient traversé le Rhin.

Un détachement spécial (Task Force Baum) de 200 soldats américains à bord de véhicules blindés et de camions a été envoyé par le général George Patton à travers les lignes allemandes sur une distance de 60 miles jusqu'au camp de Hammelburg pour libérer son gendre, le major John K Waters, qui avait été fait prisonnier en Tunisie en 1943. En raison de cartes imprécises et de la résistance allemande, seulement un peu plus de la moitié de la force opérationnelle a atteint le camp et a ouvert une brèche dans son périmètre à la joie des 1,500 prisonniers. Ce nombre était beaucoup plus élevé que les 300 prisonniers de guerre que les chefs de la Task Force Baum s'attendaient à libérer, et il signifiait que la Task Force

Baum n'avait pas la place dans ses véhicules restants pour les transporter tous vers les lignes américaines.

La majorité des prisonniers de guerre américains ont eu un choix : rejoindre à pied les lignes alliées ou rester dans le camp de prisonniers de guerre dans l'espoir que l'armée américaine les libère dans quelques jours. Les hommes, dont l'aumônier Koskamp, se sont réunis pour décider de la marche à suivre. Il y avait 80 kilomètres à parcourir jusqu'au Rhin, où se trouvaient les troupes américaines. Après quelques kilomètres de marche vers le Rhin, dans des conditions très froides et neigeuses, de nombreux prisonniers de guerre ont décidé de retourner au camp de Hammelburg, car ils s'attendaient à ce que les forces américaines les libèrent en quelques jours. Ils étaient simplement trop faibles et n'avaient pas de vêtements assez chauds pour poursuivre la marche vers le Rhin en hiver. Cependant, quelques petits groupes d'officiers américains ont décidé de continuer le voyage de 80 kilomètres vers le Rhin.

L'aumônier Koskamp avait décidé de retourner au camp de prisonniers de guerre. Lorsque lui et les autres sont retournés au camp de prisonniers de guerre, leur espoir d'être libérés sous peu a été anéanti car les gardes allemands étaient revenus dans le camp et ont rapidement repris ces prisonniers. Ils les ont engagés dans une marche de 160 km pour les éloigner des lignes de front dans un camp de prisonniers de guerre près de Nuremberg, en Allemagne.

Le 5 avril, l'aumônier Koskamp et les autres prisonniers poursuivaient toujours leur marche forcée, en s'approchant de leur destination. Alors qu'ils se trouvent encore à l'extérieur de la ville Nuremberg, ils ont été témoins d'un raid de bombardiers lourds américains sur la ville. Ils pensaient être en sécurité car ils se trouvaient toujours dans une zone boisée. Cependant, les Allemands avaient changé leurs plans pour cette colonne de prisonniers de guerre et, alors que les bombardiers lourds américains faisaient demi-tour pour rentrer chez eux, l'aumônier Koskamp et les autres furent conduits vers une gare de triage près de la ville. Malheureusement, la gare de triage a été la cible d'un raid américain de bombardiers moyens et la colonne de prisonniers de guerre a été prise dedans ; 30 hommes ont été tués et beaucoup d'autres blessés. Parmi ceux qui ont été tués figurait l'aumônier Koskamp.

L'aumônier Koskamp n'était pas le seul aumônier dans le groupe des prisonniers de guerre qui avaient été emmenés de Hammelburg – il y avait aussi des aumôniers catholiques romains et d'autres protestants. Alors qu'il s'occupait des blessés, l'aumônier catholique Mark Moore a appris que l'un des aumôniers protestants, Koskamp, avait été tué. Les aumôniers Moore, Curtis et Stonesifer ont tenté désespérément d'aider l'aumônier Koskamp, mais il était bel et bien mort. L'aumônier Moore a oint d'huile le front de l'aumônier Koskamp et, et à côté de son corps sans vie, tous les autres aumôniers ont offert des prières pour les morts.

Le 20 décembre 1944, le journal de Raritan, dans New Jersey, a rapporté que l'aumônier Koskamp était porté disparu au combat. En mars 1945, l'espoir est né qu'il aurait été signalé prisonnier de guerre. Fin avril 1945, l'épouse de l'aumônier Koskamp, Florence, a reçu un télégramme du ministère de la Guerre l'informant que son mari avait été libéré du camp de prisonniers de guerre de Hammelburg. Certains des prisonniers de guerre qui avaient été libérés par la Task Force Baum, avaient pu continuer leur marche vers la liberté et traverser le territoire tenu par les Américains. Certains ont dit que l'aumônier Koskamp avait été libéré et qu'il était parmi les groupes qui se rendaient aux lignes américaines. Ils ne savaient pas que l'aumônier Koskamp était retourné au camp de Hammelburg avec de nombreux autres prisonniers. Ainsi, grâce aux informations fournies par sa femme, le journal local a annoncé par erreur que l'aumônier Koskamp avait été libéré et que d'autres nouvelles seraient données sous peu. Cependant, il n'y a plus eu de nouvelles de l'aumônier Koskamp jusqu'à la fin du mois de mai 1945, après la fin de la guerre en Europe, lorsque Florence a reçu un autre télégramme du ministère de la Guerre annonçant que son mari avait été tué. Samedi soir, Madame Koskamp a informé le pasteur de la *Third Reformed Church*, qui remplaçait son mari, de la mort de celui-ci, et le pasteur l'a annoncé pendant l'office du lendemain matin. Les personnes présentes ont été choquées, car la dernière nouvelle reçue était qu'il avait été libéré de son statut de prisonnier de guerre.

En l'espace de 4 mois, et alors qu'il ne restait plus qu'un mois de guerre en Europe, l'aumônier Koskamp a servi au combat, a été fait prisonnier, libéré, à nouveau prisonnier et finalement tué par les bombes de son propre pays.

La victoire et la mort

Ce doit être plus qu'une coïncidence, certains pourraient même dire la Divine Providence, que l'histoire du meurtre de l'aumônier canadien Walter Brown, le soir du 6 juin 1944, qui a déclenché mon intérêt pour les aumôniers tués pendant la Deuxième Guerre mondiale, se termine par la mort d'un aumônier qui a un lien avec ma découverte de l'histoire du padre Brown. Cette première enquête sur la mort du révérend Brown est basée sur le travail de fond de monsieur Christopher McCreery, comme il est indiqué dans la section correspondante de ce livre. C'est en correspondant avec monsieur McCreery que j'ai appris, encore une fois par hasard, que son cousin au second degré était l'aumônier canadien Albert McCreery, le dernier aumônier du Commonwealth tué dans le nord-ouest de l'Europe pendant la Deuxième Guerre mondiale.

Le 4 mai 1945

ALBERT EDMUND MCCREERY. 27 ans. Aumônier de 4e classe, *Canadian Chaplain Service*. Attaché au *Canadian 22nd Armored Regiment (Canadian Grenadier Guards), 4th Canadian Armored Division*. Inhumé au *Commonwealth War Graves Cemetery* de Holten, parcelle XII, rangée B, tombe 5, Overijssel, Pays-Bas.

Albert est né le 4 janvier 1918, et il était le fils de Samuel J. et Lauretta McCreery d'Ingersoll, en Ontario. Après la naissance d'Albert, ses parents ont quitté la ville pour s'installer dans une ferme à proximité. Albert avait deux sœurs aînées, Margaret et Ava, et un frère cadet, Kenneth. Le père d'Albert était membre de la *Church of Ireland* (anglicane) et sa mère était une baptiste fervente. Albert et ses frères et sœurs ont été élevés dans la religion de leur mère. En grandissant, Albert chantait dans la chorale de la *First Baptist Church* à Ingersoll et a montré très tôt ses capacités de leader en devenant président de la *Baptist Young People's Union* à l'église. Albert, comme la plupart des jeunes de son époque, appréciait également les activités estivales et hivernales telles que le baseball et la natation en été et le patinage et le hockey en hiver. Bien sûr, à une époque où l'agriculture était une activité à forte intensité de main-d'œuvre, Albert devait également participer à ensemencer et à récolter les cultures de la ferme familiale.

Albert a terminé ses études primaires et s'est inscrit à la Ingersoll High School. Cependant, les exigences de la vie familiale à la ferme ont fait qu'Albert a dû arrêter ses études afin de travailler pour la compagnie d'électricité dans la ville de Kitchener, toujours en Ontario. En 1935, Albert a économisé suffisamment d'argent pour reprendre ses études à plein temps, et il s'est inscrit dans le *Toronto Bible College*, où il a eu la distinction d'obtenir une note parfaite à ses examens de latin et d'hébreu, bien que ses notes dans les autres matières n'aient été que moyennes. Une partie du programme d'études du *Toronto Bible College* exigeait des étudiants qu'ils exercent leur ministère dans des congrégations du *Baptist Home Mission Board* et, entre ses sessions d'études, Albert a exercé son ministère dans des congrégations entre les chutes de Niagara et Burford, dans le sud de l'Ontario, à Haileybury, dans le nord-est de la province. Albert a réussi son travail dans ces missions, ce qui l'a aidé à décider de poursuivre ses études au séminaire baptiste de la McMaster University à Hamilton (Ontario). Cependant, en 1938, Albert a reporté son entrée au séminaire et est devenu pasteur d'une congrégation dans le nord-ouest de la province, à Eagle River. Albert est finalement entré au séminaire baptiste de la McMaster University à l'automne 1939, juste au moment où la Deuxième Guerre mondiale éclatait. Malgré son parcours scolaire quelque peu inhabituel, Albert a réussi assez bien à McMaster à passer en deuxième année. Il était un étudiant assidu et parmi ses seules activités parascolaires figuraient la *McMaster Christian Union* et le club d'échecs. Pendant la Seconde Guerre mondiale, tous les étudiants universitaires masculins étaient tenus de s'enrôler dans le Canadian Officer Training Corps, à moins qu'ils ne s'inscrivent comme objecteurs de conscience. Albert ne s'est pas inscrit en tant qu'objecteur de conscience comme l'ont fait certains étudiants en théologie et a suivi toute la formation pendant l'année scolaire et pendant les camps d'été. En septembre 1942, Albert a décidé de s'engager dans l'armée canadienne.

Albert s'est enrôlé en tant que simple soldat. Après avoir été affecté à l'entraînement des véhicules blindés, il s'est montré prometteur en tant que leader – peut-être en raison de son expérience de vie en tant que pasteur baptiste dans des régions éloignées de l'Ontario – et il a été envoyé à l'école des élèves officiers au Camp Borden, en Ontario. Il a obtenu son diplôme de lieutenant en février 1943 et a été promu sous-lieutenant en mai, avant d'être envoyé au Royaume-Uni en juin 1943. Après son arrivée, il a été nommé commandant de char et a été formé au fonctionnement et au commandement d'un char Sherman. Pendant qu'Albert suivait cette formation en Angleterre, il continuait d'exercer son ministère auprès des hommes de son unité. Il était si bien considéré à cet égard que le commandant de son unité d'entraînement a écrit une lettre de soutien au *Baptist Chaplaincy Committee* pour encourager son ordination. Bien qu'Albert n'ait pas terminé le programme officiel d'études pour être ordonné à la McMaster University, le temps de guerre menait souvent à des exceptions. Albert a été ordonné le 17 mai 1944 par dispense spéciale, dans le temple baptiste d'Aldershot, en Angleterre. Le révérend canadien Majeur (honorifique) Stuart Ivison, un autre diplômé de McMaster et ministre baptiste qui servait alors comme assistant de l'aumônier principal canadien (outre-mer), a officié lors de l'ordination d'Albert. Par hasard, le révérend H.H. Bingham, secrétaire exécutif de la *Baptist Convention of Ontario and Québec* (l'organe directeur de la dénomination), qui se trouvait en visite officielle en Angleterre, était également présent.

L'aumônier McCreery a quitté sa formation de commandant de chars et a commencé son ministère comme aumônier dans un certain nombre d'unités de renfort au Royaume-Uni jusqu'à ce qu'il soit envoyé servir avec la *1st Canadian Army* dans le nord-ouest de l'Europe en septembre 1944. L'aumônier McCreery a occupé plusieurs postes d'état-major dans divers quartiers généraux supérieurs de l'armée canadienne jusqu'en avril 1945, date à laquelle il a été transféré au *Canadian Grenadier Guards (22nd Armoured) Regiment*, après que l'aumônier de ce dernier ait été blessé au combat. Il était tout à fait approprié que l'aumônier McCreery, en raison de sa formation pour les véhicules blindés, soit choisi pour exercer son ministère dans un régiment blindé.

Quelques semaines à peine après avoir rejoint les *Grenadier Guards*, le *padre* McCreery allait perdre la vie. Le 4 mai 1945, quatre jours seulement avant la fin de la guerre en Europe, le 8 mai, l'aumônier McCreery a été informé que des hommes blessés avaient besoin d'aide. Les archives ne permettent pas de savoir si les personnes ayant besoin d'aide étaient des soldats canadiens ou allemands blessés. Ce que l'aumônier McCreery savait, c'est qu'ils avaient besoin d'aide. D'autres membres de son régiment doutaient de l'exactitude de cette information, car il n'y avait aucune preuve concrète ni détail concernant l'endroit exact où se trouvaient ces soldats blessés. Néanmoins, l'aumônier McCreery a dit qu'ils avaient besoin de lui et qu'il allait y aller, accompagné du lieutenant N A Goldie des *Canadian Grenadier Guards*.

Comme pour la plupart des détails de la guerre, différentes histoires sont transmises. Dans le cas de l'aumônier McCreery, on raconte qu'il s'est rendu dans le no man's land pour aider l'équipage d'un char allemand grièvement brûlé à s'échapper du véhicule incendié par des tirs antichars canadiens. Cette version de sa mort indique que le *padre* McCreery a été abattu par d'autres troupes allemandes qui ne savaient pas qu'il était un non-combattant alors qu'il s'approchait du char. Toutefois, une autre version est relatée dans *The History of the Canadian Grenadier Guards* du colonel A Fortescue Duguid, qui a écrit que l'aumônier McCreery et le lieutenant Goldie étaient partis "ramener des Allemands blessés qui auraient été abandonnés quelque part sur une route secondaire". Quelle que soit la situation, l'aumônier McCreery et le lieutenant Goldie se sont mis en route pour tenter de retrouver ces hommes blessés et c'est la dernière fois qu'on les a vus vivants. Quelques jours plus tard, le corps de l'aumônier McCreery, présentant un certain nombre de blessures mortelles par balle, a été retrouvé dans un terrain marécageux au nord-est de Groningen, en Hollande, entre la frontière germano-néerlandaise et la mer du Nord. Le corps du lieutenant Goldie n'a jamais été retrouvé. L'aumônier McCreery a été initialement inhumé dans le cimetière de l'église luthérienne du hameau allemand de Wiefelstede, à l'ouest de Brême, sous une petite croix en bois, avant d'être transféré au cimetière de la *Commonwealth War Graves Cemetery* à Holten. Il est plus que probable que le *padre* McCreery ait été l'un des derniers, sinon le dernier, Canadiens à mourir au combat dans le nord-ouest de l'Europe pendant la Deuxième Guerre mondiale.

Après la fin de la Seconde Guerre mondiale, l'Université McMaster a reçu un don financier anonyme à la mémoire d'Albert McCreery. Elle a créé une bourse permettant aux étudiants en théologie "d'obtenir la formation qu'[Albert] n'a pas pu accomplir" en raison de la guerre.

Le 5 mai 1945

RALPH A ANTONUCCI, Purple Heart, Matricule O-518099. 31 ans. Capitaine, *United States Army Chaplains Corps.* Attaché au *196th Field Artillery Battalion Group.* Inhumé au cimetière du Mont Calvaire, parcelle G Lot 871 Cheektowaga, New York, USA.

Ralph Antonucci était le fils de Pasquale et Dalinda Antonucci de Buffalo, New York, où il est né en 1914. Il avait deux frères cadets, Anthony et Claude, et trois sœurs cadettes, Mary, Frances et Anna. Ralph a fréquenté les écoles publiques de Buffalo et a fini ses études secondaires en 1931. Il s'est par la suite inscrit dans un programme de BA à la Niagara University, puis il a commencé à se préparer à la prêtrise au *Saint-Bonaventure University Seminary*. Ralph a été ordonné prêtre catholique romain le 3 juin 1939, et il a ensuite été pasteur adjoint aux églises *Holy Cross* et *Our Lady of Loretto* à Buffalo, avant d'entrer dans l'armée en mai 1943.

Après sa formation à l'école des aumôniers de l'armée américaine, l'aumônier Antonucci a servi dans plusieurs endroits aux États-Unis et en Angleterre, avant d'être affecté au *196th Field Artillery Battalion Group* en France. Ce groupe d'artillerie était une unité qui se déplaçait d'une division américaine à l'autre dans le nord-ouest de l'Europe, au fur et à mesure que leur puissance de feu supplémentaire était nécessaire pour des missions d'attaque ou de défense. Ils ont servi dans les 2nd, 4th, 8th,

9th, 83rd, and 99th Infantry Divisions ainsi que dans la 5th Armoured Division.

Le capitaine Antonucci a servi avec la 196th dans le nord de la France, en Belgique et en Allemagne. Le 2 mai 1945, à l'ouest de Magdeberg, dans le centre de l'Allemagne, les combats avaient cessé quand les Américains et les Russes se sont rencontrés sur l'Elbe. L'aumônier Antonucci s'est vu invité à faire un vol touristique avec le pilote d'observation aéroporté du *196th Artillery Group*, le major Keith C. Morrison, dans un avion d'observation L4H Piper Cub. Cependant, le petit avion a été attaqué et abattu par 2 chasseurs russes (LAG-3) au-dessus de Seehausen. Il est probable que les aviateurs ~~avions~~ russes ne connaissaient pas l'avion américain et n'ont pas prêté attention aux étoiles blanches sur le dessus des deux ailes. Le Major Morrison et l'aumônier Antonucci ont tous deux été gravement blessés lors de l'attaque des chasseurs russes et du crash de leur avion léger. L'aumônier Antonucci est mort à l'hôpital le 5 mai, et le major Morrison le 8 mai, le jour de l'annonce de la victoire en Europe. L'aumônier Antonucci est l'un des derniers soldats américains à avoir été tué en Europe pendant la Seconde Guerre mondiale.

Conclusion

Comme on peut s'y attendre, pendant les périodes de combats intenses, et surtout lors de la confusion de la retraite, comme celle que les Britanniques et les Français ont connue en mai 1940, les pertes de troupes augmentent considérablement. Pendant la retraite vers Dunkerque et les ports de la Manche, l'armée britannique a perdu 6 aumôniers. Comme je l'ai noté, il existe une confusion quant à la date et à la manière dont certains de ces décès sont survenus, en raison de l'incapacité des troupes en retraite rapide et de leurs quartiers généraux à tenir des registres comme il le faudrait.

Traverser les océans en bateau, le principal moyen de transport dans le monde pendant la Seconde Guerre mondiale, était également incroyablement dangereux entre 1939 et le début de 1944, jusqu'à ce que les Alliés parviennent à contrôler les mers et à trouver des méthodes efficaces pour faire face à la menace des sous-marins allemands. Des milliers d'hommes ont péri dans les attaques des *U-boot*, y compris des aumôniers qui se rendaient aux différents théâtres de guerre. Il est difficile de le croire, mais jusqu'au début de 1943, des navires du Royaume-Uni naviguaient encore sur l'Atlantique du Sud, à partir de l'Afrique du Sud jusqu'aux ports d'Afrique du Nord, sans faire partie d'un convoi défendu. Ces navires sans escorte étaient des cibles faciles pour les *U-boot* allemands et beaucoup ont été coulés, y compris le SS Lanconia, ce qui a provoqué la mort du *padre* William Copland en septembre 1942.

Au fur et à mesure de l'accroissement des effectifs américains au Royaume-Uni, de plus en plus de troupes ont traversé l'Atlantique du Nord en bateau, certaines pour devenir des troupes de garnison de remplacement en Islande, d'autres pour les divisions de combat en Grande-

Bretagne. Mais les convois qui transportaient ces troupes n'étaient toujours pas bien escortés, car l'industrie américaine s'empressait de construire davantage de navires de guerre, pour que la US Navy puisse les mettre en service. De plus, les équipages des navires marchands ont dû apprendre combien il était important de rester dans le convoi où ils étaient protégés par les navires de guerre armés qui les escortaient. En témoigne la perte de 9 aumôniers américains, ainsi que de centaines d'autres soldats et marins américains dans les naufrages du SS Dorchester et du SS Henry J Mallory en une semaine au début de février 1943. Si l'on considère le nombre relativement faible d'aumôniers par rapport aux millions d'Américains dans l'armée américaine, cette semaine a été un désastre pour le corps des aumôniers de l'armée américaine.

Vingt et un aumôniers britanniques ont été tués entre le 6 juin 1944 et le 31 août 1944. Un taux de perte énorme qui a contraint le quartier général du département des aumôniers de l'armée britannique et le service des aumôniers canadiens à émettre des ordres sévères selon lesquels les aumôniers ne devaient pas aller directement au front, car ils étaient irremplaçables en raison de la pénurie de remplaçants qualifiés. Cela est illustré par le taux de perte beaucoup plus faible des aumôniers britanniques et canadiens au cours des 9 derniers mois de la guerre, avec seulement 9 aumôniers au total tués au combat, dont trois, ainsi qu'un aumônier polonais, ont été tués dans les combats à Arnhem pendant l'opération Market Garden.

Pendant la bataille des Ardennes (du 16 décembre 1944 au 31 janvier 1945), les Américains ont perdu un nombre important d'aumôniers lors de l'offensive surprise des Allemands visant à diviser les armées alliées et à reprendre le port d'Anvers. Parmi eux, le lieutenant-colonel Thomas Reagan, l'aumônier américain le plus haut gradé tué en Europe du Nord-Ouest pendant la Seconde Guerre mondiale, et cinq autres aumôniers américains. Un nombre important d'entre eux ont été faits prisonniers par les Allemands, ce qui a entraîné la mort de l'aumônier Koscamp en avril 1945, bien qu'il ait été capturé pendant la bataille des Ardennes.

Les opérations aéroportées avec des troupes parachutées, ou qui atterrissaient en planeurs, derrière les lignes de front sont intrinsèquement très dangereuses et ce danger l'est tout autant pour les aumôniers qui atterrissent avec les troupes aéroportées. Les parachutistes ne fournissaient ~~ent~~ aux soldats ennemis qui tentaient de les repousser aucune indication concernant leur statut de combattant ou de non-combattant. Tous les parachutistes étaient donc des cibles pour les tirs ennemis, ce qui a entraîné la mort de certains des derniers aumôniers américains dans le nord-ouest de l'Europe lors de l'offensive alliée pour traverser le Rhin en mars 1945.

Si les aumôniers, en tant que prêtres, pasteurs et ministres, sont appelés par Dieu et mis à part pour leur vocation de servir les autres, cela ne signifie pas qu'ils ne sont pas aussi humains et qu'ils peuvent commettre des erreurs humaines. L'aumônier Williams, du 45th Commando, qui a prononcé le pire sermon possible deux jours avant le débarquement de son unité en France le jour-J, en est un parfait exemple. Ses paroles mal choisies lui ont valu d'être exclu de l'invasion avec les troupes avec qui il s'était si durement entraîné, et un sentiment de honte accablant l'a conduit à se donner la mort le 5 juin 1944. Cette humanité des aumôniers a également conduit l'aumônier canadien Albert McCreery, nouvellement arrivé sur les lignes de front à la mi-avril 1945, à ignorer les conseils des hommes expérimentés du régiment avec lequel il servait, pour se précipiter, avec un autre officier, pour aider des soldats blessés en détresse, malgré le peu d'informations précises concernant leur situation. Ce manque d'écoute des troupes expérimentées au combat a conduit à la mort du *padre* McCreery et de l'officier qui l'accompagnait.

Après la bataille de Normandie, il est devenu évident pour les commandants des services d'aumônerie des armées du Commonwealth et des États-Unis qu'il devenait très difficile de trouver des *padres* de remplacement pour les personnes blessées ou tuées au combat, ou faites prisonnières de guerre. Pour les Américains, les exigences de la guerre dans le Pacifique ont également mis à rude épreuve le nombre d'aumôniers disponibles pour remplacer ceux qui avaient perdus au combat. Les congrégations de toutes les dénominations sur le front intérieur avaient également besoin de clergé pour servir dans les églises sur place. De plus, le travail du clergé sur le front intérieur était essentiel pour soutenir et encourager les paroissiens dans leur travail de guerre. Le clergé était également nécessaire pour réconforter les familles lorsqu'elles recevaient les avis officiels selon lesquels des membres d'une famille avaient disparu, ou étaient blessés ou tués au combat, ou faits prisonniers de guerre.

Bien sûr, les aumôniers étaient un groupe d'individus indépendants et ils se sentaient appelés par Dieu à exercer leur ministère auprès des hommes de leurs unités qui se trouvaient en première ligne, et beaucoup n'ont pas tenu compte des ordres de ne pas s'approcher des lignes de front. Comme vous l'aurez lu, cela signifie que les aumôniers ont subi un nombre important de morts et beaucoup plus de blessés par le feu de l'ennemi ou par des accidents lors des déplacements vers et depuis les différentes unités. Cependant, après la bataille de Normandie, le taux de perte des aumôniers a diminué, car les supérieurs des aumôniers leur ont fait comprendre à quel point leur ministère était vital et difficile à remplacer.

L'histoire indique que la guerre froide entre la Russie et le reste de l'Europe occidentale, les États-Unis et le Canada a commencé après la fin de la Seconde Guerre mondiale. Cependant, la mort de l'aumônier Antonucci, quand le léger avion d'observation dans lequel il se trouvait a été abattu par un avion russe, lors d'un bref circuit touristique, donne l'idée que ce manque de compréhension et de communication entre la Russie et l'Occident a commencé dès les derniers jours de la Seconde Guerre mondiale en Europe.

Après la Seconde Guerre mondiale, contrairement à la Première Guerre mondiale, les aumôniers sont devenus partie intégrante du tableau d'organisation des armées américaines et du Commonwealth. Plus jamais les unités d'aumôniers des armées alliées n'ont dû être reformées presque à partir de zéro au fur et à mesure que les conflits se poursuivaient dans le monde. Des aumôniers ont servi en Corée, dont l'un, le père Emil Kapaun, a été fait prisonnier de guerre par les Nord-Coréens et est mort en captivité. Il a ensuite reçu la plus haute distinction militaire des États-Unis, la médaille d'honneur, pour son travail héroïque en tant que prisonnier de guerre. L'Église catholique romaine a également proposé sa candidature à la sainteté. Pendant la guerre du Viêt Nam, les aumôniers ont également servi, mais avec beaucoup de difficultés, en raison de l'absence de ligne de front et de la dispersion des unités sur l'ensemble du territoire. Là encore, des aumôniers ont été blessés et tués au combat. Trois aumôniers de l'armée américaine ont reçu la médaille d'honneur pour leur héroïsme face à l'ennemi.

Les guerres du XXIe siècle continuent également à avoir des aumôniers au service des hommes et maintenant des femmes sur les lignes de front. Ces hommes et ces femmes de Dieu n'ont même plus la protection minimale de la Croix-Rouge sur leur casque et sur leurs manches, car la nouvelle forme de guerre, qui utilise des engins explosifs improvisés et des tireurs d'élite, ne respecte aucune des "règles de guerre" qui offraient au moins un minimum de protection aux aumôniers qui ont servi pendant la Seconde Guerre mondiale. En fait, en Irak, les aumôniers, d'après un document capturé à l'État islamique en 2006, étaient considérés comme une cible privilégiée des tireurs d'élite, car on estimait que le fait qu'ils soient tués ou blessés démoralisait les hommes et les femmes de l'unité avec laquelle ils ou elles servaient.

Au XXIe siècle, on reproche souvent aux aumôniers de servir dans les armées du monde. Après tout, ils servent en définitive le "prince de la paix" Jésus-Christ. Toutefois, pour leur défense, les aumôniers estiment que les membres des forces armées sont dignes d'être servis par des hommes et des femmes de Dieu, tout autant que n'importe quelle personne dans leur propre pays. Tant qu'il y aura des croyants dans l'armée, qu'ils soient chrétiens, juifs, musulmans, bouddhistes, hindous, sikhs ou même païens, il y aura des aumôniers qui répondront à leurs besoins spirituels et moraux et assureront une présence attentive dans ce qui peut souvent sembler être la machine de guerre impersonnelle de l'armée.

Bibliography

Books

Balkoski, J. (2013). *Our Tortured Souls: The 29th Infantry Division In The Rhineland, November-December 1944.* Stackpole Books.

Carpenter, A. E., & Eiland, A. A. (2007). *Chappie: World War Ii Diary Of A Combat Chaplain.* Mesa, AZ: Mead Pub.

Crosby, D. F. (1994). *Battlefield Chaplains.* Lawrence, Kan: University Press of Kansas.

Cross, C., & Arnold, W. R. (1945). *Soldiers Of God*: [by] Christopher Cross, in collaboration with Major General William A. Arnold. New York: E.P. Dutton & Company, Inc.

Dempsey, M., & Burns, Oates & Washbourne. (1947). *The Priest Among The Soldiers.* London: Burns Oates.

Faulkner, R. L. (2015). *Wehrmacht Priests. Catholicism And The Nazi War Of Annihilation.* Cambridge: Harvard University Press.

Fowlkes, P. D., & Carroll, R. F. (2018). *Chaplain: The World War Ii Letters Of The Army Air Corps Chaplain Paschal Dupuy Fowlkes.* Politics and Prose Bookstore, Washington DC.

Gillate, D. (2019). *With the 8th Rifle Brigade from Normandy to the Baltic: June 1944 – May 1945.* S.L.: Tredition GMBH.

Gushwa, R. L., & United States. (1978). *The Best And Worst Of Times.... 1920-1945. Washington,* D.C: Govt. Print. Off. [for] Department of the Army, Office of the Chief of Chaplains.

Hayden, M. (2005). *German Military Chaplains In World War II.* Atglen, PA: Schiffer Pub.

Hickey, R. M. (1980). *The Scarlet Dawn.* Fredericton, N.B: Unipress.

Hoegh, L. A., Doyle, H. J., & National Timberwolf Association. (2004). *Timberwolf Tracks: The History Of The 104th Infantry Division, 1942-1945.* Washington: Infantry Journal Press.

Johnstone, T., & Hagerty, J. (1996). T*he Cross On The Sword: Catholic Chaplains In The Forces.* London: G. Chapman.

Kilan, M. (2016) *The Story of the Paratrooper Chaplains of the 1st Independent Parachute Brigade.* Biblioteka Narodowa, Poland

McLuskey, J. F., & SCM Press. (1997). *Parachute Padre: Behind German Lines With The SAS: France 1944.* Stevenage: Strong Oak Press.

Mueller, T. (2009). *The Wisconsin 3,800: Our Men And Women Buried Or Mia In The Lands They Liberated In World War II.* Indianapolis, Ind: Dog Ear Pub.

Oliver, K. (1986). *Chaplain At War.* Chichester: Angel Press.

Parker, L. (2019). *Nearer My God To Thee: Airborne Chaplains In The Second World War.* Helion & Company, Warwick, UK.

Reynolds, A., & Trew, S. (2019). T*o War Without Arms: The Journal Of Rev Alexander Reynolds, May-November 1944.* Sabrestorm Publishing, Devizes, Wiltshire, UK.

Robinson, A. C. (2008). *Chaplains at war: The Role Of Clergymen During World War II.* London: Tauris Academic Studies.

Roekel, C., & Arriëns, J. (1998). *The Torn Horizon: The Airborne Chaplains At Arnhem.* Oosterbeek: Published by Jan and Wedela ter Horst and Chris van Roekel..

Roland, Charles. (2010). *History Teaches Us To Hope: Reflections On The Civil War And Southern History.* University Press of Kentucky.

Sampson, F. L. (1989). *Look Out Below!: A Story Of The Airborne By A Paratrooper Padre.* Sweetwater, Tenn: 101st Airborne Division Association.

Smyth, J. S. (1968). *In This Sign Conquer: The Story Of The Army Chaplains*. Place of publication not identified: publisher not identified.

Snape, M. (2005). *God And The British Soldier: Religion And The British Army In The First And Second World Wars*. London: Routledge.

Steven, W. T. (1958). *In This Sign*. Toronto: Ryerson Press.

United States. (1944). *The Chaplain Serves: A Narrative And Factual Report Covering The Activity Of The Chaplain Corps*, as coordinated by the Chief of Chaplains, for the calendar year 1943.

Weston, L. E. (2001). *The Fightin' Preacher*. Alexander, NC: Mountain Church.

Wilson, T. D. (2018) *No Guns, Just God's Glory*. OREP Editions, Bayeux, France.

Wright, R. S. (1941). *Front Line Religion*. London: Hodder and Stoughton.

Wright, R. S. (1943). *The Greater Victory: Further Broadcast Talks*. London: Longmans, Green and Co.

Wright, R. S. (1944). *The Padre Presents: Discussions about Life in the Forces*. McLagan and Cummings Ltd.

Unpublished Manuscripts / Manuscrits non publiés

Cavanaugh, Paul W., S.J. American Priest In A Nazi Prison: The Personal Narrative Of An American Catholic Chaplain As A Prisoner Of War In Germany, Property Of 106 Division Association

Chaplain Hobson Matthews Diary in the possession of the Royal Army
Chaplaincy Department Museum.

415th Infantry Regiment After Action Report from 1November 1944 inclusive.

Websites / Sites web

www.7-star-admiral.com/0185_SSgt_Rice_war_diary_part2.html

ww2talk.com/forums/topic/32550-ss-leibstandarte-and-chaplain-the-rev-reginald-podmore-rachd/

chaplainshill.org/encyclopedia/macdonald-ernest-w/

www.facebook.com/WW2Researcher/posts/1913273218792313

forum.axishistory.com/viewtopic.php? t=126116

www.fourchaplains.org/george-l-fox/

freepages.rootsweb.com/~cacunithistories/military/HR_Mallory_Navy_Stories.htm

www.indianamilitary.org/228th/Diaries/CharlesBlakeney/Charles Blakeney.htm

www.film.iwmcollections.org.uk/record/33715

www.mcmaster.ca/ua/alumni/ww2honourroll/mccreery.html

www.pegasusarchive.org/normandy/frames.htm/Lord_Lovat_Biography

www.polishwargraves.nl/langri/2159.htm?fbclid=IwAR2OeqtO8AKXjnHXddYPLr-6hFvMePvww8nYVGOCT23oj0el5zZKmmQqljo

www.scotsatwar.org.uk/rohprints/e.htm

www.swzygmunt.knc.pl/MARTYROLOGIUM/POLISHRELIGIOUS/vENGLISH/LISTs/POLISHRELIGIOUS_list_01.htm us.army.39.45.soforums.com/t2908-capitaine-aumonier-catholique-John-J-Verret-507-pir.htm

www.raritan-online.com/koskamp-article.htm

https://www.7tharmddiv.org/us-troops-in-holland.htm#2ad30id

Newspapers / Journaux

Ashbury Park Press, New Jersey, USA 22 October, 1942 edition.

B.U. Bridge, 25 October, 2002, Vol VI, No 9. Piscitello, Dawn. Gift of war hero grad's rare Bibles forms core of STH library's collection.

InfoTrac Custom Newspapers. Gale. Library of Michigan. 12 Jan. 2009 "SOLDIER OF GOD: The last Canadian hero The final Canadian casualty on European battlefields was very probably Albert E. McCreery of Ingersoll, Ont., a padre to the Canadian Grenadier Guards. Unarmed, he died in German territory as he looked for injured soldiers from his homeland.(FOCUS)." Globe & Mail (Toronto, Canada) (May 6, 1995): D4. InfoTrac Custom Newspapers. Gale. Library of Michigan. 12 Jan. 2009

Lewiston *Daily Sun*, Maine, 7 June, 1943 edition.

Personal Correspondence / **Correspondance personnelle**

Ian Bruce Macaulay, Ottawa, Canada about the descendants of Hugh William Walker, specifically Rev Ian Macaulay.

i https://www.youtube.com/watch?v=VkECdVZyS4o&list=WL&index=5, Visite du ministre canadien des Anciens combattants au siège de la Commonwealth War Graves Commission le 1er novembre 2016
ii Ibid.
iii Ibid.
iv https://www.pegasusarchive.org/normandy/frames.htm/Lord_Lovat_Biography
v Western News, November 10, 2005 "Junk Store Find Remembrance Treasure" published by the University of Western Ontario, London, Ontario, reprinted with permission
vi https://www.ww2-airborne.us/units/401/401.html
vii Ibid.
viii Ibid.
ix Lettre officielle du major général JA Ulio, adjudant général de l'armée américaine, datée du 29 mars 1945.
x Lettre officielle du colonel CJ Hirshfelder, 9e Régiment d'infanterie, à Margaret Kibert, 14 novembre 1944.
xi Ibid.
xii https://www.7tharmddiv.org/us-troops-in-hollandaise#2ad30id

www.ingramcontent.com/pod-product-compliance
Lightning Source LLC
Chambersburg PA
CBHW052053110526
44591CB00013B/2187